中国监狱文化建设优秀成果选粹

王雪峰　主　编
程正乐　副主编

法律出版社
LAW PRESS·CHINA
——北京——

图书在版编目（CIP）数据

中国监狱文化建设优秀成果选粹 / 王雪峰主编.
北京：法律出版社，2025（2025.11 重印）. -- ISBN
978-7-5197-9905-2

Ⅰ. D926.7-53

中国国家版本馆 CIP 数据核字第 202512YP81 号

中国监狱文化建设优秀成果选粹
ZHONGGUO JIANYU WENHUA JIANSHE YOUXIU CHENGGUO XUANCUI

王雪峰 主编

责任编辑 孙 慧 王 曦
装帧设计 李 瞻

出版发行 法律出版社
编辑统筹 司法实务出版分社
责任校对 王 丰 王语童
责任印制 胡晓雅
经　　销 新华书店

开本 710 毫米×1000 毫米 1/16
印张 22　**字数** 276 千
版本 2025 年 7 月第 1 版
印次 2025 年 11 月第 2 次印刷
印刷 中煤(北京)印务有限公司

地址：北京市丰台区莲花池西里 7 号(100073)
网址：www.lawpress.com.cn
投稿邮箱：info@lawpress.com.cn
举报盗版邮箱：jbwq@lawpress.com.cn

销售电话：010-83938349
客服电话：010-83938350
咨询电话：010-63939796

书号：ISBN 978-7-5197-9905-2　**定价**：98.00 元

凡购买本社图书，如有印装错误，我社负责退换。电话：010-83938349

▲ 监管区雕塑 坚实有力的臂膀，熊熊燃烧的火焰，寓意教育启蒙，指引方向

▲ 太原第一监狱 logo：蓝、白两色，象征“蓝盾精神”。内外两个同心圆和居中的“人”，为“太”“一”的变形。内圆长城图案，象征作为捍卫公平正义、维护社会安全稳定的力量的监狱人民警察。居中之“人”与外圆形成“囚”字，寓意监狱是关押和改造人的场所，同时凸显“以人为本”的治监理念

▲ 教学楼大厅木牍《劝学》

▲ 依托围墙、面向运动场而建的三晋历史文化墙

▲ 汉白玉雕塑欧母画荻

▲ 第三届“德馨”诗词大会决赛

◀ 非遗传统技艺“徽州三雕”——木雕、石雕、砖雕

▲ 监管区

▲ 教学楼广场“法尺”雕塑，寓意“弘法律之威严，行教化之文明”

▲ 天鹅喷泉雕塑，寓意洗涤心灵和纯洁，引导罪犯认罪服法、洗涤心灵，志存高远，早日新生

▲ 邀请内蒙古艺术剧院来狱举办“唱响红色经典、传承红色精神”主题文艺帮教演出活动

▲ 安代舞镂空画框，体现向往美好的精神追求

▲ 德园雕塑寓意：“立德、修身、谨言、慎行”的中华民族美德

▲ 苏力德雕塑寓意：“凝聚力量、积极向上”的地域文化精神

▲ 赣州监狱 logo

▲ 帮教演出

▲ 感恩母亲

◀ 升旗仪式

▲ 阳江监狱“公正执法，公平正义”主题景观。上部为天平造型，下部是如镜的水面

◀ 阳江监狱茶山绿道，全长 5 公里，内含老茶园、荷花池、芦苇地等多个美景，是民警职工业余休闲锻炼的好去处

▲ 自 2011 年起，阳江监狱每年春天都举行一次大型文化活动，如集体登山、彩虹跑、健步行等，图为阳江监狱组织 700 多名警察职工到茂名市电白县鹅凰嶂举行大型登山活动

▲ “习美”活动

▲ 监狱陈列馆展厅

▲ 狱内王孝和烈士纪念像

▲ 设于狱内的监狱陈列馆

▲ 提篮桥监狱内部建筑

▲ 庆祝新中国成立 70 周年快闪活动

▲ 狱内雕塑——重生

▲ “清廉监狱”建设活动

▲ 狱内雕塑——起航

▲ 狱内雕塑——回归

▲ 山东省济微监狱 logo

▲ 山东省济微监狱和谐文化

▲ 山东省济微监狱杏坛文化

▲ “微湖荷花别样红”——山东省济微监狱罪犯红歌大赛

▲ 重走创业路

▲ 尚和文化讲堂

▲ 山之魂雕塑广场

▲ 历史陈列馆

▲ 出版书籍——雷马屏监狱志

▲ 出版书籍——雷鸣系列丛书

▲ 法治林

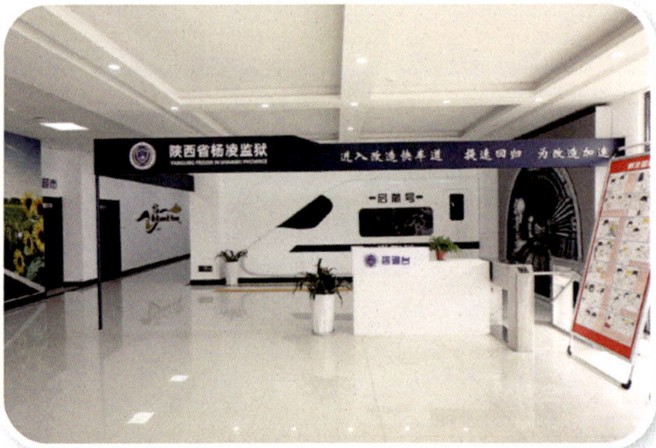

▲ 启航号

▲ 警钟长鸣

▲ 忠诚园

▲ 廉政园

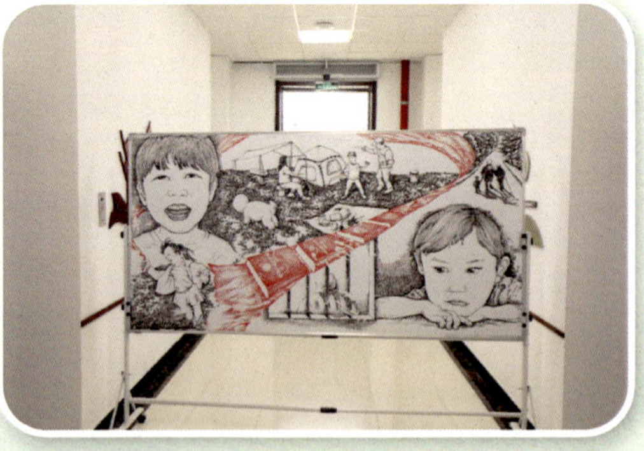

▲ 罪犯作品

▲ 监管区“召唤广场”

▲ “党史故事大家讲”主题读书活动

▲ 庆祝 2023 年中国人民警察节

▲ 庆祝 2022 年“民族三月三”活动

▲ 桂林监狱幸福生活小区

▲ 2016 年，广东省梅州监狱《客都监狱》杂志创刊

▲ 广东省梅州监狱 logo：以客家围屋为形，周围五彩凤凰盘绕，下方双手托起，红梅盛开其中，寓意服刑人员将经过狱警之手改造新生，回归社会

▲ 广东省梅州监狱十监区明理亭

▲ “气正肃旧恶，德高启新魂”石雕

▲ 千人大合唱《我和我的祖国》

▲ 书香进高墙

◀ 西安解放监狱迁建西安青年路

▲ 陕西省富平监狱红色法治文化陈列馆

▲ 陕西省富平监狱红色法治文化陈列馆展馆内景

◀ 四川省女子监狱 logo：警徽中的图案由钥匙和双手组合而成，构成一个内含“心”形的“女”字，体现出“女监”“女警”“女囚”的女性特性，以及女警用精心、细心、爱心教育挽救服刑人员的不懈追求。图形中的双手呈托举状，是力量与担当的象征，更是托举服刑人员坍塌灵魂的使命诠释。双手之上的钥匙是打开服刑人员心灵之门的关键，是引导他们走向救赎和新生的明灯。底部飘扬的丝带上印着“四川省女子监狱”，由橄榄枝环绕，寓意着女监人为国家和社会的和谐安宁贡献着力量。图案中的色彩由玫红、明黄和藏蓝三色搭配而成，既有警徽的庄严神圣，又有女性的柔美浪漫，表现出民警在干事创业的征程中，既怀有直挂云帆济沧海的气魄，又有春风化雨的柔情，更有上下求索、百炼成钢的坚持

▲ 党建引航站

◀ 狱训石

▲ 监狱企业园区

▲ 新绿艺术团

▲ “北京市女子监狱红色经典”书香女监系列活动

▲ 北京市女子监狱“展思论坛”民警培训交流活动

▲ 北京市女子监狱 logo

▲ 北京市女子监狱监管区新生雕塑

▲ 北京市女子监狱监管区巾帼园

浙江省女子监狱

▲ “法中有情 让家有爱”罪犯矛盾调解活动

▲ 民警开展沙盘游戏矫治活动

▲ 白玉兰讲堂

▲ 监狱民警教导罪犯刺绣

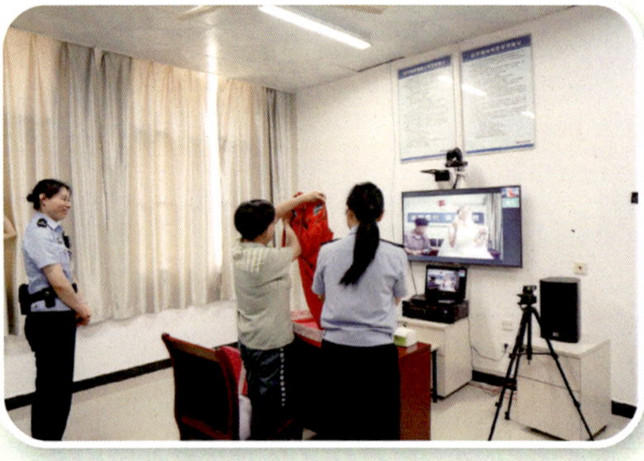

▲ 罪犯通过远程视频为女儿送上亲手制作的嫁衣

▲ 监狱展陈中心展出罪犯制作的旗袍

▲ “腾飞足”雕像

▲ 党建廉政文化长廊

▲ 歌唱祖国走向新生——主题歌会

▲ 国学矫治项目展示

▲ 汇聚池

▲ 监狱景观

▲ 腰鼓队在进行表演

▲ 第 21 届育新文化节闭幕式

▲ 石门精神展馆外观

◀ 监狱厂区文化中轴线

▲ 狱内红色雕塑

▲ 沂蒙精神主题浮雕

▲ 将两处绿植景观园分别命名为梦园、省苑，并重点解读“梦”“省”的含义，使其蕴藏文化典故

▲ 图书展

▲ 兴趣小组活动

▼ 走廊文化

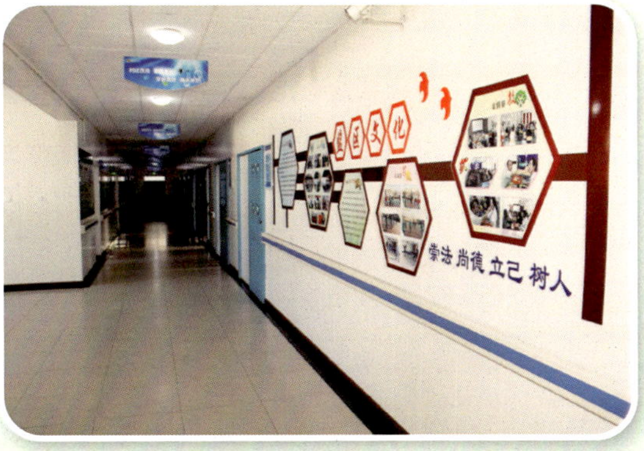

河南省洛阳监狱

▲ 国庆升国旗

▲ 启明楼前景

▲ 启明书画院培训班

▲ 元宵节灯谜

▲ 运动会礼炮齐鸣

▲ 社火民俗表演活动

前　言 / Foreword

监狱文化（prison culture），喻指与监狱相关联的种种文化现象，可以从多视角、多层面进行理解。清末修律大臣沈家本援引西儒“觇其监狱之实况，可测其国度之文野”[①]一说，断言“东西各国以囹圄之良窳觇政治之隆污”[②]。这是对监狱文化最广义的理解。英美学界论及 prison culture，往往关注狱内罪犯群体的种种亚文化现象，如囚犯守则、同性恋、暗语等，这是从“狱内”且“消极”方面的理解。自 20 世纪 80 年代以来，我国学者论及监狱文化，多指“狱内”且“积极”倡导的种种文化活动和现象，唯此才有“监狱文化建设”一说。

历经 30 多年的发展，我国监狱文化建设渐趋繁荣，出现了“人人争说监狱文化”的盛景。这是中国特色监狱制度的重要成就，是文化育人功能在监禁机构发挥积极作用的重要体现。回顾这 30 多年的发展历程，我们取得了一系列令人欣慰的成绩，也有许多值得总结的经验。

---

① 《修订法律大臣沈家本奏实行改良监狱宜注意四事折》，载薛梅卿等辑：《清末民初监狱法制辑录》，中国政法大学出版社 2017 年版，第 42 页。

② 《法部奏议复实行改良监狱折》，载薛梅卿等辑：《清末民初监狱法制辑录》，中国政法大学出版社 2017 年版，第 44 页。

国内举办了一系列会议和论坛，对监狱文化建设开展交流研讨和理论反思；中国监狱工作协会成立了监狱文化专业委员会，为监狱文化理论研讨和经验交流搭建了平台；学界出版了一系列著作，从多维度对监狱文化进行了理论探索。[①] 尤为引人关注的是，国内涌现出一批具有代表性的监狱文化建设单位，在推动监狱文化建设方面发挥了示范作用。

2016 年 12 月 19 日至 21 日，中国监狱工作协会监狱文化专业委员会“2016 年全国监狱文化建设先进监（所）案例评审会”在安徽合肥召开，会议评选出全国监狱系统 10 家先进单位。会议决定，自 2017 年 3 月起对入选 10 所监狱进行现场调研复评。2017 年 11 月 16 日，全国监狱文化建设先进单位授牌表彰会暨经验交流会在山西太原召开，中国监狱工作协会领导和全国 20 多家省（区、市）司法厅、监狱管理局、监狱（所）等近 80 名代表出席会议，全国共有 10 所监狱被评为“全国监狱文化建设先进单位”。这 10 家单位分别是：上海市提篮桥监狱、四川省雷马屏监狱、云南省小龙潭监狱、山西省太原第一监狱、陕西省红石岩监狱（现更名为陕西省杨凌监狱）、广东省阳江监狱、江西省赣州监狱、山东省微湖监狱（现更名为山东省济微监狱）、内蒙古自治区呼和浩特第二监狱、安徽省女子监狱。

2019 年 4 月 17 日至 18 日，监狱文化专业委员会在广西壮族自治区桂林市举行了 2019 年工作会议暨全国监狱文化建设先进经验推荐会，全国监狱系统领导、专家学者、参评单位代表等 80 余人参会。经评选，广西壮族自治区桂林监狱、广东省梅州监狱、陕西省富平监狱、四川省女子监狱、北京市女子监狱、浙江省女子监

---

① 相关成果，详见王雪峰：《监狱文化论稿：一种宏观监狱学的立场》，法律出版社 2023 年版，第七章。

狱、上海市五角场监狱、山东省临沂监狱、河北省唐山监狱、河南省洛阳监狱等10所监狱脱颖而出，成为“全国监狱文化建设先进经验重点推荐单位”。

评选工作无疑推动了监狱文化建设，评审和推荐过程发挥了交流经验、学习先进的作用。然而，先进单位如何理解认识监狱文化的内涵、如何对监狱文化进行分类、具体推进监狱文化建设的举措是什么、监狱文化建设对监狱总体工作发展起到了怎样的作用，这些问题通过一两次交流是难以找到答案的。值得注意的是，两次评选工作的主要参与者多来自监狱实务部门，教学和研究机构的监狱理论界专家学者参与程度很有限。监狱理论研究者缺少接触相关会议交流材料的机会，也就无法深入研究相关单位的监狱文化建设。为此，中央司法警官学院联合中国监狱工作协会监狱文化专业委员会，征集20所监狱文化建设单位的经验材料，结集出版，以期借此推动我国监狱文化建设向纵深发展。

此次征集工作得到各家单位的积极配合，得到中央司法警官学院和安徽省监狱管理局相关领导的大力支持，中国监狱工作协会监狱文化专业委员会的各位同志在材料编辑审定过程中做了大量工作，在此致以诚挚谢意。

当前，随着监狱文化建设的不断深化，在实践中我们也遇到了诸如地区发展不平衡、相关领导重视不够、基层民警参与热情不高、监狱文化建设偏离监狱中心工作等问题。但是，这些问题都是发展中的问题，相信通过实务部门和理论研究者的不懈努力，中国监狱文化建设必定再上新台阶。希望本书的出版，能为繁荣中国监狱文化建设作出应有的贡献。

目　录 / Contents

003 建设特色文化监狱　提升教育改造质量
——山西省太原第一监狱文化建设实践探索 / 胡雪明

021 二十二年破茧成蝶　谱写安徽女监文化建设新篇章 / 唐婧文

039 以新时代监狱文化建设助力工作高质量发展 / 吴向涛

057 唱响客家文化和赣南红色文化主旋律 / 王玉明

073 在监狱文化建设中推进监狱工作“规范　高质　高效”发展 / 谭　簪

095 世纪沧桑涵养独特文化　百年监狱焕发时代新颜
——上海市提篮桥监狱文化建设成果透视 / 范应辰

109 厚植文化自信　增强精神力量 / 阮晨曦

131 和润文化
——和而不同　润物无声 / 张　波

151 红色文化载入监狱史册／四川省雷马屏监狱

167 监狱文化建设的实践与展望
——以陕西省杨凌监狱为例／刘　磊

185 续写忠诚铸警魂　情系山水守平安／广西壮族自治区桂林监狱

201 融合客家文化　打造特色监狱文化品牌
——广东省梅州监狱文化建设的实践探索／广东省梅州监狱

217 传承红色基因　用革命传统精神建设富平监狱
——陕西省富平监狱红色法治主题文化创建纪实
／陕西省富平监狱

235 在守正创新中谱写四川女监文化自信华章
／四川省女子监狱

253 核心·引领·融合
——北京市女子监狱文化建设之探索与实践／北京市女子监狱

269 浙江省女子监狱以文兴监之实践／浙江省女子监狱

285 高墙内文化涌动　淬火中灵魂重生
——上海市五角场监狱文化建设的探索与实践
／上海市五角场监狱

297 传承沂蒙红色文化基因　担当罪犯教育改造重任／赵宗杰

313 政治统领　文化助擎　争创一流
——河北省唐山监狱文化建设活动纪实／河北省唐山监狱

329 文以启明　文以塑魂
——河南省洛阳监狱文化建设实践与探索／李晓卫

山西省太原第一监狱

建设特色文化监狱　提升教育改造质量

——山西省太原第一监狱文化建设实践探索

山西省太原第一监狱教育科文化教研室主任　胡雪明

中华优秀传统文化源远流长、博大精深，是中华文明的智慧结晶。山西省太原第一监狱（以下简称太原一监）充分认识和准确把握自身区位优势，传承三晋历史文明，建设特色文化监狱，从突出亮点到推动整体，从一域破题到全面实践，不断推动“以文化人、以文塑人、以文育人”的教育改造工作实践，塑造了监狱品牌形象，提升了教育改造效能，为推进监狱工作现代化开辟了广阔前景。

一、太原一监特色文化建设的缘起和发展脉络

太原一监位于山西省太原市万柏林区，地处万柏林区、晋源区结合部，南接晋源文旅圈，西依万亩生态园，地理位置优越。太原一监历史悠长，始建于1951年，起初为一个“小煤窑”，经过几十年的发展，至21世纪最初十年发展成为“安全高效型”现代化煤矿，2018年根据司法部及山西省委、省政府的决策部署退出井下生产。

（一）理念的形成

任何文化的形成，一定有其深厚的历史基础并受社会环境的影响。监狱文化同样如此。太原一监特色文化监狱建设的实践，与山西独特的文化历史、社会发展进步的时代背景、监狱自身的文化传承分不开。

一是时代的召唤。山西自古被称为“表里山河”，为中国五千年的文化传承增添了浓墨重彩的一笔。都说“地上文物看山西”，这里有国家重点文物保护单位452处。其中古建筑369处；元代以前的古建筑，山西占了全国80%以上。21世纪初，山西推进文化强省战略的实施，以“华夏文明看山西”为主题，文化活动高潮迭起，文化建设风生水起。地处三晋文化腹地的太原一监，顺应时代发展潮流，把握机遇，科学定位，开启了特色文化建设之路。

二是历史的传承。资料显示，太原一监建监之初虽然是一个用3万斤小米买下的“小煤窑”，条件极其艰苦，但始终高度重视罪犯的教育转化。半个多世纪以来，一代一代监狱民警接续奋斗，累计生产原煤6500余万吨，上缴国家利税9.2亿元，不仅以煤炭生产为国家能源保供作出重大贡献，而且始终坚定“教育人、改造人、挽救人”的信念，不断提升罪犯改造质量，矢志不渝做“特殊的灵魂工程师”。

三是进取的自觉。2007年，太原一监党委将文化建设放在监狱工作的突出位置，监狱主要领导带头深入调查研究，从罪犯的犯罪根源上探索改造罪犯的有效策略，针对罪犯普遍“缺孝道、缺仁爱、缺诚信、缺礼仪”的根源性问题，创造性地运用中华优秀传统文化教育改造罪犯，“以弟子规问己心”，重塑罪犯道德观念，从解决罪犯犯罪的根本问题上改造罪犯。监狱党委锐意进取的战略意图，催生了太原一监特色文化的茁壮成长。领导层如此，基层民警也如此。当时，受社会上“国学热”的影响，太原一监部分监区已经在罪犯教育中穿插传授国学经典，《三字经》《论语》《大学》等读物进入监区，其内容不时被民警所引用。基层的“先行先试”，为太原一监特色文化的建树提供了沃土。

（二）发展脉络

自21世纪以来，太原一监积极探索刑罚执行工作的新理念、新途径、新举措，聚焦“教育人、改造人、挽救人”的价值追求和职责使命，认真思考、大胆实践。2007年8月，太原一监确立了坚持“以人为本、依法治监、科学改造”三大理念，建设“平安、绿色、数字、阳光、和谐”五型监狱的总体思路和工作目标。同年12月，提出“传承三晋历史文明、建设特色文化监狱”的构想，并将《弟子规》教育引入罪犯改造，标志着监狱文化建设进入新阶段。2015年9月，太原一监提出“传承中华优秀传统文化、建设三晋特色模范监狱”的设想，实施文化建设提档升级工程。2019年9月，新一届监狱党委班子成立以来，坚持以习近平新时代中国特色社会主义思想为指导，深入贯彻习近平法治思想，自觉担负新的文化使命，以“政治铸魂、文化树人”统揽文化建设，推进特色文化与法治监狱建设融合发展，着力塑造全警、全过程、全方位“三全”罪犯改造机制。坚持全面从严管党治警，强化监狱宗旨意识，推进监狱民警文化建设。重塑罪犯信仰信念，加强社会主义核心价值观、中华优秀传统文化、红色文化与教育改造相融合，深化罪犯改造特色文化。法德共进，铸魂树人，在法治轨道上全面发展监狱特色文化，有力促进了政治效果、法律效果和社会效果的统一。

多年来，太原一监在特色文化建设的道路上不断探索，不断完善，形成了较为完善的特色文化体系。太原一监特色文化主要包括："法德并举、铸魂树人"的核心理念，"崇尚科学、团结协作、务实创新、争创一流"的"太一民警精神"，"传承三晋历史文明、把罪犯改造成为守法公民"的共同愿景，"明德、至善、劝学、正心"的监训。在对象上分为监狱警察文化、罪犯改造文化，在内容上形成了以"明德、至善、劝学、正心"为主的罪犯改造特色文化体系，在形态上呈现为道旗文化、楼宇文化、景观文化、楹联文化、石雕文化、标识文化等，在品牌上突出表现为"三晋特色"文化、"《弟子规》"文化，监管区三晋地域文明历史特色鲜明的环境氛围，与以《弟子规》为代表的中华优秀传统文化的浸染教化交相辉映，成为监狱文化的特色所在。此外，太原一监的标识（logo）也独具特色。标识呈蓝、白两色，象征"蓝盾精神"；整体造型由内外两个同心圆和居中的"人"字组成，为"太""一"的变形。内圆长城图案，象征监狱民警捍卫公平正义、维护社会安全稳定的力量。居中之"人"与外圆形成"囚"字，寓意监狱是关押和改造人的场所，同时凸显"以人为本"的治监理念，其已成为太原一监特色文化体系的重要组成部分。

自 2007 年以来，历届监狱党委始终坚持"把罪犯改造成为守法公民"的宗旨理念，以特色文化建设锻造"征服人心"的"钥匙"，一张蓝图绘到底，推动特色文化建设与时俱进、历久弥新。2010 年 11 月 20 日，时任中央政治局委员、中央政法委副书记、中央综治委副主任王乐泉视察太原一监时，对监狱的"文化育人"赞誉有加。2023 年 8 月 12 日，司法部部长贺荣在太原一监调研时，对监狱的罪犯改造特色给予充分肯定。

二、特色文化建设的实践和探索

太原一监基于对罪犯"缺道德""缺信仰"犯罪归因的基本认识，在准确把握自身所处区位文化优势的基础上，将三晋历史文明作为丰厚的教育改造资源，通过加强文化设施建设、文化制度建设、文化环境建设，努力打造“以文化人”的“软环境”，激发“以文化人”的改造力。

（一）高起点布局，体现特色文化设施的系统性

作为一所“老监狱”，太原一监设施老旧、功能不全、占地面积有限。监狱党委立足实际、着眼未来，变不利为有利，以文化设施建设为“先手棋”，统筹场所、载体、设施各要素建设，系统推进文化战略实施。

一是加强场所特色文化建设。建设监狱历史展室。太原一监历史展室占地 350 多平方米，展出自 1951 年建监以来各个时期的历史图片 600 多幅、实物 200 多件，凸显了太原一监 70 余年文化传承与文明发展的历史轨迹。如今，历史展览室不仅成为展示监狱文明进步的“窗口”，也是对民警职工进行传统教育的“活教材”。建设“法德文化广场”。文化广场占地面积达 6000 多平方米，以监狱大门至教育矫正楼的通道为中轴，设有寓意“心灵复苏”的主题雕塑；同时，精心设计了凸显三晋地域风情、以“社会主义核心价值观”为主题的宫灯道旗 20 余组。通道两侧的草坪上，点缀有 15 块名家题词的文化石、7 部《弟子规》镂空铁书。青石写意、铁书启理，道旗寄语、宫灯传神。俯瞰文化广场，其宛如一把“钥匙”，寓意以“法德之钥”助力罪犯开启“回归之门”。

二是加强载体特色文化建设。太原一监树立“学所以治己、教所以治人”的传统教育理念，突出传导“格物致知、诚意正心”的修身之法，全面建设“正心”文化载体。先后建成了“正心”教育改造网络系统、《正心导报》传媒平台、“正心”电化教育阵地、“正心”心理健康指导中心。先后编撰《国学教育读本》《感悟弟子规》《国学教育铸新生》《服刑指南》《文以化人》《归来》

等图书62种、画册19种、音像制品13种。此外，通过设立“正心讲堂”，系统开展法律道德教育、行为规范教育、中华传统文化教育、心理健康教育，不断夯实罪犯改造基础。

三是加强设施特色文化建设。建设“正心运动场”。运动场占地面积4150平方米，塑胶地面，内设标准的篮球场地、羽毛球场地和跑道。建设标准化教室。教育矫正楼设置课堂化教学专用教室，以“仁、义、礼、智、信、忠、孝”分别命名，彰显对中华传统美德的遵从和导引。建设图书馆。监狱建有两个标准图书室，各监区设阅览室，定期购置、订阅有益罪犯改造的图书、报纸、杂志，满足罪犯阅读需求。建设回归指导中心。对照“无缝衔接”要求，开展出监教育培训，帮助罪犯顺利融入社会。

（二）高质量推动，突出文化制度建设的主动性

在文化战略的实施过程中，太原一监坚持一手抓基础设施建设、一手抓基础制度建设，以物态文化塑造精神文化，以精神文化激活物态文化，全方位推进文化战略走深走实。

一是明确文化矫正的内涵。明确把三晋地域特色文化作为丰厚的矫正教育资源，紧紧抓住解决罪犯犯罪的根源性问题，突出以明伦倡孝的“根祖文化”开启心智，培育罪犯的孝道观；以信誉天下的“晋商文化”润泽心田，培育罪犯的诚信观；以仁者爱人的“儒家文化”戒恶行善，培育罪犯的仁爱观；以行为世范的“圣人文化”知行合一，培育罪犯的礼仪观。通过“明德、至善、劝学、正心”重塑罪犯道德信仰，丰富了以社会主义核心价值观为引领、用中华优秀传统文化熏陶罪犯的文化矫正内涵。

二是创新文化矫正的方式。明确《弟子规》为传统文化教育“第一课”。《弟子规》集中国传统家教、家规、家训、家法于一体，是弥补罪犯道德缺失的一剂良药。太原一监采取“讲、读、

背、写、展、演”等方法，建立了“以弟子规问己心”的文化矫正模式及机制。讲，是指聘请社会讲师团、知名人士和志愿者，为罪犯宣讲解读《弟子规》等中华优秀传统文化。读，是指有计划地组织罪犯熟读、精读《弟子规》《三字经》《千字文》《劝学》《大学》《论语》等经典作品。背，是指引导有一定文化基础的罪犯背诵《弟子规》。写，是指倡议罪犯撰写学习心得、体会和感悟。展，是指对罪犯书法、绘画、雕刻、剪纸等作品定期展出。演，是指组织罪犯创作文艺节目，并将其搬上舞台、搬上荧屏，向罪犯、罪犯亲属和社会公众进行汇报演出。明确“五认同”为思政教育“第一课”。构建红色精神谱系教育新形态，在国庆节、国际劳动节、元旦、春节和重大庆祝、纪念活动，以及每月的第一天，组织罪犯参加升挂国旗仪式，增强仪式感、参与感、现代感。围绕讲好中国故事，讲好中国共产党故事，讲好新时代中国特色社会主义故事，将作为三晋文化重要组成部分的太行精神、吕梁精神等红色文化和右玉精神等新时代文化，融入罪犯思政课堂，深化爱国主义和革命传统教育。

三是搭建文化矫正的平台。太原一监坚持举办一年一度的监区文化艺术节，截至 2023 年已举办 25 届。围绕传承三晋历史文明、弘扬中华传统美德，文化艺术节涵盖歌咏比赛、诗歌朗诵、情景剧演出等活动，以及篮球、乒乓球等球类赛事，有集体项目，也有个人项目，通过罪犯喜闻乐见的形式吸引罪犯自觉参与。2023 年 5 月，太原一监举办了主题为“诗词浸润心灵、经典重塑人生”的中华优秀文化月文艺展演活动。2023 年 8 月，举办了“正心杯”罪犯篮球比赛。两场活动参与罪犯超过了押犯总数的三分之一。定期举办“读书会”、“亲情帮教”、演讲比赛、书法培训、征文等活动。通过举办文化艺术节、组织各类活动，搭建了文化矫正平台，推动文化和改造深度融合，激发了罪犯改造热情和积极性。

(三) 高品位谋划，彰显文化环境建设的精准性

太原一监按照“一区一品”的要求，在布设文化宣传氛围上创造性地将楼宇功能、三晋文化元素有机融合，实现了“润物无声”的文化效应。

一是按照楼宇功能布局“一区一品”特色文化。将监舍楼冠以“明德楼”“至善楼”，绘制“德善”文化画卷。“明德楼”以“厚德载物”为主题，以“孝、悌、忠、信、礼、义、廉、耻”的“八德故事”为内核，营造了“德”文化的改造氛围。“至善楼”以“上善若水”为主题，以“居善地、心善渊、与善仁、言善信、正善治、事善能、动善时”的“七善之德”为内核，营造了“善”文化的改造氛围。将教学楼冠以“教育矫正楼”，绘制“劝学”文化画卷。教育矫正楼汲取中华优秀传统文化《劝学》、晋商精神、三晋历史神话传说典故、名人名胜、圣贤箴言等文化精髓，精心设计装饰，营造了“劝学归正”的改造氛围。将习艺劳动车间冠以“劳动矫正楼”，绘制“勤勉”文化画卷。劳动矫正楼围绕“劳动伟大、劳动光荣”的宗旨，选取“劳动创造价值、劳动成就习惯、劳动洗涤心灵、劳动培养技能、劳动矫正人生、劳动赢得未来”等文化元素，进行全方位的文化渲染与文化渗透，营造了“天道酬勤”的改造氛围。

二是借用楹联寓意点亮“一区一品”特色文化。教育矫正楼楹联为“国学蕴真知将五千年箴言品来做人唯道德二字；法律濯善恶把三两次教训记住修身要谨慎一生”，深刻揭示了教育矫正楼以“劝学归正”为核心的文化主题。明德楼楹联为“弯月嗟叹往时为何谬想；暖阳劝慰今后怎个端行”，揭示了人之为人“在明明德”的文化内涵，彰显以“厚德载物”为核心的德文化建设理念。至善楼楹联为“至此卸重压辞别旧我；从今拾初善置换新生”，彰显了

上善若水、励志修身、止于至善的善文化建设宗旨。劳动矫正楼楹联为“回首往昔万般感受都因错；再看今朝一任辛劳皆是荣”，形象地指明了“真诚忏悔、勤勉进取”的改造方向和途径。医院楼楹联为“来之肝胆相照问哪儿不适；去也身心俱洁得通体精神”，形象地体现了“治病救人”的双关语义。为楼宇“量身打造”楹联文化，开创了以文化人的新境界。

三是引进三晋元素凸显“一区一品”特色文化。建设三晋历史文化墙。以“见贤思齐”为主题，以五千年的三晋历史文明为轴心，以三晋历史演进中最具代表性的人物和事件为主线，向人们展示了一幅波澜壮阔的三晋历史画面。文化墙全长 92 米，包括 26 个历史场景、42 个历史人物故事，这里有华夏人文始祖尧、舜、禹，有三晋历史人物代表如晋文公重耳、贤臣介子推、武圣人关羽、仁人志士杨深秀等，有法治文化的代表人物如中国司法鼻祖皋陶等，也有红色文化的代表人物如高君宇、刘胡兰等。通过浓缩中华文明波澜壮阔的历史演进轨迹，再现山西表里山河的历史人物场景，彰显三晋区域文化的光彩斑斓，昭示圣哲智慧的传承不息与民族精神的历久弥新。建设“诗词走廊”。依托监管区道路和监区楼道走廊，集中展示了脍炙人口、流传千古的诗词近百首，浓缩展示独具三晋地域文化元素魅力与张力的名人名胜、砖雕、石刻、剪纸、喷绘上百件，有再现“孝感天下、女娲补天、精卫填海、大禹治水、稷播百谷、仓颉造字”等三晋文化典故和“仁者爱人、重义轻利、修身崇礼、智行千里、诚实守信、孝亲敬老”晋商精神的精致灯箱，也有再现“孰能无过？过而能改，善莫大焉”的《左传》箴言和“德以孝为本”二十四孝故事的雄浑雕刻，营造了浓厚书香气息与传统文化精髓的特色文化氛围。

三、特色文化建设的经验和启示

太原一监特色文化塑造了太原一监奋发进取的监狱精神，开拓了罪犯教育改造的崭新途径，促进了“惩罚和改造”“安全和教育”的有机融合，取得了明显成效，也积累了宝贵的经验。

（一）特色文化建设取得的成效

一是文化环境深刻重塑。按照“安全、绿色、人文”的理念，充分依托监狱建筑的功能特点，系统规划楼、廊、监舍、道路、广场等各处文化设施，如历史展室、法德文化广场、正心运动场、诗词长廊、文化墙、“一区一品”和“一楼一联”的文化创意，彰显三晋地域特色，传承三晋历史文明，实现了区域功能与文化风格的高度契合，使刑罚执行的监禁职能与教育改造的树人理念完美统一。

二是监区文化蓬勃发展。各监区立足自身功能和犯情，围绕执法力度、尺度、温度相适宜的要求，积极发展符合自身实际的监区文化。老病犯监区形成了“就医、管理、教育”为一体的“康复+”特色管理模式，集训监区形成了“规范训练+励志教育”为一体的入监教育特色文化，出监监区形成了“感恩+回归”为一体的出监教育特色文化，职务犯监区形成了“书画诉悔恨”的特色教育模式。“读书会”“兴趣小组”“非遗手工”普遍开展。有的监区组织罪犯习练“威风锣鼓”“黄河锣鼓”“太原锣鼓”，传承山西传统鼓乐文化；有的监区开展手指操排演，也有的针对老年罪犯组织练习“八段锦”、学习中医养生知识等，监区文化呈现出“各美其美、美美与共”的发展态势。

三是文化创意不断涌现。围绕传统节日、农历“二十四节气”推送“我们的节日”“我们的文化”主题系列短视频，烘托节日氛围，弘扬传统文化。中秋节、春节期间为罪犯制作“我想对家人说”短视频，促进罪犯与家属的“双向奔赴”。借鉴中央电视台《经典咏流传》的形式，遵循“推动中华优秀传统文化创造性转化、创新性发展”的精神，用“和诗以歌 + 情景剧”的形式，以罪犯服刑改造真实体验生动演绎罪犯的悔恨之情、悔悟之感、悔改之意，节目吸引力大、感染力强、受众范围广，取得了突出的教育效果。搭建“我为罪犯解心结”平台。为“三无”罪犯提供物质帮扶，为罪犯提供减刑假释、婚姻家庭等事关切身利益的法律法规专业性咨询服务。联合社会有关部门，开展临释罪犯就业政策宣讲、就业帮扶活动，助力罪犯顺利回归社会。激发民警文化内生动力，涵养罪犯改造特色文化。监狱为退休民警举行“荣退仪式”，为民警拍摄“礼服照”，将民警的从警经历刻录成光盘赠送本人。监狱定期举办“民警栖心读书会”，引导“好读书、读书好、读好书”的书香风气。建立“写作爱好群”微信平台，开展“出上联、求下联”的“每日一对”活动。“对对联”持续数年，参与民警不断增多，已整理《对联集锦》三十余辑。建监 70 周年之际，推出《七秩峥嵘践初心》献礼专题片，致敬历史，开辟未来。

四是改造效果明显提升。中华优秀传统文化得到了罪犯的普遍认同。罪犯任某入监时只有小学文化，服刑期间努力学习文化知识，刻苦钻研篆书，目前已达到初中文化程度，并练就了较高水平的篆书技艺。罪犯纪某入监后结合服刑改造感悟，坚持诗词创作，所创诗词自 2016 年以来连续 5 年被《中国诗词典藏》收录，共计 150 余首，并连续 5 年被评为国家一级词作家。罪犯刘某刚入监时心灰意冷、消极改造；接触传统文化后，主动参加监区“兴趣小组”，学习经典文化，改造也有了明显进步；减刑出狱后，刘某继续传播传统文化，自主创业并先后接纳刑释人员多人，带领和帮助他们回归社会重新做人。在监狱文化艺术节上，一名罪犯在留言板上写下了“不以无过为贤，而以改过为美”的感悟，传统文化的洗礼可见一斑。据不完全统计，全监罪犯自己创作书画、手工艺品3000件，每年撰写心得体会1000余篇。与之相对应的是，行孝感恩的事情多了，人际关系更加和谐了，改造秩序更加稳定了，年度罪犯守法守规率保持在98%以上。截至2023年8月，太原一监实现了连续25年无押犯脱逃、连续19年监管改造“四无”目标。

五是社会反响积极热烈。多年来，太原一监的特色文化建设，得到了社会各界的广泛关注。《山西监狱》《山西日报》《法治日报》《山西法制报》《山西青年报》及太原市终身学习网站等多家媒体对太原一监的特色文化建设进行了报道。2019年9月，复旦大学历史系教授、央视《百家讲坛》著名主讲人钱文忠考察太原一监时盛赞其“充满传统优秀文化精神氛围”。2010年10月，出席全国监狱文化建设与监管安全工作学术研讨会的数十位专家学者，评价太原一监的特色文化建设“符合道、体现法、形成势、充满美”。一名罪犯的父亲，在给监狱的来信中写道：“我是一名有着30多年教龄的退休教师，可以说‘桃李满天下’，然而在教育自己的儿子方面却是个失败者。贵监开展的传统国学教育挽救了我的儿子，我感谢监狱！”继2013年荣获“太原市企业文化建设优秀单位”、太原市“全民终身学习大讲堂”活动先进集体称号后，太原一监连续多年荣获“省级文明单位”“省直文明单位标兵”称号。

六是交流互鉴作用明显。太原一监的特色文化为监狱与社会、监狱与监狱之间对话、交流搭起了一座桥梁。2011年10月，由中国政法大学监狱史学研究中心主办、太原一监协办的“监狱文化建设与监管安全工作学术研讨会”在太原一监召开。2012年3月，瑞士法律专家代表团一行5人，在太原一监实地考察，对狱内中华优秀传统文化氛围表现出浓厚的兴趣并发出由衷的赞叹。2013年7月，司法部监狱局教育处对太原一监监狱文化建设工作进行深入调研，指示太原一监“努力打造文化示范监狱”。同年10月，太原一监编撰的《国学教育铸新生——太原第一监狱罪犯教育案例》入选《太原市学习型城市建设案例诊评》，代表我国参加“全球学习型城市”认定的案例评选。2014 年 5 月，中国预防青少年犯罪研究会编辑部、教育部职教司成教部到太原一监考察。十余年来，太原一监不断加强与省内外兄弟监狱学习交流，四川、贵州、云南、内蒙古、湖北、安徽、辽宁、山东、重庆、江苏、陕西、上海等省、自治区、直辖市多所监狱来太原一监调研交流，共商共建，丰富了监狱文化建设的实践和经验。

（二）经验和启示

太原一监特色文化建设之所以取得突出成效，最根本的原因在于始终坚持党的监狱工作方针政策，构建和深化“巩固党的执政地位、维护国家长治久安、促进社会公平正义、保障人民安居乐业”的监狱核心价值体系，一以贯之、久久为功。始终坚持以习近平新时代中国特色社会主义思想为指导，深入贯彻落实习近平法治思想，深刻领悟“两个确立”的决定性意义，增强“四个意识”、坚定“四个自信”、做到“两个维护”，运用好习近平新时代中国特色社会主义思想的世界观和方法论，把文化建设的成功经验不断转化为推进监狱工作现代化的生动实践。

一是必须坚持监狱工作方针，强化监狱文化建设的使命担当。太原一监特色文化建设，源于太原一监人的深厚监狱情结和真挚育人情怀。改造罪犯是中国特色社会主义监狱制度的鲜明特征。近17 年来，太原一监历届党委坚定信念、弘扬传统，坚持把改造罪犯作为中心任务，统筹监管改造、教育改造、劳动改造，坚定做好罪犯改造工作的信心决心。实践证明，坚定“把大墙内的人改造好、让大墙外的人生活好”的信念，勇担使命、砥砺前行，才能开辟监狱文化建设的崭新局面。新时代新征程上，要切实学懂弄通做实习近平新时代中国特色社会主义思想，把握监狱文化建设的前进方向，坚定不移做“特殊的灵魂工程师”，推动文化建设在罪犯改造工作中不断取得新的更大成绩。

二是必须坚定文化自信，激发监狱文化建设的创新活力。太原一监持续推进特色文化建设，从根本上反映的是对文化的自强自信。从文化思路、文化环境到文化制度，从区域文化布设到整体监区文化建设，太原一监自觉担负新的文化使命，走出了一条“文以载道、道以化人、是以文化、德以文明”的罪犯改造之路。实践证明，文化自信与文化创造相互激荡、彼此增益，是监狱文化之树长青的源泉。新时代新征程上，要进一步坚定文化自信，传承弘扬我国监狱成功转化末代皇帝、国内外战犯以及反革命分子，取得世人瞩目成就的优良传统，坚持创造性转化、创新性发展，不断提升文化促进监狱治理体系和治理能力的效能，全面巩固和拓展“教育人、改造人、挽救人”的罪犯改造局面。

三是必须坚守安全底线，筑牢监狱文化建设的工作基础。太原一监“特色文化”建设 17 年来，统筹“五安全一稳定”，坚守监狱安全底线，确保了监狱长周期的安全稳定。实践证明，安全文化是监狱文化的应有之义，只有确保安全稳定，文化建设才能放射出夺目光彩。新时代新征程上，要强化风险意识，坚持底线思维，落实统筹改造和安全要求，立足职能坚定维护国家政权安全、制度安全、意识形态安全，全力维护国家安全、社会安定、人民安宁，建设更高水平的平安监狱，续写监狱文化建设的新篇章。

四是必须坚持建设过硬队伍，打造监狱文化建设的核心力量。太原一监不断推动特色文化与民警队伍建设互促共进，始终坚持政治建警、业务强警、从严治警、从优待警，不断为文化建设注入新鲜活力，民警队伍形象成为特色文化的深厚底色。实践证明，全面从严管党治警是监狱文化事业的根本。新时代新征程上，要学习贯彻习近平新时代中国特色社会主义思想主题教育，学习领会习近平总书记对监狱工作的重要指示批示精神，牢牢把握“五个过硬”总要求，弘扬监狱精神，打造监狱文化主力军。

五是必须把握监狱特点，彰显监狱文化建设的鲜明特色。太原一监的文化之所以称为“特色文化”，主要是“特”在体现监狱刑罚执行属性的法治文化范畴、“特”在运用中华优秀传统文化育人的改造手段、“特”在彰显三晋地域风情的环境文化氛围。实践证明，因地制宜、从实际出发，才能凸显文化建设的亮点。新时代新征程上，要把建设法治文化作为建设监狱文化体系的战略性、基础性工作和推动监狱工作现代化建设的重要内容，坚持法安天下、德润人心，坚持用社会主义核心价值观引领罪犯，用中华优秀传统文化（包括红色文化、新时代精神）教育罪犯，立足监狱区位优势、功能定位、犯情特点等因素，建设各具特色的监狱文化，不断塑造监狱机关良好的社会形象。

六是必须坚持开放思维，实现监狱文化建设与时代接轨。太原一监在文化建设的实践中，牢固树立公开透明的现代执法理念，坚持兼收并蓄、博采众长，引进社会资源、社会力量为监狱文化建设赋能，提升文化建设的内涵，丰富文化传播的形式，赢得了社会各界和罪犯及其亲属的认可和支持。实践证明，必须克服大墙思维、走出封闭的圈子，才能建设适应时代需要、服务社会、造福大众的监狱文化。新时代新征程上，要积极致力于推动监狱工作的全面改革创新，秉承开放包容、文明互鉴的理念，加强与社会的互动交流，提升“共享共建共促”水平，围绕“举旗帜、聚民心、育新人、兴文化、展形象”，推动监狱文化建设与社会主流文化同向同行、同频共振，不断提升监狱文化的传播力、影响力，为推进文化强国战略的实施贡献监狱文化的有生力量。

把罪犯“改造好、不再犯”，把大墙内的人改造好，让大墙外的人生活好，始终是我们监狱民警不懈追求的目标，“改造好、不再犯”实现的基础是罪犯通过改造做到真认罪、真悔罪，太原一监坚持政治铸魂、文化树人，在以中华优秀文化教育罪犯的实践中取得了一定成效，下一步我们将认真贯彻上级精神，筑牢安全稳定基础，以高质量改造成果，助力社会平安建设，坚决不负时代、不辱使命。

安徽省女子监狱

二十二年破茧成蝶
谱写安徽女监文化建设新篇章

安徽省女子监狱十五监区管教民警　唐婧文

习近平总书记在党的十九大报告中指出："文化是一个国家、一个民族的灵魂。文化兴国运兴，文化强民族强。没有高度的文化自信，没有文化的繁荣兴盛，就没有中华民族伟大复兴。"新时代中国特色社会主义文化建设已经开启新的征程，加强文化建设能为我们攻坚克难、砥砺前行提供坚强的思想保障、强大的精神力量和丰润的道德滋养。

安徽省女子监狱（以下简称安徽女监或女监）成立 22 年，虽然历史不长，但却经历了两个重要的发展阶段：第一个阶段是 2001 年 8 月至 2015 年 1 月坐落在皖北古城宿州期间，第二个阶段是 2015 年 1 月搬迁到合肥后。文化建设工作经历了从无到有、从有到优、从理念孕育到文化自信的蝶变之路，并将监狱文化建设作为一种有意识、有目标的深层次战略举措和管理行为，不断加强深化，形成了全体女监人的集体认同和共同文化，逐渐培育出具有安徽女监自身文化特质的理念文化体系、视觉文化体系、行为文化体系三大体系为主的"文化生态体系"。

一、明德惟馨锚定理念文化体系

为更加深刻地反映女监发展历程和文化积淀，积极发挥文化建设的精神引领力，监狱党委高度重视，经过深入研究，于女监搬迁后的第二年（2016年），在全监民警职工中广泛开展文化主题、女监精神的思考、征集和提炼工作，确立了以治监理念为引领，以“德馨”文化为内核，以女监精神为支撑，并与监狱标识识别系统和女监之歌等共同构成的安徽女监理念文化体系。

（一）治监理念——监狱管理的理论之源

现代治监理念是监狱文化建设的重要组成部分，是监狱管理的工作之魂，引领方向、决定路径、指导方法。建监伊始，安徽女监党委即确立了“一年打基础，两年促提高，三年上台阶，四年求创优，五年争一流”的发展方向，大步前进、迅速崛起迈入全省监狱先进行列。从最初“安全为先、改造为本、依法治理、科学发展”的安徽监狱新型治监理念，到2022年顺应新时代监狱工作的新形势、新要求，经省监狱管理局深入宣传发动，广泛征求意见，集中开展研讨，党委研究同意，形成的“党建引领、依法治理、科学改造、安全发展”的现代治监理念，都是引领安徽女监事业迈向新境界的航标塔、指路灯。监狱充分发挥治监理念的指引激励作用，自觉坚定地把安徽监狱现代治监理念贯穿到监狱工作中，深刻把握监狱工作的必然趋势，坚持以“党建引领”为前提、“依法治理”为保障、“科学改造”为路径、“安全发展”为底线的监狱管理体系，助力形成系统化、专业化、特色化的监狱治理新格局。

（二）女监精神——徽州女性的时代升华

风雨兼程，从巾帼队伍中孕育自强文化。回望2001年建监之初，起步维艰，百业待兴，监狱面临硬件基础设施差、押犯爆满、狱情严峻、警力严重不足等问题。当时监狱民警连像样的办公场所都没有，只能“蜗居”在样板房里，冬天透风，夏天漏雨，彼时的女监队伍被戏称为“拓荒队”。正是在这样艰苦的条件下，女监队伍展现出“白手起家”的拼劲狠劲，坚决克服面临的千难万难，拼字当头，开拓新路，队伍需要锻炼，制度需要健全，一切从零开始。警务技能操作不规范，就分解动作抠细节，练习到夜里 12 点才罢休，把办公桌拼在一起，就能凑合一晚。台账记录不标准，就重新梳理要素，一遍遍推倒重来，不畏艰苦，迎难而上。在强烈的责任心、事业心和历史使命的感召下，秉着“硬件”不足“软件”先行的理念，监狱上下团结一心，凝聚成女监要发展的坚定信心。随着第一个五年工作目标的顺利实现，监狱队伍建设也在发展中不断得到磨炼，徽州女性精神也在全方位工作中不断显现，面对困难永不言输，面对困境绝不屈服，无时无处不展现出女监队伍昂扬向上、顽强拼搏的自强底色。

思想萌芽，从自强底色中凝练“四自”精神。2002 年 12 月，安徽女监以超常的付出、艰辛的努力，一次性推动八个分监区高分通过省监狱管理局组织的标准化分监区创建验收，从监狱“软件”上率先迈入全省先进行列。同年，监狱所属企业被评为安徽省“双十强”服装企业，获“安徽省名牌产品”称号。在 4 万平方米的土地上，女监人打造出了小而美、小而靓、小而精、小而强的省级现代化文明监狱；这抹自强底色，是安徽女监日后形成根植于本土的“四自”精神的前身，它迸发出巨大的文化活力，成为集体的文化认同。2003 年，通过征集研讨和提炼总结，安徽女监形成了“四自”精神，创作了《安徽女监之歌》：“英姿飒爽、剑胆琴心、青春无悔育枯枝，慈母情怀盼新芽……巾帼豪情铸忠诚，坚守平安为国家……”自此，“自尊高洁”的自律精神、“自立求实”的实干精神、“自信进取”的奉献精神、“自强超越”的拼搏精神和《安徽女监之歌》，成为一批批安徽女监人勇攀高峰的精神指引和动力源泉。

（三）德馨文化——根植女监的文化之魂

经过15年的教育改造经验沉淀，2016年，安徽女监依托创建全国十大先进文化监狱的契机，顺势而为，狠抓理念文化体系建设，明确了“德馨”文化作为女监教育改造品牌，旨在“以德促教，以教养德，塑其德行，开其新生”。“德馨”来源于《尚书·君陈》“黍稷非馨，明德惟馨”与清代经学家张尔岐在《蒿庵闲话》卷一中“斯民和乐之气，即为德馨”两处。用于涵盖女监教育改造工作。“馨”字既可指代道德的芬芳，也体现了性别的契合；罪犯“新生”之根本在于“心”之生，即“德”之正。监狱“德馨”文化主题的选定，意在与现有“惩罚与改造相结合、以改造人为宗旨”的监狱工作方针相契合，贯彻德育理念，秉承“以德为上”，实现文化育人。“德馨”文化的凝练蓄积了安徽女监教育改造工作的精神水源，随着时代内涵与教育改造工作的不断发展，“德馨”文化将继续伴随安徽女监的现代化发展不断焕发其新的文化意义，展现其强大的文化魅力。

二、徽风皖韵勾勒视觉文化核心

（一）因势而谋，构建徽风皖韵建筑格局

2015年1月，安徽女监整体从宿州搬迁至合肥，这是安徽女监发展历史上具有里程碑意义的重要事件。从此，女监从镶嵌在皖北古城宿州大地上的一颗璀璨明珠借布局调整之机，进入一个更加广阔且有无限发展前景的新女监进程中。面对新形势、新任务、新机

遇、新挑战，安徽女监以现代化文化监狱创建工作为契机，深入谋划监狱布局调整建设，紧扣徽风皖韵青瓦白墙古香古色的建筑特色，形成“一区一环两轴三核”的主体布局，各个功能区串联一体，构成双轴多核的徽风皖韵建筑格局。以“德馨”文化为底蕴，精心设计了具有徽州文化特色的教育改造环境，按照“一楼一主题”“一区一品”“一字一醒”“一步一景”的总体要求，打造安徽女监特色改造文化阵地，实现了整体建筑统一规划、和谐流畅。监狱的封闭空间、开敞空间和半开敞空间形成了外部坚固厚重、内部通透流畅，空间感较强的徽风皖韵景观特色，营造出“德馨”文化的优美环境。

（二）徽风皖韵，蕴涵明德惟馨文化底蕴

“一区一环两轴三核”的徽派狱园主体布局，不仅非常鲜明地勾画出具有地域特色的徽风皖韵风格，更是蕴涵着“明德惟馨”的文化底蕴，助力于打造安徽“德馨”特色教育改造文化品牌。

“一区”是以办公楼作为核心的监狱办公区。行政办公楼位于监狱东南角，是执法者形象的重要展示。监狱行政楼西侧的“对党忠诚、服务人民、执法公正、纪律严明”人民警察训词精神标语成为映入眼帘的第一道风景。办公楼前“心如彩凤”雕塑与周边园林景观交相呼应，景色相宜。办公楼内建成职工之家、健身房、图书阅览室等文体设施。按照北城集中监管区统一标识要求，实现了监狱科室（部门）制度、职责全部上墙。监狱大门西侧以廉泉、清石为主体的廉政景观，象征清正廉洁的司法精神，时刻警示监狱民警清正廉洁、公正执法。

“一环”是以环形跑道为主体的德馨文化广场。以中央主雕塑贯穿南北为分界线，东西两侧设有八个副雕塑，共同构成了一个雕塑群组，广场远处非常醒目地矗立着“永远跟党走、共筑中国梦”

两面鲜红色巨型立体旗帜雕塑，寓意监狱工作永远在中国共产党的领导下坚定前行。近处“火凤凰”形象，寓意罪犯经过监狱教育改造，能像凤凰涅槃一样，脱胎换骨，重新做人。副雕塑为四幅红色剪纸雕塑、三座汉白玉雕塑和母爱雕塑，雕塑造型都是从传统文化中提取的经典故事，如崔唐乳姑、精忠报国、芒孟慈母和知耻之心。寓意罪犯在监狱服刑期间，要接受传统文化的教育熏陶，最终改造成为懂孝道、知廉耻、明法度、能自立的守法公民。

“两轴”是以崇法路、正德路两条道路作为监狱建筑中心两轴。在崇法路西侧因地制宜建设了长约260米的“润德廊”。廊体设有“立德、修德、养德”三门，连接四栋监舍楼。廊内装饰采用动静结合、图文并茂的形式，以非遗传统技艺徽州三雕“木雕（竹雕）、砖雕、石雕”为表现手法展示德馨文化核心理念。廊内以“徽州三雕”为表现形式，制作廊序、竹雕《法德篇》、石雕《警言篇》、竹雕《醒悟篇》、砖雕《故事篇》、木雕《徽韵篇》、木雕《人生篇》、喷绘《人文篇》等内容。在廊亭北侧设置三个活动版块宣传橱窗。同时，制作六副改造楹联：立德门（立行方悟修身如执玉　正心唯有明德能致远）、修德门（修身似磨玉过往可镜鉴　励志如淘沙即来则心明）、养德门（养习惯真诚悔悟与过去告别　重行为踏实改造和新生相约）、教学楼（明法理辨善恶悟人生实乃改造正道　扬传统求新知悔过错方才新生坦途）、罪犯食堂（饭菜鲜香应思粒粒皆辛苦　改造艰难方知步步须坚实）、艺馨亭（一点一滴沁良知洗心革面　一针一线织新魂习艺成材）。在正德路西侧建设“艺馨亭”，亭南北两侧连接镂空木质走廊，在走廊两侧设置6块改造宣传橱窗。随着监狱文化的不断发展，廊内新增了2台电子屏滚动播放罪犯文化教育内容，传统风格与现代技术的完美融合体现了徽文化兼容并包的特性。

“三核”是以生活区、习艺区、教学就餐区为监狱建筑群的三个核心区。生活区是罪犯生活的主要场所，由孝德、仁德、诚德、信德四楼和会见楼（温馨楼、康馨楼）组成。立德园、修德园、养德园三园，分别以生活写意景观、假山流水、书卷雕塑、运动场地为整体布局，是罪犯日常生活、文体活动的主要场所。习艺区由至真、至诚、至远、至行四楼组成，是罪犯从事技能培训的场所。教学区由润馨楼组成，是罪犯教育改造、“三课”学习的场所。楼内建设有监狱陈列馆，警示教育基地、廉政教育基地、法治教育基地（三合一），技操室（烹饪室、美容美发美甲室、咖啡茶艺室、面点室），入（出）监指导中心，罪犯图书室，阅览室等教学场所。

三、忠诚奉献收获行为文化硕果

（一）安全文化护航平安稳定

安徽女监坚持总体国家安全观，增强忧患意识，做到居安思危，着力安全文化建设，筑牢监狱安全底线。

加强应急演练。建立 5 大类 41 项应急处置预案库，与驻监武警、驻地公安、驻地应急管理部门建立常态化联动机制，联合开展演练。加入属地安全建设。接入属地市县天网“雪亮”平台，实现监狱外围关键部位和主要道路卡口等监控“双纳入”。

强化科技赋能。建设监狱情报指挥大平台，安装“监管区鹰眼系统”，积极探索智能巡检机器人使用。

开展各项安全检查督查，确保重点敏感时段安保维稳。全面强化民警直接管理、罪犯网格化管控、罪犯外出就诊等制度落实，特别是外出就诊落实指挥中心实时挂屏管理。

规范指挥中心联勤联席运行机制，发挥指挥中心中枢指挥调度功能。持续推进安全生产专项整治和各类安全生产演练，监狱企业顺利通过安全生产标准化二级企业复审。监狱连续 22 年实现安全稳定。

（二）法治文化维护公平正义

安徽女监深入学习贯彻习近平法治思想，高质效加强法治文化建设。2017 年建成省级法治宣传教育基地，在法律法规查询区增加党章党规、习近平总书记全面依法治国新理念等内容；在以案释法区选取女监服刑人员的真实案例，以案释法；西墙视频内存有罪犯自编自演的含有法治教育内容的节目，动漫普法教学内容；同时还有女监民警创作的宣传宪法法治漫画等，充分发挥基地法治宣传教育功能。建成证据保全中心，做实、做细证据收集保全，掌握应对、化解安全风险的主动权。执法形象更加公正文明。坚持“依法治监、法德兼治”理念，建成刑务办案中心，规范案件办理“三公示四级审核”程序，深化网上办案，远程开庭，执法工作更加公开透明。常态化开展减假暂案件排查整治，以案件倒查三十年的要求延伸到案件执法全过程。积极配合所在地检察院巡回检察工作，实现“办案质量、办案效率”双提升。畅通罪犯紧急送医“绿色通道”，持续发挥执法监督员、监狱长接待日作用，监狱执法公信力不断提升。

（三）制度文化保障高效工作

坚持与时俱进推进制度文化建设。紧跟监狱现代化发展步伐，修订印发了第三版《女子监狱制度汇编》（2020 年版），内容涵盖规范性制度共 12 大类 154 项；制定监管工作《精细化管理手册》，将执法管理流程化、规范化、标准化；强化企业制度文化建设，围绕服装劳动生产特点，汇集《环境管理体系　要求及使用指南》（GB/T 24001—2016）、《职业健康安全管理体系要求及使用指南》（GB/T 45001—2020）、《技术教育培训考核管理办法》等 64 项管理体系文件和指南，修订完善企业内部管理文件若干，形成以制度管人、管事的制度文化体系，达到以体系化制度、标准化管理、效能化考核提升工作质量和效率的目的。安徽女监制度与文化并重的管理模式，有利于真正发挥“制度面前人人平等”的制度文化作用，确保各项工作始终在科学规范的轨道上运行，保障高效工作。

（四）改造文化发扬德馨品牌

坚持德法并治理念，充分发挥“德馨”文化品牌的浸润作用，秉承“把大墙内的人改造好、让大墙外的人生活好”的价值追求，以“德馨”文化品牌为核心，打造了“礼、谦、信、谨、善、德、让、智、孝、慈、容、学、勤、悟、慎、诚、和”等 17 个寓意着满园齐放、满园争春的监区文化；将传统文化视觉化、制度化、生活化，切实将理念文化的符号意义延展落实为切实可行、生动有趣的文化活动，积极引入安徽国家级、省级非物质文化遗产，充分运用各种形式的传统文化促进罪犯积极改造。开展“德馨文化大讲堂”，讲述“鞭打芦花”“六尺巷”等非遗民间文学故事。开设“传薪讲堂”“开蒙小课堂”，将传统文化列入教育改造内容，组织开展传统文化“三字经”、“弟子规”、唐诗宋词等经典诵读活动，成立黄梅戏剧团、民间剪纸兴趣小组，在春节等传统节日，与民盟“黄丝带”联合举办帮教活动，开展国家级非遗曲艺京剧、黄梅戏表演。立足培养“社会人”，全面推进服刑人员职业技能培训工作，定期召开服刑人员就业推介会，采取主动“走出去、请进来”方式，坚持“以技树人”“以德化人”，运用优秀传统文化技艺教育改造罪犯，借助社会师资力量，开展茶艺讲座、插花培训、家政培训等。2017 年至 2023 年，共有 2674 名罪犯参与职业技能培训，向社会输送具备职业技能的守法公民 6397 名。与安徽省图书馆联合建成女子监狱分馆，常年藏书 3 万册，积极打造“书香狱园”，广泛开展“读书+”活动，启动“罪犯网上智慧购书服务项目”，各监区定期开展图书流转共享。央视以安徽女监罪犯为原型拍摄的法治教育宣传片《婚姻劫》在CCTV 12《社会与法》栏目播出后收到很好的社会反响。

（五）警营文化锻造过硬铁军

安徽女监始终坚持党建引领，把“四自”精神作为队伍建设的驱动力贯穿始终，加强警营文化建设，培铸队伍的根与魂。以政治引领为抓手，打造强劲的思想引擎。坚持党对监狱工作的绝对领导，强化党性教育，常态化开展政治理论学习，建立党建业务月学习制度、周学习计划，采用骨干领学、研讨交流、实践反馈“三位一体”学习交流模式，凝聚干事创业共识。打造“党建+”工作机制，在党支部实行“每期一讲”“每周一评”“每月一课”，开展“让党徽在一线闪光”、党员集体过“政治生日”、“艺术党课”等活动，推动党建与业务工作深度融合，打造有时代特色的组织生活新形式。在元旦、国庆节、人民警察节和党的生日等重大时间节点，开展升国旗、展警旗、重温入党誓词、红色教育等活动，引领民警坚定从警初心，夯实从警信心。以业务提升为主题，浇筑坚实的职业基础。强化学习型队伍建设，借助党校、高校等资源优势，采取“请进来”和“走出去”等方式，分批分类有序开展政治轮训、业务集训。健全首任和上岗必训、职务和警衔晋升必训、基层和一线民警每年实战必训“三个必训”制度，坚持平战结合、学用一体、分类培训，落实常态轮训和全员岗位练兵，开办内勤业务、公文写作、信息调研等学习班，开展警体比武、讲评比赛、听声辨人比赛等技能竞赛，实施“业务+体能”并轨考核，不断提升民警履职尽责能力与水平。坚持落实以老带新、薪火相传的“导师制”培养方案，老民警讲故事、传经验、教方法、指思路，在狱政狱侦、刑罚执行、教育矫治等方面言传身教，切实提高青年民警的战斗力。以精神熏陶为牵引，积淀深厚的人文素养。用丰富的精神文化生活充实民警思想领域，培养健康向上的兴趣爱好，引导民警养成读好书、好读书的习惯，鼓励民警分享读书心得，交流读书经验，举行传统经典诵读、古诗词比赛等活动。依托监狱各协会组建兴趣班，常态化开展民警书画、摄影、健身、读书会等群众性文化活动，民警参加厅局举办的各类文化竞赛活动屡获优异成绩。强化宣传工作，积极搭乘厅局新媒体矩阵平台，围绕舆论热点、重要节点、重大事件开展主题策划，全方位宣传监狱工作成绩和亮点，新媒体宣传稿件刊发量位居省监狱系统前列。深入挖掘援鄂和监管改造一线中涌现出的先进典型，通过集中、立体、全方位的宣传，激励民警对标典型，忠诚履职，展现监狱女警巾帼不让须眉的风采。安徽女监民警吴秋瑾同志被选树为全省重大先进典型以来，监狱配合中央驻皖及省直主要新闻媒体做好吴秋瑾同志的宣传工作，并聚焦以身边事教育身边人，以榜样的力量鼓舞人，把吴秋瑾同志不畏艰难、无私奉献的先进事迹学习好、宣传好，在监狱实际工作中营造了“比学赶帮超”、见贤思齐的浓厚氛围。

22 年来，一代又一代的女监人用行动践行“四自”精神，砥砺奋进、不畏艰难、敢于担当、甘于奉献，舍小家为大家，涌现出一批批可亲可敬、爱岗敬业、无私奉献的榜样。其中最突出的代表是在疫情期间，安徽女监一次性派出 19 名骨干力量第一时间支援武汉抗击疫情，领队吴秋瑾同志归来后于 2020 年 10 月被确诊患有渐冻症，面对渐渐“冰冻”的身体和生命的倒计时，吴秋瑾没有消沉，她坚强地表示：“面对这个病，无解，但只要心中有阳光，就不怕冻住！”吴秋瑾荣获“全国司法行政系统抗击新冠肺炎疫情先进个人”“全国五一巾帼标兵”“全国司法行政系统先进工作者”等称号。2023 年 10 月，人力资源和社会保障部、司法部授予吴秋瑾同志“全国司法行政系统一级英模”称号。“安徽监狱援鄂抗疫工作队临时党支部”被党中央、国务院、中央军委授予“全国抗击新冠肺炎疫情先进集体”。自2017年以来，安徽女监获评“全国三八红旗集体”“智慧监狱示范单位”“全国清廉监狱”“全国监狱先进集体”“全国十大文化监狱”等诸多荣誉称号。

（六）廉政文化引领风清气正

安徽女监高度重视反腐倡廉工作，加强廉政文化建设，以刚性监督巩固各项工作成果。严实纪律作风，强化“八小时以外”监督。先后开展家庭访廉、发送《致民警（职工）家属的一封信》、家属话廉等活动，发挥家庭在从严管党治警、加强作风建设中的特殊作用。常态化开展内部巡察工作，扎实推进重点领域、重点岗位的廉政风险防控工作，增强执法关键岗位民警抵御职业风险的能力，邀请检察官进监开展执法专题讲座，组织拍摄微视频《贪欲下的沉沦》，筑牢纪律思想防线。对提任民警进行任前廉政谈话和廉政知识测试，从六个维度为新入职民警量身打造“廉政套餐”，助推走好廉洁从警第一步。2017年建成廉政宣传教育基地，位于监狱教育综合楼一楼，面积80平方米，采用一室多用的形式，集法律知识宣传、法治文化推广、预防违法犯罪、警示教育功能于一体。在重要节假日前夕、升学季等重点时段，对民警操办婚宴、“升学宴”画红线、做提醒。2022年被司法部评为“清廉监狱”，是安徽省监狱系统唯一获此殊荣的单位。

（七）企业文化持续赋能发展

安徽女监企业名称为安徽武鹰制衣有限公司（以下简称武鹰公司），始建于1985年，2002年由原八五零三工厂改制而成，企业文化建设始终秉承着负重拼搏、艰苦创业的优良作风，形成具有鲜明特色的“武鹰”文化，确立了“做精职业服、靓化职业人”的公司使命，形成了“求精创新、事争一流、至真至诚、衣被天下”的经营理念，制定了“一针一线做精，一丝一毫做细，一点一滴至真，一心一意至诚”的质量方针，将精品意识始终贯穿于生产经营的每个环节。目前拥有裁剪、缝纫、整烫和服饰车间 12 个，省级技术中心 1 个，并配备国内外一流生产机器设备 3200 余台（套），具有年产 300 多万件（条）职业服的生产能力。“武鹰”商标先后被认定为“安徽省著名商标”“中国驰名商标”；连续 13 年获评“全国服装行业百强企业”，充分发挥监狱企业对罪犯劳动改造和培训习艺技能的有效保障作用。大力开展技术创新，利用产学研相结合，推动品牌战略发展，建立稳定的战略合作伙伴关系，持续保持经济发展良好态势。加大技术管理人员、技术技能人员培养力度，选派民警到上海东华大学和江苏常州纺织服装职业技术学院进行培训。2 名民警分获省农林水利气象产业“劳模工匠创新工作室领衔人”“工匠人才”称号。

四、接续奋斗担负新的文化使命

安徽女监文化建设的内涵外延不断深化拓展，各项工作取得长足发展，一些做法在全省乃至全国取得示范效应，其工作经验对于未来工作的跟进开展起到了抛砖引玉的积极作用。

（一）文化的孕育萌芽得益于前瞻性的顶层设计

监狱文化广义是指监狱中物质、制度、精神等的总和，狭义上是指监狱中的精神氛围，是监狱环境中持久而普遍存在的观念、行为模式及其相关表现形式的综合；监狱文化的孕育像一颗种子萌芽的过程，植根的土壤直接影响生长的态势。一方面，优良的队伍作风有利于优秀文化破土而生，打造一支忠诚担当、砥砺奋进的纪律队伍，是培育优秀监狱文化的先天条件，顶层设计必须重视队伍建设和作风培养。另一方面，监狱文化除了主流文化，还存在亚文化，如何弘扬主流优秀文化，最大限度地消减亚文化的负面作用，需要具有前瞻性的顶层设计指明方向，抢占先机。

（二）文化的集体认同根植于相适应的本土文化

一方面，安徽女监精神根植于徽州女性高洁勇敢、甘于奉献的本土文化，是由女监建立之初的第一批女监人自发凝聚而成，具有鲜明的时代印记和地域特色。“自尊高洁、自立求实、自信进取、自强超越”是通过实干总结提炼升华而来，不是生搬硬套抑或纸上谈兵，具有高度的现实映照和集体认同感，才能焕发出强大的现实号召力和凝聚力。另一方面，在女监新的建筑格局上充分吸收了徽派文化之长，巧妙地融入徽风皖韵的设计灵感，与安徽女监水土相宜，和谐共生，既有潜移默化优化改造环境氛围的作用，也易于理解，有利于文化的进一步传播和衍生。

（三）文化的体系发展需围绕监狱中心改造工作

监狱文化建设关键在“人”，是对人的精神的影响，也是人的精神面貌的体现，为“改造人”服务是监狱文化建设的最高追求。监狱文化建设需要始终围绕监狱中心工作开展；切勿碎片化、缺核心，重外显、轻内涵，重建设、缺培育，重打造、缺凝练；也不宜过度泛化，也不会一劳永逸。必须砥砺担当建设新型现代监狱的时代重任，深刻领悟现代治监理念的精神内涵，主动学习监狱管理的行动指南和理论之源，深刻把握监狱工作的必然趋势。立足地缘特性与工作实际，深耕文化传承与队伍培养，探索出引导全体民警职工和罪犯深刻认同监狱文化的有效路径，才能够凝聚成独特的“文化生态体系”，形成经久不衰的精神活力。

监狱文化的形成既有历史的必然，也有时势的耦合；既有浑然天成的优势潜力，也有百炼成钢的用心打磨。这是一项薪火相传的工作，既要回应时代之问、人民之盼，也要接续奋斗、久久为功。一代人有一代人的使命，回首安徽女监22年破茧成蝶来时路，从未忘却皖北古城中“拓荒者”们未曾犹疑的步伐，我们必将怀揣立足于时代潮头的文化自信，以守正创新的正气和锐气，坚守文化底蕴，赓续历史文脉，谱写安徽女监文化建设新篇章！

内蒙古自治区呼和浩特第二监狱

以新时代监狱文化建设助力工作高质量发展

内蒙古自治区呼和浩特第二监狱教育科科长　吴向涛

党的二十大报告指出，“全面建设社会主义现代化国家，必须坚持中国特色社会主义文化发展道路，增强文化自信，围绕举旗帜、聚民心、育新人、兴文化、展形象建设社会主义文化强国，发展面向现代化、面向世界、面向未来的，民族的科学的大众的社会主义文化，激发全民族文化创新创造活力，增强实现中华民族伟大复兴的精神力量”。习近平总书记铿锵有力的讲话，奏响了新时代文化建设的时代最强音，为推动新时代监狱文化建设提供了基本遵循和理论指导，成为内蒙古自治区呼和浩特第二监狱（以下简称呼和浩特第二监狱或第二监狱）创建文化品牌监狱的自信源泉。

一、传承监狱历史，打造文化监狱

内蒙古自治区首府——呼和浩特市，物产丰富，资源广阔，历史悠久，人文荟萃。在党的十八大“四个全面”战略布局的春风吹拂下，这座有着近500年历史的古城，一天天容颜焕发，一天天发展壮大，演绎着无数个美丽的传奇。呼和浩特第二监狱的发展奋进，无疑是这些无数传奇中一个鲜活的亮点。

呼和浩特第二监狱是一座设计关押3000名罪犯的中度设防监

狱。40 多年来，在司法部，自治区党委、政府、司法厅、监狱管理局的正确领导和大力支持下，呼和浩特第二监狱累计成功改造罪犯 10000 余名，为首府呼和浩特市的安全稳定和经济社会发展作出了重要贡献。

时间荏苒、光阴似箭，呼和浩特第二监狱已经走过了 40 多年的光辉历程。建狱 40 多年来，第二监狱全体民警几十年如一日，用青春和热血谱写着对党、对国家、对人民的忠诚。其间历经创建现代化文明监狱、自治区文明单位达标、规范化监区和布局调整等建设，不断构建平安监狱、法治监狱，监狱的整体规划和建设布局更加趋于科学合理。党的二十大以来，呼和浩特第二监狱再次腾飞的大幕开启，逐步成为一所布局科学、设施完备、功能齐全、环境优美、管理文明的现代化监管场所。

呼和浩特第二监狱始建于 1980 年。前身先后为内蒙古呼和浩特新生砖瓦厂筹建处、内蒙古二道河劳动教养管理所、内蒙古二道河劳动改造管教支队、内蒙古第二监狱、呼和浩特第二监狱。

在 40 多年的历史进程中，呼和浩特第二监狱走过了漫漫征途，一路走来，并不平坦，充满了艰难与困苦。

呼和浩特第二监狱初创时期，正值党的十一届三中全会之后，拨乱反正，改革开放，中国迎来了建设“四个现代化”的春天，市场经济意识开始渗透到社会各个层面。那段时间，监狱系统包括当时的劳改农场、监狱煤矿经济状况效益低下，举步维艰，再加之“严打”的深入，新收押的罪犯剧增。为了解决监管场所超容量关押，罪犯坐吃闲饭以及呼和浩特地区建筑用砖供应紧张等诸多问题，根据自治区党委、政府的决定，于 1980 年 4 月开始筹建内蒙古自治区二道河新生砖瓦厂，并成立筹建处，主营建筑用红砖。第一代“二监人”，来到了这片无人耕种的旷野荒滩，开始了艰难的筹建初创工作，打造了“埋头苦干、克服困难、艰苦奋斗、众志成城”的二监精神。

在艰苦卓绝的峥嵘岁月里，尽管面临太多太多的困难和矛盾，各级领导和全体民警职工心往一处想，劲往一处使，先置坡，后置窝，搭起了一顶顶帐篷，垒起了一个个地窝子，四周一拉铁丝网，就是一个简陋的劳教所。齐抓共管想尽一切办法确保了劳教人员收得下，管得住，跑不了。严格管理和教育、感化、挽救并用，稳定了所内改造秩序。具有时代里程碑意义的是，1982 年 8 月建成年产 6000 万块机制红砖的砖瓦厂，当年投产，第一次将自己的产品销售到呼和浩特地区的建筑市场，凝练了“改革创新、安全发展、奋发有为、争创一流”的企业文化精神。

1984 年 5 月，新的领导班子组建完成，呼和浩特二道河劳动教养管理所也更名为内蒙古自治区二道河劳动改造管教支队。为了全面开创改造罪犯工作新局面，支队党委制定并下发了《改造、生产双百分考核制》；这是呼和浩特第二监狱最早创立运行并从此成为全狱改造工作的基本制度和有效方法。同年对犯人开始试行奖励假制度，制定了《犯人奖励假办法》。普及文化技术教育，逐步实现了分管、分押、分教，狱政管理法律化、制度化。

没有机遇，创造机遇；有了机遇，抓住机遇。正是这种观念让第二监狱不断拓宽发展之路。从 1997 年 12 月开始，呼和浩特第二监狱着手开展创建现代化文明监狱工作。1998 年初，监狱开始了监、企适度分开的试点工作，通过“体制、人员、资产、财务”四分开，做到了监狱改造依法办事、生产经营放开搞活，逐步建立起具有监狱工作特点的现代企业制度。在进行一系列体制改革的同时，对生产技术进行重大革新：引进了高速对滚技术，提高了原料土的质量；将切坯机滑动轴承改为滚轮，改装切条主动滚，提高了半成品产量和外观质量；调整了红砖内燃掺配比例，由半内燃改为全内燃；改革了焙烧和码窑方法，提高了步火产量，由 6 万块增至

8 万块并且降低了外燃煤耗，由万块煤耗 600 公斤下降到 260 公斤。把砖坯自然干燥改为人工干燥，出砖率成倍提高。而且，红砖产品第一次获自治区优质产品称号。

40 多年来，在司法部，自治区党委、政府、司法厅、监狱管理局的正确领导下，呼和浩特第二监狱自强不息、励精图治，以坚定有力的步伐走出具有二监特色的发展路子；40 多年来，第二监狱务实创新、敢为人先，勇于在队伍建设、生产管理等领域改革创新，不拘一格，培养了一大批优秀监狱人民警察；40 多年来，第二监狱公正执法，严格管理，成功改造了数以万计的罪犯，为社会和谐稳定作出了不可磨灭的贡献。回首 40 多年来的奋进之路，呼和浩特第二监狱始终谱写的是一首高亢激昂的创业与崛起发展的奋斗之歌。先后被自治区人民政府、司法厅、监狱管理局授予“人民满意的监狱”“人民满意的司法行政单位”“内蒙古国家公务员规范化先进单位”等称号，全区企业及产品多次被国家建材局、中国砖瓦协会、自治区质量协会授予“优等达标企业”“用户满意企业”等荣誉称号。1998 年 12 月被自治区司法厅命名为“自治区现代化文明监狱”，荣记集体二等功，1999 年 10 月被呼和浩特市政府评为“绿化先进单位”，2001 年 5 月被司法部命名为“部级现代化文明监狱”，2002 年 3 月被呼和浩特市委、市政府命名为“市级文明单位”，2003 年 9 月被自治区党委、政府命名为“自治区级文明单位”，2004 年 3 月被自治区司法厅授予“2003 年度全区十佳司法行政单位”，2006 年 6 月被中共内蒙古自治区委员会评为“全区党的基层组织先进单位”。

党的十八大以来，监狱认真贯彻落实党中央“文化强国”的战略方针，坚持走“文化兴监”创新发展之路，从民警队伍建设和罪犯教育改造两个层面上推进监狱文化建设。首先成立了“文化工作室”，集中力量纵深推进文化建设，着力树立文化自觉和文化自信，积极探索、实践、创新监狱文化发展的新模式。并按照文化强警的工作思路，充分融入地域文化元素，着力以“伟大建党精神”凝聚力量，铸就警魂。新建了法治广场，“法尺”造型屹立其中。在青山下，高墙内，结合中华优秀传统文化，立法尺之利剑，雕獬豸之形象，弘法律之威严，行教化之文明。锐利的尺尖挺拔向上、向前，朝着共和国成长的方向崛起，象征着成长与胜利。“荣誉”“责任”“团队”作为一种文化内涵镌刻在景观石中，既成为一种文化景观，更是监狱民警追求与崇尚的价值观；“德、能、勤、廉”也作为一种监狱精神，为文化强警注入新的元素。不断探索与深化“可视、可意、可用、可塑”的监狱文化建设体系，逐步实现文化强警、文化育新与文化兴监的目标。以弘扬“伟大建党精神”为主题，忠诚奉献、履职尽责的民警文化，正引领着全狱民警勤勉工作，奋发有为。同时，结合地域文化特点，呼和浩特第二监狱积极探索以地域文化教育改造罪犯，将“铸牢中华民族共同体意识”融入其中，兴建了地域文化广场等文化景观及主题教育场所。广阔的文化广场内花色芬芳，青草盈盈。闲磐石坐和数十块刻有“悔、悟、孝、言”等字样和励志名言的文化石如钟灵石秀，点缀、掩映在这一片葱茏葳蕤的素柰朱李之中。在监院环境、监舍厅廊等场所的装饰中，呼和浩特第二监狱采用具有鲜明传统文化特色的楹联、警句名言、石刻等艺术手法以文化展板的形式表现出来，将历史典故、名人名胜、二十四孝故事等国学精髓文化内容，形象生动地展现在监狱的各个角落，教育罪犯遵守孝道；以伦理至亲唤醒罪犯人性回归，改过自新。精神的力量是无穷的，正是这文化的升华，引领着罪犯始终面向阳光、面向未来、面向希望。也正是这种软、硬环境的建设，营造激活、积累释放了“正能量”，开创了监狱文化建设的新局面，打造出了呼和浩特第二监狱这所“人与时代画卷式”的特色文化监狱；并以其独特的地域文化入围了“全国十佳监狱（所）文化建设优秀案例”，在 2017 年 11 月被司法部授予“全国监狱文化建设先进单位”。

二、搭建文化框架，强化凝心铸魂

对呼和浩特第二监狱来说，2022 年是监狱改革进程中又一个重大的转折点。在经历了三年疫情封闭后全面建设新监狱的关键时期，在队伍新旧观念碰撞最激烈的关键时期，在监狱继续更新监管理念和规范管理的关键时期，当年 11 月，自治区司法厅、监狱管理局党委对呼和浩特第二监狱党委班子主要领导进行了调整，组成新一届监狱党委领导班子。厅、局领导对新一届领导班子在新形势、新任务下的工作提出了更高要求和更大希望，开启了呼和浩特第二监狱再次腾飞的新篇章。

（一）把握发展方向，搭建文化框架

新的历史时期，必将诞生新的历史机遇。发展奋进中的呼和浩特第二监狱始终坚持狠抓班子建设，以典治业，有规则刚，不断加强监区文化建设工作创新，紧紧围绕中心工作，审时度势，以全面建设“六型监狱”的战略部署为目标，积极探索和实践“抓根本、抓基础、抓载体、抓阵地、抓品牌、抓特色”的发展思路，借助文化软实力全面推进监狱文化建设。新的发展思路，必将铸就新的工作业绩。在监狱党委的带领下，监狱全体民警职工精诚合作，砥砺前行，各项工作大踏步向前跃进，呈现出了前所未有的活力和生机，取得了令人瞩目的成绩，为监狱整体工作向前发展作出了积极贡献。

监狱在深入调研、充分论证、广泛听取意见的基础上，对监狱文化建设进行总体规划和部署，形成一个可持续发展的科学框架，即积极打造“三个一”“一个四”的监狱文化建设总体目标。根据

所搭建的文化框架，进行有针对性的文化建设，使生产劳动、学习教育、日常生活各个区域的文化建设既相互联系，又各具特色，共同构成监区文化建设的有机整体。

构建一个体系——加强制度、体制、机制建设，构建一个由监狱主导、相关部门合作、监区共建、民警和罪犯积极参与的文化建设管理体系。

创造一个环境——加强文化基础设施、文化载体、警营和监区环境建设，努力创造一个硬件设施完善、功能齐全、利于监狱科学发展的人文环境和改造环境。

培育一个品牌特色——推进监狱品牌文化建设和创新，大力实施特色监区文化创建活动，培育一批具有影响力的特色监区文化。

打造“四个文化”——积极探索和实践文化育人、环境育人的教育改造理念，丰富监区文化的内容与载体，建设激励改造的视觉文化、培养积极向上的听觉文化、塑造文明健康的行为文化、营造和谐优美的环境文化，充分发挥监狱文化建设手段在教育改造罪犯中的矫正、启迪、教化、导向、激励作用，帮助罪犯进行思想和行为的改造，提高罪犯综合素质和改造质量。

（二）传承红色基因，强化凝心铸魂

文所以载道也，其中的文，原意是指文学、文化、文明。新时代的快速发展，将文赋予了文化的深层次内涵意义。文化的软实力春风化雨，暗香交融，紧紧围绕“对党忠诚、服务人民、执法公正、纪律严明”总要求，积淀形成了呼和浩特第二监狱清晰的文化理念，将民警职工思想政治工作活动融入监狱文化建设之中，推动思想政治工作“润物式”走近民警、贴近职工，增强认同感、归属感、责任感，聚焦打造由政治文化、革命文化、廉洁文化、学习文化、组织文化、阵地文化、制度文化、法治文化、安全文化构成的

监狱文化建设体系。充分体现政治的力量、革命的力量、廉洁的力量、学习的力量、组织的力量、阵地的力量、制度的力量、法治的力量和安全的力量，推进监狱文化凝心聚力、深度融合，助力监狱工作高质量发展。

深入挖掘红色精神内涵，讲好红色故事，让党员民警、职工和广大罪犯能够深刻认识到中国共产党为什么能、马克思主义为什么行、中国特色社会主义为什么好，深刻领会“两个确立”决定性意义，不断增强“四个意识”、坚定“四个自信”、做到“两个维护”，忠诚捍卫“两个确立”。

一是加强阵地建设。近年来，呼和浩特第二监狱实施“重点建设一批、保护修缮一批、提质增效一批”的“三个一批”工程，打造全狱红色资源矩阵。采用“大厅带小厅”模式优化场馆管理，建成党建展厅、“时代楷模”展厅和监狱历史发展展厅，带动各狱属单位改造建成党建活动室、政治体检室、红色革命文化路线图。通过“大厅带小厅”有效整合了监狱文化建设资源，增强了红色阵地建设间的交流互动，提升了红色阵地建设的整体性、科学性、规范性。

二是深挖红色精神。红色精神蕴含于红色资源之中，是共产党人坚不可摧的精神长城，必须挖掘好、传承好。深入推进党史学习教育，通过举办红色精神宣讲、重温入党誓词、为党员过“政治生日”等主题党日活动和内蒙古革命先烈、老一辈无产阶级革命家红色故事宣讲，深入提炼乌兰夫“以身许党”、大青山游击队精神的内涵，开发系列精品党课，纳入党史学习教育和党员干部培训课程菜单，教育引导广大党员干部牢记初心使命，筑牢信仰之魂。

三是提炼监狱精神。文化是一种资源，更是一种正能量。结合学习贯彻习近平新时代中国特色社会主义思想主题教育，呼和浩特第二监狱深入开展新时期“警营文化”表述语和文化标语大讨论活动。通过“忠诚、干净、担当”的价值文化，恪尽职守、公正执法、清正廉洁的安全文化，公正规范、文明管理的法治文化，团结奋进、无私奉献、创先争优的团队文化和学习、敬业、务实的形象文化建设，统领监狱的整体工作，铸就呼和浩特第二监狱特有的文化精神，提升民警活力，让“对党忠诚、服务人民、执法公正、纪律严明”的要求全方位地渗透到全体民警职工的血液里，内化为全体民警职工的自觉行动。同时监狱以规范工作目标和民警绩效考核为依托，开展民警“月度岗位之星”“季度光辉之星”的评选活动，积极营造民警重实效、重实干、求实效的良好氛围，充分调动民警的工作积极性和主动性，进一步推进监狱整体工作水平不断提高。

三、拓展文化模式，彰显以文化人

自2023年以来，呼和浩特第二监狱秉承“以文化人、以文育人”的教育理念，以打造社会主义先进文化为旋律，不断提高监狱文化的影响力、渗透力，打造文化氛围，通过以文化人，实现攻心治本。

一是重点夯实“三课”教育、监区文化建设、个别教育三项基础性工作。完成课堂教学420余课时，认罪悔罪率达90%以上，受到中央电视台的关注；法制栏目组深入监狱一线，录制教育改造工作成果，向全社会展示内蒙古监狱良好工作形象。

二是突出抓好“红色经典进监区”系列教育活动。监狱党委认真部署，精心安排，开展习近平新时代中国特色社会主义思想、党史知识、党的二十大精神学习教育130余课时。加强革命文化阵地和基础建设，建立了与图书馆、新华书店的协作关系，购置了红色经典歌曲“点唱机”12台、购买红色经典书籍2300余册，编制“中共一大到二十大”展板20块，改造图书馆并建成红色经典图书阅览室及红色经典影片标准放映厅。积极推动“社会开放日”活动，内蒙古自治区党委办公厅、呼和浩特市消防救援支队、国网蒙东电力公司等单位来狱开展警示教育活动，捐赠红色经典图书2000多册。举办清明节“缅怀先烈、告慰英雄”默哀活动，“五一”升国旗、唱国歌活动，“七一”升国旗、“感党恩、唱红歌、促改造”歌咏比赛，“八一”“重温军旅荣光、争当改造标兵”主题教育活动、红色经典影视剧展播、观后感、征文比赛等系列教育活动26次。编制《庆祝建党102周年——颂歌献给党》诗集、《“平语近人”硬笔书法字帖》、《铸牢中华民族共同体意识——国家通用语言文字楷书字帖》分发各监区，组织罪犯通过“看—学—写—用”的形式，掀起了各民族罪犯学用国家通用语言文字的热潮。同时监狱组织民警录制了《红色精神引领服刑改造系列专题讲座》，作为授课教材，纳入罪犯年度“三课”教育工作安排中，进一步推动“红色经典进监区”系列教育活动实现主题品牌化、内容具体化、组织载体化、形式多样化、活动日常化。

三是协同推进“阳光青苗”罪犯未成年子女关爱保护行动，成立志愿小组8个，开展家访6次，与局领导共同开展特困家庭帮扶慰问2次，着力构建了“监狱牵头、上下联动、共同参与”的工作格局。利用“六一”儿童节开展“满足微心愿、爱心助成长”主题亲情帮教活动，向未成年子女赠送图书、学习用品等共计价值5644元。组织罪犯与未成年子女视频会见2900余人次，给未成年子女写信280余封，切实增强了罪犯未成年子女的家庭归属感。组织民警开展“助学募捐”，为罪犯未成年子女读大学筹集资金8000元、生活费1200元，并与自治区监狱管理局、罪犯未成年子女户籍所在地司法机关、镇政府、村委会共同构建“多对一”帮扶机制，受到内蒙古广播电台的关注；录制“我爱公益”特别节目1期，进一步彰显了呼和浩特第二监狱民警“奉献不言苦，大爱无止境”的人生信条，诠释了“司法为民”工作理念，受到了自治区党委的高度评价。

四是严格规范入出监教育、年终评审、社会帮教三项阶段性工作。严格入出监教育，建立健全入出监教育台账，按规定开展入监教育 7 期，出监教育 3 期，组织开展亲情帮教 7 次，法律援助活动 260 余人次，为做好罪犯矛盾排查化解工作，保障罪犯合法权益，提升教育改造工作质效，推动“六型”监狱建设夯实基础。

五是探索推动职业技能培训、心理危机干预、矛盾排查化解三项工作，召开 2023 年度职业技能培训推进会 2 次，开办临释罪犯职业技能病人护理专业 4 期，与呼和浩特市回民区就业局、内蒙古益民职业技术培训学校联合“58 天鹅到家”呼和浩特运营中心、内蒙古振轩人力资源有限公司、内蒙古力援人力资源管理服务有限公司、内蒙古万行服务有限公司共同举办 2023 年临释罪犯职业技能培训结业典礼暨第一期就业招聘会，现场签订了 66 份《就业意向合约》，签约率达 31% ，帮助临释人员迈出了新生的第一步。开展心理健康教育 72 课时、心理测试 9 次，建立新入监罪犯心理档案 450 余册，并开展“拥抱不完美的自己”读书小组团体矫正活动 5 期，开展优秀教育改造案例征集，有 3 个优秀案例入编《内蒙古自治区监狱系统优秀教育改造案例》，向社会公众展示了教育改造成果，树立了监狱工作良好形象。

四、不断总结提高，全面把握未来

绿树红花，环境优美；队列整齐，文明礼貌；监院夜景，流光溢彩；神清气爽，歌声飞扬……行走在呼和浩特第二监狱的监院内，会欣喜地发现，随意摄取一个场景都会让人感受到文化监狱的强劲脉动。继获得“全国十佳文化监狱”荣誉之后，包容开放、拼搏向上的呼和浩特第二监狱并没有安于现状，而是紧跟时代步伐，向着“文化强狱”这个更高的目标进发。

一是追求文明，推动文化建设接力。已经在呼和浩特第二监狱工作了多年的民警职工和在这里服刑改造多年的罪犯都越来越惊讶于身边日新月异的变化：楼道变得干净明亮了，监院里的路平坦了，树绿了、花多了、灯亮了，影响监管安全遮挡视线的破败建筑也拆除了，罪犯的精神状态发生了巨大转变，遵规守纪意识进一步加强，队列行进、整齐有序、说话和气、谈吐文明已经成了罪犯的习惯……监狱处处都变了样。但是，呼和浩特第二监狱党委更加明白，在“文化强国”环境下实现“文化强狱”是一场没有终点的教育接力，是一段永无止境的提升过程。于是“着力提升全狱罪犯文明素质、着力提升监狱文明程度、着力提升监狱文化品位、着力提升罪犯改造质量”的工作理念，正在为呼和浩特第二监狱的教育接力持续发力。

二是崇德向善，提升罪犯精神气质。近年来，呼和浩特第二监狱以培育和弘扬社会主义核心价值观为主线，着力打造“法治监狱、平安监狱、育人监狱”，广泛开展“规范改造行为、作改造标兵”、“安全为先不动摇、提质增效促发展”百日劳动竞赛和“违规违纪成本分析专项教育活动”等活动，从正反两个方面在全狱营造了见贤思齐、崇德向善的浓厚氛围。一大批劳动能手、改造积极分子、技术革新模范典型已成为这座监狱罪犯中的楷模，成为罪犯争相传颂和学习的榜样。学习典型，传递正能量，助推了呼和浩特第二监狱罪犯的思想境界升华。

三是狱务公开，搭建沟通社会桥梁。多年来，呼和浩特第二监狱在巩固传统狱务公开内容和形式的基础上，面向罪犯、家属和社会进行了三个层面、不同程度的公开调研，增强监狱、家属、社会之间的双向沟通，把握罪犯家属的“三最”期待和需求——最关心的依次是罪犯身心健康状况、司法奖励情况、狱内改造情况，最担心的是罪犯的身体状况，最希望了解的是减刑假释保外政策。定期组织问卷调查，搜集意见及时发现和解决问题。监狱成立了一站式对外服务窗口——狱务服务中心。进一步将法律法规、新闻动态、管理规定、亲属查询等多个方面向社会公开，开通了监狱长接待日、监狱长热线。开办了狱政业务、法治业务、信访接待等对外业务窗口，获得了良好的社会效应。先后开展“三级人大代表、政协委员”执法监督、党代表执法监督，并在罪犯亲情就餐帮教和远程视频会见系统的基础上，拓展亲情就餐帮教形式，大胆革新，建成了零障碍亲情会见大厅，充分满足罪犯家属与罪犯之间的面对面会见需求，增进了罪犯与家属之间的感情沟通和亲情回归。从根本上转变固有思想观念，改进传统工作方式方法，从“压制矛盾”转化为“消除矛盾”，做到居安思危、未雨绸缪。以安全稳定作为基础，着重突出监狱工作教化育人、治本攻心的中心工作职能。

四是文化厚重，提升罪犯精神境界。罪犯××刚到监狱的时候，曾经是一个连汉语都说不利索的蒙古族罪犯，如今的他却是呼和浩特第二监狱罪犯文艺队的主唱演员。近年来，呼和浩特第二监狱积极与社会文化单位联系，在推动公共文化资源共建共享，开展群体性文化活动方面下了大力气，建成了内蒙古图书馆呼和浩特第二监狱图书馆，并在每个分监区设置了图书角、文艺协会、兴趣小组。各监区民警和罪犯开展了文化共建活动，“一区一品”特色文化亮点纷呈，威风锣鼓、安代舞蹈共同表达了呼和浩特第二监狱罪犯对于祖国“龙腾盛世”的美好祝愿。二胡、版画、马头琴、长调、呼麦、乌力格尔、蒙古族书法等非物质遗产项目走进监狱，专业民警那仁满达开设马头琴非物质文化遗产课堂。

“敕勒川，阴山下，天似穹庐，笼盖四野。”地处内蒙古自治区文化腹地的呼和浩特第二监狱科学定位，将社会主义先进文化与丰富的传统文化教育资源引入监狱内的文化领域，用新的视野，谋划文化新生的发展大局，走出了一条以建设“特色文化监狱”引领监狱工作全面进步的发展之路。

“随风潜入夜，润物细无声。”走进呼和浩特第二监狱，犹如跻身于社会主义先进文化和中国法治文化的历史长廊。这里的一切，犹如绵绵娟娟的春雨，滋润着一颗颗曾经扭曲的心灵。“行教育之力、筑法治之基”，高凌于教学楼头的大字彰显了现代刑罚执行的理念。象征着“利剑高悬”的规矩方圆雕塑和“以德服人”的德化雕塑，在阳光的映射下簇拥着教学楼广场上庄严肃穆的“法尺”雕塑，共同彰显着呼和浩特第二监狱“一手握利剑，一手揽阳光”的精神追求，这是对惩罚与改造相结合的最好诠释。俯瞰监狱文化广场，其形如一把启人心智的钥匙，寓意心灵复苏的升腾的火焰雕塑，镶嵌在钥匙的左端，点燃新生的希望。寓意着前进旗帜的苏力德雕塑，镶嵌在钥匙的右端，指引着罪犯前行的方向。如茵的草坪上，点缀着蒙古包、勒勒车、马头琴等形状不同、形象逼真的共同饱含着中华民族一家亲元素的大小雕塑，直观地显示着中华儿女勤劳勇敢的历史精神和深远内涵，引发了无尽的思考。反映中华民族劳动生活特色的镂空铁艺，诉说着中华儿女宽容向善、向往美好的宽广胸怀，令人在举目中神往。恬静优美、充满文化气息的监院环境与法治教育基地、会见室、狱务服务中心共同形成了联通监狱内外社会监督、监狱执法、服务社会、彰显公平正义的桥梁。高大明亮的教学楼和监舍楼、韵味十足的文化长廊和监舍文化走廊、宽敞整洁的文化广场和运动场，与法律援助站和罪犯心理健康指导中心、监狱医院、罪犯标准化食堂、习艺车间共同为罪犯创造了学习、住宿、娱乐、就医、劳动等多位一体的规范、舒适环境，为罪犯积极改造提供了丰富载体，为呼和浩特第二监狱建设“六型监狱”注入了巨大的精神内核。

新时代赋予新使命，新使命呼唤新文化。习近平新时代中国特色社会主义思想为监狱工作高质量发展提供了先进的思想文化引领；坚定文化自信，建设社会主义文化强国为监狱文化建设搭建起广阔的舞台。在今后工作中，呼和浩特第二监狱将认真贯彻落实习近平新时代中国特色社会主义思想，加大主题教育宣传力度和深度，引导广大民警职工牢记“讲诚信，勇担当，重创新，争一流”的核心价值观，以担当者的气概和领先者的魄力，踔厉奋发、勇毅前行，努力谱写党和国家监狱事业高质量发展的新篇章。

江西省赣州监狱

唱响客家文化和赣南红色文化主旋律

江西省赣州监狱宣传培训科一级警长　王玉明

随着监狱整体搬迁的步伐，自2011年以来，赣州监狱的文化建设已历经12年多的探索发展历程，监狱文化建设始终围绕强警育新这个中心，以文化兴监为目标，助力监狱工作高质量发展并取得一系列成效，2016年1月被中国监狱工作协会监狱文化专业委员会评为2016年度全国监狱文化建设先进监（所）。

一、强警育新的探索实践：监狱文化建设历程回顾

监狱文化建设没有固定的模式，也没有参照的标准体系。因此，赣州监狱的文化建设探索之路也经历了初期摸索、体系形成、提升发展等三个发展阶段。

文化建设初期摸索阶段（2011年—2014年）。在这个阶段，赣州监狱借监狱整体迁建的历史机遇，谋划了新监狱要注入文化之魂，提出了“强警育新”即苏区精神铸警魂、客家文化育新人的文化理念，坚持警营文化与监区文化两个层面同时推进的工作安排。在此阶段，融入了赣南客家地域文化元素的监狱建筑，作为文化载体的苏区精神广场、法治文化广场、监狱史志馆等建设完成，监狱内刊《赣江源》创刊。狱内的客家文化广场、沁园、孝心园、改造

成果展厅、门匾、道路、楼栋等的文化赋能，作为监区文化建设平台的监区“一区一品”文化建设、监区客家文化讲坛等基础性工作都是在这个阶段完成的。

文化建设体系形成阶段（2015 年—2017 年）。在总结前一阶段文化建设探索实践的基础上，赣州监狱提出构建“可视（有看点）、可意（有亮点）、可用（有落点）、可塑（有聚焦点）”的文化体系，使之更能符合文化的接受、认知、传播和教化的需求及文化建设的规律，把物质文化、精神文化、制度文化、行为文化等进行体系性整合。在此阶段，围绕提高民警综合素质的“育警讲堂”、围绕罪犯教育改造的“致慧论坛”成为文化强警的两大平台，监区客家文化讲坛的常态化开展，客家文化育新人的改造典型引路试点有序推动，监区“一区一品”的文化取得成效，“客乡沁园”特色监区文化品牌的打造及系列主题文化活动深入开展，以及社会文化团体进监帮教等让赣州监狱文化建设的体系逐步形成。

文化建设提升发展阶段（2018 年—2023 年）。在此阶段，结合新形势的发展要求，赣州监狱把文化建设的着力点从“可视”与“可意”转到“可用”与“可塑”的制度性落实上来，提高文化建设的品位。警营文化建设方面，监狱微信公众号创建，摄影协会、足球协会、篮球协会等 4 个文体协会成立，《初心无悔》等警营歌曲的创作，《守望》《归来哟》等系列微视频、微电影的拍摄等，使文化的凝聚力进一步显现。监区文化方面，结合疫情等因素和罪犯价值观重塑，组织编写了《静心塑魂》《思想道德教育文化读本》等系列文化读本，创作了《客家男儿当自强》等系列狱园励志歌曲，固化了一整套文化仪式，文化的教化功能进一步显现。

二、先进文化与地域文化的结合：监狱文化建设的鲜明特色

（一）注重顶层设计，突出整体性与前瞻性

赣州监狱文化建设结合监狱迁建契机并整合地域文化资源进行了顶层设计，确保了监狱文化建设的可持续性。在充分调研的基础上，起草《监狱文化建设纲要》，包括目标愿景、主要工作、方法路径等，邀请中国政法大学、中央司法警官学院、赣南师范大学等相关专家对监狱文化建设的可行性等举办了高规格的监狱文化建设论证会。在集思广益的基础上，对《监狱文化建设纲要》进行完善，制定了《监狱文化建设五年发展纲要》，为监狱文化建设奠定了基础。

通过顶层设计，有效地突出了监狱文化建设的整体性。这种整体性集中体现文化建设理念的体系性，文化元素、文化载体风格的整体性，做到环环相扣，有效地解决了碎片化的问题。整个文化建设工作的推进，围绕整体性逐步完善、升华。在确保整体性的同时，也充分考虑了前瞻性的问题：在整体方向不变的前提下，对未来文化建设适应时代发展需要的文化建设项目预留了空间，时机成熟后只要进行进一步丰富与升华即可。

（二）注重有序推进，突出层次性与规律性

结合监狱文化建设的实际及文化传播的规律性特点，赣州监狱文化建设采取了有序推进的原则，成熟一项推进一项，在不断总结的基础上稳步推进，并不断丰富文化建设的形式与内涵。

一方面，突出层次性。文化建设整体性固然需要，但也需要针对不同的群体突出其层次性。监狱文化建设的主体是文化铸魂的警营文化，也包括对罪犯教育改造的监区文化；因此在涉及文化元

素、文化载体、文化理念方面就必须有不同的侧重点，而不是“一锅煮”，要突出层次性。因此，赣州监狱文化建设提出的“苏区精神铸警魂，客家文化育新人”实际上也就是突出了文化建设的层次性。警营文化主要集中在狱外的场区如办公楼、警体中心、警务楼等区域（也包括狱内监区民警办公室、会议室、值班室等），而狱内监区文化也结合客家文化广场、教学楼、习艺区、学习区、生活区等不同区域及功能进行相应的文化元素融入，层层推进又突出主题。

另一方面，结合文化传播的特点，突出文化建设的规律性。文化的传播力和影响力有其特定的规律，从感知到认知，从认知到认同，从认同到约束，都有一个循序渐进的过程，监狱文化建设也同样需要遵循这一规律才能取得效果。如在监区文化建设方面，赣州监狱除了在狱内的公共区域完成客家文化广场、教学楼、楼栋及道路的命名、丰富监舍文化等项目外，还通过建设监区“一区一品”文化，增设监区客家文化讲坛，完善出入监（队）文化仪式，成立兴趣小组，编写《客家文化与客家精神》《客家版改造训言》等系列文化读本，创作《客家男儿当自强》等狱园励志歌曲，开展系列主题文化活动等把握文化传播的规律，从而发挥好文化的教化功能。

（三）注重地域特色，突出科学性与可操作性

赣州监狱的文化建设之所以具有其鲜明的特色，在很大程度上是因为注重了地域文化特色，没有照搬照抄其他文化模式。赣南系中央苏区所在地，也被誉为红色故都，在这片红土地上创立了伟大的苏区精神，孕育了伟大的长征精神，留下了宝贵的精神财富。中国共产党在中央苏区开展治国理政的伟大实践和预演，中央苏区第一劳动感化院等的设立，也是我党在革命年代进行的最早的司法实

践，这些都是我们取之不尽的文化资源。

赣南也是中国三大客家人聚居地之一，也是被学界广泛认可的“客家摇篮”。千百来年，北方南迁的汉民族把当时先进的中原优秀中华文化带入赣南，与赣南的原住民及赣南本土文化进行多元融合而形成了今天的客家民系，并在此基础上创造了丰富多彩的客家文化，形成了特质鲜明的客家精神，对赣南千年的历史发展和赣南客家的文化习俗、族群心理等方面均产生了深远的影响。而对于押犯总人数的90%左右为赣南客家籍的犯情而言，作为地域特色的客家文化资源没有理由被忽视。

正是基于以上考虑，赣州监狱文化建设就把地域文化融入其中，这既找准了监狱文化建设的结合点与切入点，同时也形成了赣州监狱自己的特色。

把地域文化融入监狱文化建设，更是充分考虑到突出监狱文化建设的科学性与可操作性。从科学性来讲，文化功能的发挥必须有针对性，要找准结合点与切入点，然后才能找到发力点。如在监区文化建设方面，以客家文化广场六组反映“厉勤俭、敦孝悌、讲诚信、崇文教、畏法德、积善行、爱乡国”为核心的客家精神文化雕塑为原点，然后把这一精神文化向狱内道路（明法、明礼、正心、正己等）、楼栋（礼让、报本、耕读、积善、敬业等）、门匾（朴实节俭、崇文重教、立身报本等）延伸，向监舍（号房）、劳动习艺、学习场所等延伸，把赣南客家谚语、赣南风光、赣南民俗等文化元素融入其中，形成浓厚的文化氛围，也拉近了与罪犯的心理距离，获得了更多的文化认同。在会见中心，罪犯会见通道突出“孝”文化，家属会见通道突出“恕”文化等都是充分考虑到文化建设的针对性与精准性。

从可操作性方面，注重地域文化一方面可以充分挖掘本土的文化资源，并且可以寻根溯源，另一方面还可以整合社会文化资源以助力监狱文化建设。如为了丰富监区文化“一区一品”，赣州监狱与赣州市群艺馆、赣州市根石艺协会、赣州市图书馆、赣州市体协等合作，在相关监区建立了根艺创作室、书画培训班、威风锣鼓队和舞龙舞狮、剪纸、十字绣、采茶、太极健康操等文化兴趣小组，其中八监区的根艺获得国家、省、市等各类奖项 43 项。同时，社会各文化团体也经常进监进行文化帮教，举办各类讲座和演出，赣州市图书馆还在狱内设立了流动图书馆；这些都让监区文化变得丰富多彩，也极大地调动了罪犯参与的积极性，形成了浓厚的监区文化氛围。

三、文化的力量：赣州监狱文化建设成效得以显现

经过多年的探索实践，赣州监狱的文化建设也取得了一些成效，无论是文化强警还是文化育新，无论是让先进文化始终占领文化建设的主阵地还是人文化成所带来的监狱社会形象的重塑，都有可圈可点之处，文化监狱的建设成效也得以显现，主要体现在以下四个方面：

（一）构建起了一个监狱文化建设的体系

经过不断摸索实践，从请进来到走出去，赣州监狱的文化建设逐步形成了自己的体系——可视、可意、可用、可塑的“四可”体系。所谓可视，通俗地说就是看得见，这里着重指文化载体建设的“物”与“形”，这种可视追求的核心是有“看点”、有视觉冲击力的文化之“形”；所谓可意，就是文化无论是载体还是理念都要有内涵且脉络清晰，这里着重指文化的“神”与“意”，可以被感知，追求的核心是文化有品位即“亮点”；可用，就是文化能落地，从实际出发并具有可操作性与可持续性，追求的核心是感染与教化，找准“落点”；可塑是突出文化的塑造功能，尤其是监区文化

要达到对罪犯价值观重塑的目标，最后形成“聚焦点”，这当然也是文化建设追求的最高境界。

赣州监狱在探索中构建的文化建设“四可”体系，较好地解决了文化建设的碎片化问题：在各项文化建设工作实施的过程中，都必须进行前期的调研规划，对项目建设进行源头追溯，找到可靠依据，理清文化脉络，解决好“四可”之间的逻辑关系，同时要符合监狱整体文化风格的大原则。如苏区精神广场建设，有苏区精神主题雕塑“诞生·生长”；有苏区精神内容，并编写《文化自觉与文化创新——赣州监狱文化读本》（民警职工版）对苏区精神和苏区文化进行诠释；同时在苏区精神广场举行民警晋升仪式、新党员入党宣誓、党团日等活动，通过制度化、仪式化来让文化落地并彰显其功能。

在客家文化育新人方面，除了客家文化广场的六组客家精神雕塑、门匾、楹联、静心泉（举办入监教育仪式）、沁园（举办出监教育仪式）、孝心园（会见中心罪犯通道前小广场）、各监区文化标识外，还编印了《客家文化与客家精神》《中华孝文化诠释》等系列文化读本，通过创作狱园励志歌曲、开展各类主题文化活动、举办监区客家讲坛、加大监区文化“一区一品”建设等来完善监狱文化建设体系。

为了适应时代的发展，赣州监狱文化建设的体系在原来实践的基础上，进一步赋予其新的时代内涵，把中华优秀传统文化、社会主义核心价值观、红色文化等有机融合在一起，进行创造性转化，赋予新的时代内涵。

（二）拓展丰富系列监狱文化建设载体

从一般意义上说，文化包括物质文化（其实也是精神载体）、精神文化、制度文化和行为文化；因此，监狱文化建设中文化载体建设是一项基础性工作。赣州监狱文化建设成效一个很重要的方面就是建设拓展了一系列的文化载体（当然这个载体还包括平台建设、精神文化载体等多个方面），让监狱文化的形式与内涵更加丰富。文化载体的建设，不仅让监狱充满了浓厚的文化氛围，也为监狱文化注入了突出以人为本的文化灵魂。

赣州监狱的文化载体建设，也分为两个大类，即警营文化载体和监区文化载体。

在警营文化载体方面，完成了狱徽等文化符号的设计制作，完成了苏区精神广场（包括主题雕塑等）、法治文化广场（包括“忠诚卫士”“特殊园丁”雕塑、狱训及社会主义核心价值观景观牌等）、监狱史陈列馆项目建设，把狱徽、狱训、监狱工作方针、法治文化、廉政文化等统一制作成具有一定的监狱特色、设计美观的标牌、标识在警体中心、行政办公楼楼道进行展示，形成监狱文化气场。构建起了典型引路（定期开展监狱先进典型事迹宣讲）、育警讲堂（聚焦工作热点等进行交流研讨）、智慧论坛（罪犯教育改造案例探讨）等互动平台，探索文化强警的新路径。创办了《赣江源》内刊（季刊），开通了赣州监狱微信公众号，设立了4块监狱宣传栏，3块电子宣传屏等文化宣传媒介，全面传播文化正能量。编辑出版了赣州监狱第一部赣州监狱志（1954—2010年）和多部《赣州监狱年鉴》，编印了《文化自觉与文化兴监》《引领·激励》《岁月长河》《致慧集》《见证》《印象》等反映赣州监狱精神风貌的系列读物，拍摄了《文化的力量》《守望》《七巧板》等专题片和微电影，使文化融入监狱工作的各个方面。

在监区文化载体方面，完成了“客乡沁园”品牌、“监区客家讲坛”标识等的提炼与设计；完成了客家文化广场、监内道路、楼栋的文化赋能和静心泉、沁园、客家门匾、楹联、孝心园等文化工程建设，以及教学楼、会见中心、监舍等各区域的文化融入（各类文化标牌、标识等文化符号及客家谚语、励志格言、社会主义核心价值观、“五个认同”等宣传画、宣传牌600余块)；同时，在坚持整体性原则的基础上，各监区的“一区一品”文化建设进一步完善，形成了具有鲜明特色的、浓厚的监区文化氛围，极大地优化了教育改造环境，提升了罪犯的教育改造水平。

对于文化的可明确传达，赣州监狱认为要从赋予文化具体的内涵入手，让苏区精神在文化建设中得以具体体现。在监狱法治文化广场、监狱办公楼走廊等，赣州监狱对法治文化的公平正义进行了诠释，明确其内涵和具体实践要求。将监狱狱徽、监狱工作理念与原则等一系列精神文化符号，在大厅、楼道、会议室、活动室等公共场所进行图文解说，使民警职工能将上述精神内化于心、外化于行。同时，在文化可用和可塑方面，通过建设监狱历史陈列馆，传承监狱数十年筚路蓝缕奋斗历程中的优良作风、拼搏进取的精神基因，通过文化讲座、相关论坛、网络平台以及集中宣讲、业务培训、演讲比赛、文化征文、专题教育等活动，使苏区精神融入监狱工作的方方面面，融入民警职工的思想、行为，并付诸监狱工作的具体实践中。

（三）优化固化了一套监狱文化的仪式

“礼仪之始，在于正容体、齐颜色、顺辞令。”（《礼记》）仪式既是文化符号也是文化表现形式，更是一种深刻的文化记忆，并逐步形成了一种潜在的制度约束。在多年的探索实践中，赣州监狱对各类文化仪式进行了优化和固化，并结合文化建设需要进一步丰富了仪式的内涵与感染力。

在警营文化建设方面，主要是升国旗仪式（每年1月1日、10月1日举行)、新警入警仪式、民警荣退仪式和重大节庆活动仪式等，这方面民警队伍有相关要求需要遵循，所以没有过多去拓展。

在监区文化建设方面，有入监文化仪式（仪式中包括在净心泉洗手，寓为洗心革面）、出监文化仪式（每季度最后一个月30日举行，先在客家文化广场举行仪式，然后转至沁园澄心桥完成出监宣誓后放生鲤鱼仪式，寓为改恶从善，从而其本人也获得了新生）、升国旗仪式（每年1月1日、10月1日服刑人员在客家文化广场全员参与，由民警主持升旗，然后部分罪犯代表进行国旗下的忏悔发言。每天罪犯在出工前在各自监区列队，面向国旗，听唱国歌，进行爱国主义教育）、孝文化教育仪式（罪犯会见前在会见中心前孝心园进行孝文化教育仪式，看二十四孝雕塑，听中华孝文化诠释的广播）。为了加强罪犯教育的针对性，要求各监区结合自己监区的实际，每季度至少开展一次新犯入队文化仪式。

这些仪式中有爱国主义教育仪式，有教育改造仪式，也有客家民间普遍接受的仪式；在很大程度上契合了教育与文化本身的需要，也取得了积极的效果。近年来不少监区也结合教育改造需要，建立起各自特色的文化仪式，如六监区的“耕读明志”石榴文化节仪式、七监区的促改造葡萄采摘仪式、八监区的入队文化仪式等，都各具特色又富有教育内涵，成为文化教育的有效手段。

（四）监狱文化建设取得了一系列成效

一是监狱文化引发了社会各界的关注。赣州监狱文化建设由于结合了地域文化，在整体推进中形成了自己鲜明的特色，引发了社会各界的关注。赣州本土的文化团体、社会组织之所以积极进入高墙举办各类文化帮教、才艺培训、专题讲座，是因为这些团体认为赣州监狱客家文化育新人的探索很有意义，值得肯定。《人民网》《法治日报—法治网》《新法治报》等主流媒体都对此进行了系列深度报道，引发了社会相关方面尤其是监狱系统同行的关注，全国各省（自治区、市）共有近200所监狱到赣州监狱参观交流监狱文化建设。2016 年 5 月与全国多所监狱进行文化建设交流，让监狱文化建设在互鉴中得到了提升。同时，监狱在会见中心罪犯家属通道设立了文化长廊，对监狱以文化感化罪犯相关活动及取得的成效进行宣传与展示，通过监狱开放日、母亲节、金秋助学（主要是帮助家庭生活困难的罪犯子女完成学业）等活动，邀请罪犯家属进监帮教，参与相关文化活动，文化监狱得到了罪犯家属的广泛认同，进一步树立了监狱的良好形象。2023 年 7 月下旬，央视法治频道《从心开始》栏目导演组到赣州监狱拍摄完成客家文化育新人的专题片。

二是监狱文化建设取得新成效。2016 年 1 月，赣州监狱被中国监狱工作协会监狱文化专业委员会评选为 2016 年度全国监狱文化建设先进监（所）；2019 年 10 月，赣州监狱（“客乡沁园”监区文化品牌）被江西省监狱局授予首批品牌验收合格单位；2018 年 12 月 25 日，在司法部召开的“中国监狱论坛”上，赣州监狱就监狱文化建设方面的探索实践进行了展示交流。赣州监狱文化建设成效还体现在宣传方面。自 2014 年以来，监狱连续获得全省监狱系统宣传工作先进单位，1 次获得全省司法行政宣传工作先进单位。理论调研工作也不断取得新的成绩，自 2014 年以来，仅获得华东地区级别以上的获奖论文就达 23 篇。此外，监狱原创反映监狱民警风貌的歌曲《初心不忘》，2019 年 12 月入选江西省司法行政系统 10 首原创歌曲，2020 年 11 月获得全国第五届平安中国“三微”比赛暨优秀政法文化作品征集评选优秀奖，同月获得第五届平安江西“三微”比赛暨优秀政法文化作品评选优秀原创音乐 MV。反映监狱工作的微电影《归来哟》获得江西省庆祝改革开放四十周年优秀微电影作品三等奖，微视频《守望》2019 年 9 月获得江西省年度“三微”优秀作品，微电影《七巧板》2022 年 3 月获得第六届平安江西“三微”比赛优秀微电影奖。

三是人文化成的成效得以显现。赣州监狱文化建设始终坚持以主旋律占领监狱文化宣传的主阵地，始终坚持传播正能量，进一步发挥文化的同化、教化及凝聚功能。从监狱整体迁建到当前监狱工作局部转型，赣州监狱打了一场又一场的硬仗，从“两地三区”(指新、老监狱横跨两个区，老监狱又曾有东、西区两个关押点）的超负荷运行到推进监狱信息化（智慧监狱建设），从探索高度戒备监区管理模式到三年疫情防控攻坚战再到当下推进监狱工作高质量发展，监狱文化都发挥出了积极的作用，也取得了实实在在的效果。十多年来，监狱始终保持了大局稳定，确保了监管安全和队伍安全，监狱各项事业得到了进一步提升发展，尤其是赣州监狱自主研发的罪犯危险性评估系统、综合业务平台建设等均成为着力打造的“江西品牌”。罪犯教育改造中，监区文化建设有效地优化了罪犯教育改造环境，提升了罪犯教育改造水平，罪犯改造形势有了很大的好转，教育改造质量也不断提高，监狱文化的教化与重塑功能也得到了进一步显现。

文化自信是一个国家、一个民族发展中更基本、更深沉、更持久的力量。在今后的工作中，赣州监狱文化建设不只是理念与制度层面上的完善，更需立足于顺应时代发展的大势、在全力推进监狱工作高质量发展的大局上提升发展。监狱文化建设更需要做到“六个契合”，即与中国特色社会主义进入新时代的新发展要求相契合、与实现中华民族伟大复兴的中国梦相契合、与监狱底线安全观上升到总体国家安全观相契合、与推进国家治理体系与治理能力现代化相契合、与实现社会主义文化大发展大繁荣相契合、与充分坚定“四个自信”相契合。

赣州监狱文化建设继续以文化自强来推进文化建设的持续提升，以文化自信来提升监狱文化的境界，以文化自觉来实现“人文化成”的目标。同时，赣州监狱也清醒地认识到，监狱文化建设永无止境，强警育新永远在路上，我们将从体现政治的高度、拓展理论的深度、创新实践的维度来完成这一新使命，充分彰显监狱文化的软实力。

广东省阳江监狱

在监狱文化建设中推进监狱工作“规范　高质　高效”发展

广东省监狱学会阳江监狱分会秘书长一级警长　谭　簪

广东省阳江监狱位于粤西沿海阳江市阳东区，占地面积14000余亩，始建于1959年，原系劳改农场，对外称为“温泉茶场”，1995年更名为“广东省阳江监狱”，2003年获省级现代化文明监狱称号，2017年获评首届全国监狱文化建设先进单位，2020年机构优化调整前是广东省六个特大型监狱之一。

阳江监狱自1998年至2023年已连续实现25年监管安全、26年生产安全。先后获司法部全国监狱工作先进集体、全国“三共”活动先进单位和广东省“五一劳动奖状”等荣誉称号。中央电视台、广东电视台、《南方日报》等媒体多次报道阳江监狱在罪犯改造等方面取得的成绩。

多年来，阳江监狱按照司法部、省司法厅、省监狱管理局的部署，大力实施“以文兴监、以文育人、以文化人”战略，坚持以“规范、高质、高效”为目标，围绕“固强补弱、创新创先”，积极探索具有时代特点、行业特征、广东特色的监狱文化建设路径，打造具有阳江监狱鲜明特色的监狱文化体系，即“一份蓝图、两大重点、三个系统”。

一、一份蓝图

历史是文化的载体，文化是历史的血脉。监狱文化建设与监狱发展史血肉交融，一体两面。

阳江监狱被当地人称为“温泉”，其名源于监狱南面有一温泉池，源源不竭的泉水喷涌而出。60 多年来，几代温泉人在这片土地上，紧跟时代步伐，朝着高质量发展的目标接续奋斗，共同描绘一张规范、高质、高效的建设蓝图。这张蓝图在绘就过程中积淀形成的“温泉精神”，浓缩了锐意进取、自强不息的历史，铸就了一道看不见的铜墙铁壁，为阳江监狱的建设和发展提供了强有力的精神支撑。

（一）早期文化萌芽与茶主题

阳江监狱所处地域丘陵多平地少，种植和养殖的经济效益较低。建监之初，为了改变“一穷二白”的经济状况，监狱尝试开垦茶园。经调研测定，监狱的山地属于次生红壤，山的坡度小，全年降雨量高，霜期短，适合茶树生长。1962 年至 1965 年，先后开出茶园 4820 亩，逐年种下云南大叶茶、水仙茶、梅尖茶、大红袍、黄旦茶等品种的茶树。1965 年初，建成温泉制茶厂并正式投产。

1978 年，监狱提出要创“优质茶”，全监上下铆足干劲，从种植、采摘到制作均进行工艺革新，狠抓质量管理；经过一年多的努力，1979 年生产的第二套出口红碎茶获得全国优等奖；此后几年，陆续获得多项全国性奖项。

在 1994 年《监狱法》颁布以前，茶叶生产一直为监狱经济主体，监狱文化建设也围绕着“茶文化”开展。1984 年，监狱创办首份反映罪犯改造生活的狱内小报，命名为《茗泉通讯》；1986 年创办特殊学校，命名为茗泉学校。

（二）文化探索时期与创建现代化文明监狱

1998 年，阳江监狱开始实施现代化文明监狱创建工作。在创建之前，监狱一直处于劳改农场粗放管理模式，开展文化建设也仅限于组织一些文体活动。通过创建，监狱的软硬件水平明显提高，监狱的整体工作得到有力的带动和促进。

这期间，狱内新的教学楼投入使用，狱内电教中心建成，《一周要闻》《狱园之声》《点歌台》等广受罪犯喜爱的自创节目相继开设；挑选具有文艺专长的罪犯组成文艺队，定期在狱内开展巡逻演出；阳东区劳动和社会保障局职业技术培训中心和广东省高等教育自学考试阳江监狱考场挂牌成立；各监区的图书室、阅览室、活动室的设置和管理都得到进一步的规范。

2004 年，监狱提出打造“阳江监狱改造特色品牌”，打好文化建设的“五张牌”，即思想文化技术教育牌、电化教育牌、文化艺术牌、狱内宣传牌、辅助教育牌。对狱内电视和广播探索新的宣传方式，增设《走进直播间》《狱园访谈》等节目，邀请表现优秀的罪犯走进录播间，讲述自己的改造心路；外出采访、录播刑释人员成功创业的故事；把“点歌台”开到会见楼，让罪犯亲友点歌和留言寄语。这一年，监狱首次举办罪犯文化艺术节，内容有文艺巡演、图书展销以及征文、演讲、书画、卡拉 OK 等文体比赛，首次邀请知名的歌唱家、高校学生和社会团体到高墙内演出，让罪犯见识到高雅艺术的风采，也感受到政府和社会的关心，从而提高改造积极性。

（三）文化自觉时期与整体规划建设

进入新时代，阳江监狱文化建设不断规范和提升，文化建设不再局限于高墙之内，监区文化建设、警察文化、环境文化齐驱并进。以“人文精神关怀”为主题，加强监区文化建设，打造多项文化品牌，其中与广州中医药大学合作，创新性在精神病犯中实施的原生艺术绘画治疗，在精神类罪犯教育管理中起到了实质性成效，并在全省监狱系统中推广。以“人文精神与心灵提升”为主题，开展形式多样的文化活动，加强警察文化建设，增强队伍凝聚力。开始注重环境文化的建设，提出要加强环境文化建设，打造“绿色、生态、休闲、文化”的工作生活环境，委托专业设计团队，在充分调研的基础上，提出“新五区”规划，即在原有的监管区、警察生活区、温泉接待区、武警营区的基础上，完善行政办公区、新备勤区、综合区、休闲区、文体区等五个新功能区规划，形成一个功能完善、分布合理、规划科学的整体环境。根据这一规划，实施“十二五”基础设施建设，一批新设施相继建成投入使用，极大改变监狱文化环境面貌。

这期间，监狱首次引入标识化管理理念，以蓝、绿、白、灰四色为主色调，加强对环境文化的改造。设计监狱 logo（见图 1），以两只手握接力棒的造型为原型（见图 2）对监狱 logo 进行设计，突出手部、接力棒。意为：一是阳江监狱注重历史传承；二是阳江监狱作为一个教育和感化的基地，帮助罪犯在改造中与社会接轨；三是整体三角形暗合天平的形状，代表公正、稳重；四是参考盾形徽章的做法，内藏阳江监狱拼音首拼字母“y”，凸显地域性。监狱 logo 的设计对阳江监狱价值理念、职能属性、历史底蕴和地域文化进行了高度凝练，线条刚直，利落稳重，符合男性重型监狱气质，打造了阳江监狱品牌形象。

图1　阳江监狱 logo

图2　接力棒传递造型

标识设计完成后，运用到监狱的各个区域，大到建筑外观、路牌、门牌，小到岗位牌、笔记本、水杯等，极大提升了监狱的整体形象。

（四）文化升华时期与总结提升

2017 年，阳江监狱获得全国十大监狱文化建设先进单位殊荣后，持续发力把文化建设作为创新和发展的重要载体。5 年间，共有 6 篇理论调研文章获全国性奖项，连续几年都有论文在《中国监狱学刊》《犯罪与改造研究》等刊物上发表。2019 年 11 月，中国监狱工作协会监狱法学专业委员会第五届换届会议暨理论研讨会选择在阳江监狱召开。阳江监狱文化建设成果，获得了全国同行的一致好评，取得了良好成效。

二、两大重点

在文化建设过程中，阳江监狱坚持“理念先行”，根据司法部、省司法厅和省监狱管理局的战略部署，结合监狱自身实际，重点抓好两大方面：共同愿景和特色品牌。

（一）践行新时代的“温泉精神”，形成全体民警的共同愿景

阳江监狱提出，要以“稳、实、严、廉、进”为主牵引，夯实监狱工作提档升级的决定性基础，构建“规范、高质、高效”的平安监狱、法治监狱、清廉监狱。这一共同愿景，起到凝聚、引导和激励作用，成为监狱警察共同的理想和奋斗目标。

1. 坚持以安全为底线，打造更高水平的平安监狱

推进规范促安，结合创建规范化监狱，构建高效的狱情联动处置体系。2022 年，阳江监狱创新开展的“日评定重点关注监区暨溯源管理工作法”，荣获广东省监狱系统“工作创新奖”三等奖。推进设施维安，建成了综合安防系统和安防智能管控平台，实现报警多端联动，2020 年通过司法部考核验收，被命名为智慧监狱。推进卫生辅安，在疫情防控期间，坚持“高于平时、严于地方”原则，加强最小单元管理，不断优化和适时调整防控措施，稳步过渡到“乙类乙管”中来。

2. 坚持以公正为生命线，打造更高水平的法治监狱

加强法律人才培养使用，选拔法律专业人才充实刑罚执行岗位，将优秀办案人才选送到法律院校接受专业培训。提升刑事案件办理质量，贯彻宽严相济的刑事政策，坚持“个案合法、整体公正”的办案理念，不断强化民警审理案件的“法官意识”，依法办理“减假暂”案件，并落实全程跟踪管理。深化推进执法源头公正，突出加强最容易引发执法不公的劳动类级、劳动定额、工序安排、生产统计考核等重点环节管理，把执法权牢牢掌握在民警手中。积极开展法律援助，依托阳江监狱法律援助工作站，通过购买社会法律服务等形式，聘请专业律师驻点服务，及时帮助解决罪犯法律问题。

3. 坚持以清正为底色，打造更高水平的清廉监狱

持续强化不敢腐的震慑，坚持严的主基调，对警囚、警商关系不清，不收敛、不收手、不知敬畏的，发现一起查处一起，持续释放全面从严管党治警的坚定决心。不断扎牢不能腐的笼子，划清警囚接触行为负面清单，实行警囚亲友关联管理；定期复听倒查罪犯会见通讯录音录像，狠抓“三个规定”应录尽录、应报尽报；推进审计关口前移，持续在加强内部监督管理上发力。切实增强不想腐的自觉，强化“八小时外”管理，压实党支部监督管理主体责任，形成强有力的监督网络。

（二）发挥文化熏陶和感染的作用，打造监区文化建设的特色品牌

在以文化人的教育改造工作中，阳江监狱经过长期工作经验积累、总结提炼，形成了多个具有鲜明特色的文化建设品牌。

1. 原生艺术绘画治疗

阳江监狱与广州中医药大学联合对精神病罪犯创新开展原生艺术疗法。原生艺术绘画治疗就是引导罪犯用绘画表现头脑中影像，起到帮助表达、宣泄情绪、重建心理结构的作用，并通过画面分析心理，进行针对性引导。通过组织和指导罪犯进行绘画创作，从中发现罪犯隐秘的心理，同时帮助罪犯进行安全的心理宣泄，有效助推精神病类罪犯康复改造。

在第三届、第四届广东省原生艺术与心理漫画展上，监狱精神病罪犯多幅绘画作品入选，展现了独特而强烈的艺术感染力，在全省监狱系统乃至社会上产生了广泛影响，此项工作在精神类罪犯教育管理中起到了实质性成效，并推广运用到普通罪犯的转化教育，被评为全省监狱系统工作创新二等奖，在全省监狱推广。工作论文《原生艺术促进精神病服刑人员康复的研究》在美国专业期刊《临

床心理学与心理治疗》2017 年第 1 期发表。主流媒体多次专题报道：2017 年 4 月 28 日，中央电视台《社会与法》频道播出《向阳重生》，随后《南方日报》《南方都市报》等多家主流媒体也对此进行报道，引起了社会广泛关注。

2. “心性修养”矫治法

阳江监狱是广东省监狱系统集中关押职务类犯罪罪犯的六所监狱之一，在教育改造职务犯的过程中，逐渐探索出一套利用传统中国文化与现代心理学促进职务犯改造的新方法——“心性修养”矫治法。

“心性修养”矫治法以中国传统文化为途径，借助文化心理学、精神分析学等现代多学科理论与方法，重新阐释传统心性修炼的机理和修炼方法的合理内核与现代价值，帮助服刑人员提高自我认知，调节不良心理、实现自我矫正，达到提升内在修养和完善自我人格的目的。在矫治过程中，结合相应的心理团体训练和减压活动，例如，学唱《博爱养心歌》，举办国学心灵朗读大赛、观看与分享心理电影《和声》《孔子》，进行“正念减压训练”等。通过系统的教育，引导职务犯反思自身的犯罪根源，纠正以往习惯外归因、推卸责任的不良心理，树立积极面对改造的心态。

阳江监狱成立职务犯专管分监区以来，通过集中关押管理，探索了多项特色矫治办法，建立了严格公正执法的基本秩序。中央电视台曾以《高墙里的“高官”们》对此做了专题采访，播出后在全国引起巨大反响。

3. 特色电化教育

2017 年—2018 年，监狱建成集视频录制、直播、转播于一体的电教中心，对原有电教中心演播室的制作系统、声学系统、灯光系统实施升级改造，同时为各监区每一个监舍房间配备了电视机。2019 年，又建设专业化的狱内广播站，完善狱内广播网络系统，将各监区广播系统并入监狱广播网络，对教学楼、各监区多媒体广播、音响系统及设备进行改造升级，打造完善的电声网络教育系统。

除制作常规的《一周要闻》《狱园之声》外，监狱电教中心创新制作《亲情连线》节目。在全监摸排出家庭矛盾突出的罪犯，先在狱内拍摄好罪犯表达忏悔和思亲之情的视频，再派出警察走访罪犯家庭，并拍摄家人的问候和祝福，通过视频连线消除亲人隔阂，帮助罪犯建立亲情支撑体系。《亲情连线》节目在罪犯中引起热烈反响，起到了播报一期感染一片的良好教育效果。

新冠疫情防控期间，监狱利用电教系统积极开展电视宣传教育，先后制作了 4 期防疫专题讲座电教片、10 期防疫知识电教广告、广播，定时循环播放，起到了很好的稳定人心效果。

三、三个系统

阳江监狱根据文化主体不同，分为以警察为主体的警察文化系统、以罪犯为主体的矫正文化系统以及以硬件建设为主体的环境文化系统，三个系统相互依存，相辅相成。

（一）以文强警，推进警察文化建设，打造强有力的监狱民警队伍

监狱工作发展到今天，缺的主要不是制度，而是执行制度的人。阳江监狱充分发挥警察文化的导向、约束、激励、融合和凝聚等功能，全面提升民警队伍的文化素养和综合素质，形成具有阳江监狱特色的警察文化，有效激发队伍的战斗力和活力，打造一支政治过硬、执法严明、业务精通、善于管理、服务大局、人文和谐的民警队伍。

1. 传承“温泉精神”

文化建设只有立足历史传承才能获得源源不断的动力。阳江监狱前身是茶场，数代温泉人在艰苦创业的过程中，凝聚了艰苦奋斗、自强不息的“温泉精神”。监狱兴建了茶花广场，在监狱后山保留数座茶山，下一步还将修复有60年历史的老制茶厂，使其成为民警职工追溯和了解监狱历史、感悟和传承“温泉精神”的实践场所。通过监狱微信公众号不定期发布讲述监狱历史的故事，如《温泉人说温泉事》系列、《我与祖国共芳华》等推文在广大民警职工中引发了热烈反响。每年举行一次“荣休仪式”，为当年退休的民警制作回忆微视频，仪式上，退休民警代表将警旗交到当年入职的新警察手上，充分体现“传承”。开展“口述历史”活动，邀请离退休老民警回监讲述过去艰苦的岁月，组织在职民警讲述“当年”的从警执勤故事，并形成文字发布于监狱内网。成立编志专班，组织编写《阳江监狱志》，发掘和记录监狱的历史发展脉络。

2. 倡导责任文化

责任意识不强往往是导致安全事故的重要原因，阳江监狱结合实际提出了“监狱警察责任理念”，并将其书写在监狱办公楼前照壁上，提醒监狱警察时刻牢记自己的神圣职责和责任担当：责任是公务员最基本的职业操守和最低的道德底线；没有做不好的工作，只有不负责任的人；责任胜于能力，拒绝借口，勇于负责；依法履职，岗位尽责，疏忽一点责任都要付出代价；穿起警服就意味着对警察职业的承诺；无范围的责任就是无责任，无考核的责任也是无责任。把文化的软性约束固化为硬性规范，通过制定相应的岗位责任制度，构建严密的责任网络。新冠疫情防控三年间，阳江监狱民警“守土有责、守土担责、守土尽责”，深刻体现了这一精神。

3. 树立公正理念

公正执法是监狱工作的生命线，是执法的首要价值取向。阳江监狱着力推进规范化执法，实行集中办案和交叉审理，推进案件实质化审理，全程留痕。大力深化狱务公开，每季度开展执法工作问卷调查、狱内大接访，监狱党委成员到挂钩监区参与接访、督促处置，监区运用罪犯信箱、“说说心里话”，收集罪犯的诉求并及时回应，将狱务公开信息同步推送到监狱门户网站和公众号，让罪犯亲属可多渠道实时查询罪犯个人改造成绩，主动接受社会监督，以公开促公正。

为更好展现公正执法理念，监狱在监管区建立以天平为主体形象的公正执法主题景观，以方与圆的造型语言，表达法、理、情统一的观念，水平如镜，寓意“一碗水端平”。

4. 用好“考核”文化

阳江监狱积极探索队伍“能上能下”机制，充分发挥考核“金钥匙”的作用，彰显“谁能干就让谁干”的底气，凭业绩说话，凭业绩晋升，形成“能者上、庸者下、劣者汰”的用人导向。警员职务晋升坚持“宁缺毋滥、择优晋升、科学配置、有为有位”的原则，破除普惠式“到点晋升”，实行考核优秀前提下优先晋升，对老同志实行“达标制”考核，工作达不到标准也不能照顾式晋升，对女警察实行单列考核，只要工作优秀也能脱颖而出。

为解决监区警察“不懂管、不想管、不敢管”的问题，每名监区管教警察固定承包一定数量罪犯的管理、教育、生产和考核工作，并以责任明示牌在车间公示，使警察和罪犯都清清楚楚。落实每周考核评比，树立岗位能手和标兵，打造标杆监区、分监区，深化优秀团队建设，营造创先争优的浓厚氛围。

制定《网格化管理办法》，充分激活“基层细胞”，抓好最小单元管理，全面建立 200 多个网格单元，严格落实“一岗双责”，此举在新冠疫情防控期间，有力确保了疫情防控安全和队伍的总体稳定。

5. 提高综合素质

按照“干什么，学什么”“缺什么，补什么”的原则，积极推行“分层分级分类精准培训”，按照业务分级和职务分层两条线，因地制宜、因情施策，对中层以上领导干部侧重宏观调控能力和组织管理能力的培训，对基层警察侧重实际操作能力培训。近 5 年来，共组织 2100 余人次赴省内外大专院校、400 余人次到社会专业培训机构接受服装生产项目、节能减排、精神病犯管理等专题培训。常态化开展大练兵等脱产培训，组织正科以上领导分批到外省监狱挂职锻炼，选派中层领导参加市委党校中青班学习，每年有计划地围绕业务开展全员性内部培训。推广青年警察导师制，举办业务技能比武、典型案例分析等活动。此外，还创新开展备勤警察政治夜读班，全员上线“学习强国”，大力提升监狱警察的政治修养、履职能力和业务水平，使队伍不断“充电”“加油”，解决“本领恐慌”。

6. 搭建文化阵地

不断完善民警职工文化宣传、舆论导向和警示教育的文化阵地，构建“六个一”平台，即一报（阳江监狱警讯）、一刊（阳江监狱警苑）、一栏（宣传栏）、一站（局域网站）、一号（微信公众号）、一屏（电子显示屏），大力宣传先进典型，讲述警队故事，营造浓厚文化氛围。监狱每年组织开展课题调研，监狱评选优秀论文，在内网刊登，并将优秀文章结集为《监狱论坛》出版。经常性开展征文比赛、演讲比赛、岗位技能竞赛、学术交流座谈会等活动，为监狱民警，特别是青年民警提供展示自我、互相交流的平台，并从中发现人才、培养人才。

7. 开展文化活动

建立警察文化活动中心，作为警察文化活动平台，把组织开展警察文化活动作为工会、团委、女工委等群众性组织的重要职能，引导建立了摄影、文学、书画、体育、钓鱼、园艺、文艺、棋类、茶艺等兴趣协会（各协会 logo 见图 3），广泛深入开展群众性文化活动。每季度开展一次全监性大型文化活动。其中，攀登台山紫萝山、阳春鹅黄嶂，台山北陡浪琴湾摄影观光、阳东东湖千人欢乐行、温泉绿道彩虹跑，以及大合唱、音乐会、钓鱼竞技、山地车竞技等大型活动，累计有 3 万多人次参与，堪称监狱文化盛事，这些活动已经成为每个阳江监狱人共同的美好记忆，作为阳江监狱的集体记忆永远珍存。

图 3　各兴趣协会 logo

（二）以文化人，推进矫正文化建设，实践监狱改造人的根本宗旨

阳江监狱充分发挥文化的规范、教化、感染等功能，全力打造

阳光矫治文化，把罪犯改造成为有信仰、有道德、有谋生本领的守法公民。

1. 打造“一区一品牌，一区一特色”，丰富文化教育形式

根据不同监区的不同特点，拓展推进“一区一品牌，一区一特色”监区文化品牌建设，使监区文化建设更贴近罪犯、更有特色、更有成效。目前，阳江监狱已培育出民乐队、醒狮队、舞龙队、水鼓队、西洋乐队、书法、绘画、合唱队等监区级文化品牌 21 个。多年来，产生了“千人放松操”“手语操”“话剧社”“原创乐队”等一批监狱级文化品牌；每年一届服刑人员运动会和文化艺术节，广泛开展篮球、拔河、书画、征文、“狱园十大歌手”、“原创歌曲比赛”等文体活动，通过“文化艺术节”大平台，举行监区品牌文化展示比赛，全面检验文化成果。每个传统节日、法定休假日和周末晚上都有文化活动安排，经常性开展“巡演”“送戏下监区”，通过开展文化活动有效充实罪犯的时间，持续擦亮监区文化品牌。

各监区根据自身特点，鼓励罪犯开展原创作品创作，打造不同风格的床前文化、走廊文化和庭院文化。中秋、春节等重大传统节日，监狱对各监区监舍庭院布置进行评分，择优奖励。

2. 推行“愿景改造”，激发罪犯改造内生动力

愿景即所向往的前景，是远期的愿望、长远的目标或努力希望达到的图景。阳江监狱积极探索推进罪犯愿景改造实践工作，通过罪犯个人改造愿景引领罪犯明确改造目标和实现路径，构建共同价值观下的集体改造愿景，通过集体愿景的激励作用激发罪犯改造内驱力，并形成犯群共有的内在约束力。

推行愿景改造实践分三步走，一是组织罪犯制作个人的改造愿景卡，经审核后张贴于床头；二是以房间小组为单位，讨论班组的共同改造愿景，确定后悬挂于房间小组心愿树旁；三是各监区组织

全体罪犯共同酝酿提炼监区集体改造愿景，经过酝酿—提炼—征求意见—修改—再酝酿—凝练等反复多次的讨论过程，形成罪犯普遍认同的集体改造愿景，并将集体改造愿景上墙展示。

经罪犯共同酝酿，提炼形成监区改造愿景20个，班组改造愿景600余个，个人改造愿景6000余个，开展愿景改造宣讲40余场次。全力打造从个人到班组，从班组到集体，从床头文化向走廊文化、庭院文化延伸的愿景改造实践体系，形成独具特色的文化教育一景。

3. 开展“小活动”，提升教育改造质量

以“小活动”为抓手，推动教育改造工作“以小见大”“由表及里”。通过“五小活动”，以罪犯身边事为“小切口”取得罪犯积极主动参与的“大成效”，有效提升教育改造质量。

化解狱内“小矛盾”——以专管警察为单位，每名专管警察设立一个纠纷调处小组，通过评判日常改造中的对错得失，帮助罪犯更好地认识自身问题，有效调处矛盾。讲好“改造小故事”——鼓励罪犯讲讲身边事、说说心里话、谈谈身边人，再由警察对罪犯的改造小故事进行讲评，发掘罪犯改造中的正能量。搭建监区“小舞台”——依托监区文化兴趣小组，组织罪犯结合改造生活编排文艺节目，坚持“低门槛、小规模、易组织”的原则，搭建监区小舞台，寓教于乐。举行改造“小仪式”——在罪犯获得奖励、临近刑满释放、会见帮教等有意义的时间节点，举行分享会，用日常的“小肯定”“小表彰”“小总结”将罪犯改造生活中的特殊事件个性化，激发罪犯改造的内在动力。开展读书“小分享”——每月向监区罪犯推荐一本内容积极向上的书籍，并开展“与家人共读一本书”活动，鼓励罪犯通过书信与家人分享读书心得。

4. 增强节假日“仪式感”，丰富狱内文化生活

深挖重要节假日的节日文化内涵，通过主题鲜明、内容丰富的

主题教育活动，全力提升教育改造质量。在元旦、国庆等节日开展升旗、宣誓等爱国主义教育；在春节、中秋、端午等传统佳节开展中华传统文化教育，如 2023 年春节，组织 200 余名罪犯现场开展“品传统文化　书兔年新春”楹联征集和书法比赛，累计收集优秀作品 300 余幅并组织进行巡展，深挖岭南文化内涵，组织开展醒狮拜年，以积极奋发的精神激励罪犯向往新生。

近两年，监狱在植树节组织开展“播种心愿　收获希望”主题教育，以房间小组为单位，每个房间种植一棵心愿树，由房间组员共同养护，存在不良情绪、改造信心不足的罪犯，由其个人认养小型盆栽植物，引导罪犯以积极阳光的心态投入改造。

以 2022 年为例，阳江监狱全年共举办节假日主题教育 9 次，各监区累计举办节日文化活动 180 多场次，开展相关座谈会 27 次，专题团体辅导 23 次，极大丰富了狱内改造文化生活。

5. 用活“家”文化，发挥亲情帮教作用

中国人千百年来积淀形成的“家”文化，是教育改造罪犯的有力“武器”。阳江监狱利用这一特点，积极开展各项亲情帮教活动，用亲情的力量温润罪犯、感召罪犯。在 2019 年第十二届文化艺术节晚会上，一名罪犯在台上演唱自主填词编曲的原创歌曲《母亲》，该首歌曲是罪犯为自己十年未见的母亲所创作，曾在“狱园十大歌手”比赛中获得二等奖。晚会当晚，监狱专门邀请该犯母亲来到现场，当这位母亲出现在台上，罪犯从吃惊到激动，到跪下与母亲相拥放声大哭，现场气氛感人至极，台下观众无不感动落泪。

监狱探索以新媒体平台强化亲情联系纽带，2022 年中秋节期间，监狱创新依托新媒体搭建“云祝福”平台。组织 12 名罪犯拍摄亲情寄语传送亲属观看，家属录制祝福视频回传后，在中秋节当天组织相应罪犯观看，观看罪犯当场落泪，纷纷表达自己积极改造的决心，有效发挥了亲情的感召和激励作用。

6. 融合地方特色文化，构筑狱内良好的物质环境和精神环境

中国传统文化博大精深，地区特色文化经过精准解读和充分提炼，受众更广，更接地气，可作为中华优秀传统文化的有效补充。阳江监狱所处的阳江地区，风筝、刀剪、楹联和丝路古船等历史文化源远流长。阳江作为南国风筝之乡，阳江风筝在2005年被收入广东省级非物质文化遗产名录，有着“放飞梦想、远眺未来”的寓意；作为中国刀剪之都，阳江刀剪历史可追溯至557年，监狱从中提炼了对罪犯“百炼成钢”的寄望；楹联文化成为民间喜闻乐见、表达除旧迎新美好祝愿的载体；以“南海一号”为代表的丝路古船文化，具有无惧险阻、乘风破浪的文化内涵。

在充分融合地方特色文化与岭南文化的前提下，监狱提炼了“开渔——扬帆起航”“龙舟——力争上游”“舞狮——勤学苦练”“古船——乘风破浪”“风筝——放飞梦想”“楹联——除旧迎新”“茶德——明礼开悟”“书画——慎思笃行”“刀剪——百炼成钢”“漆艺——臻于至善”等十个具有鲜明地方文化特色的文化品牌，形成一系列监区文化品牌，融合地区文化特色元素设计了十个文化品牌的图腾，延伸至庭院、走廊文化，结合历史渊源、民俗现状、含义解读和改造愿景等四大方面，构建了体系化的宣传教育阵地，通过标语牌、宣传栏、雕塑、壁画等载体来淡化罪犯的强制感、压迫感，让罪犯在潜移默化中接受激励。

7. 提升劳动改造文化，增强罪犯的劳动获得感

克服劳动改造就是企业生产的错误认识，推进车间课堂化，悬挂反映“工匠精神”和劳动改造口号标语的灯箱，营造良好氛围。狠抓生产经营和现场管理的规范运行，引导罪犯树立重合同、守信用、讲效率的意识，以及合作、质量、竞争等意识。

劳动改造现场实行安全生产标准化二级企业标准。深入开展生产现场规范整治，保持现场整齐整洁，成为现场整治的样板单位，

安装车间自动喷淋系统，安装环保空调，营造良好的劳动环境。

（三）推进环境文化建设，增强民警职工自豪感和归属感

通过监狱文化设施的规划布局，充分展现监狱的历史文化根脉，打造改善环境、陶冶性情、增添文化氛围的阵地和场所。

1. 改善工作环境。对供电设备和线路进行改造，为监管安全和劳动改造夯实电力保障；改造监区办公环境，完善监区会议室、档案室、茶水间等功能用房，统一配备实用型的办公家具，使之更加美观规范；建立车间封闭式警察执勤室，对车间现场进行功能化分区和标识化导向，现场井然有序；建立视频监控系统和监狱指挥中心、监区分控中心，提高信息化水平。加强基础设施建设，积极筹备建设警察培训楼、狱政管理业务用房等设施。

2. 改善生活环境。利用监狱土地资源丰富的独有优势，在休闲区打造了茶山绿道、后山平湖、老茶树园、芦苇湿地，极大拓展了警察职工业余时间运动休闲的场所，同时在茶山绿道融入国学、传统、廉政文化宣传；在文体活动中心区打造了一个体育馆，一个文艺馆，使警察职工拥有了大型室内运动场所和文艺展览、文艺排练场所，并在两馆外打造了一个文化广场和露天啤酒吧，改造了家属区灯光篮球场，新建了备勤区足球场、灯光球场，为警察职工文体活动提供了多样化场所；在综合区建设了学习生活综合楼，一楼为警察餐厅，为警察职工提供了较为宽敞舒适的就餐环境，二楼为会议中心，成为兼具文艺演出、学术报告等用途的大型会议场所。

四、结语

多年来，阳江监狱不断推进文化建设，促进监狱工作“规范、高质、高效”发展。一是提高了工作站位，增强了发展的自觉性。监狱文化建设的视角，给监狱谋划发展提供了高空俯瞰、系统扫描

的广阔视野，克服了零敲碎打、一叶障目等不良现象，使每一项工作都与监狱发展的宏大愿景紧密相连，在先进的工作理念观照和指引之下，使工作从盲目被动的低层次走向更高层次的自觉自为。比如，从构建优秀企业文化的视角出发，对劳动改造的定位、功能有了更加清醒全面的认识，所提出的工作理念，为正确把握和处理各种复杂关系提供了尺度，有力促进中国特色劳动改造健康发展。二是增强了队伍活力，促进警察队伍职业化。监狱文化建设启迪了警察的思维，开阔了视野，从思想上活跃了队伍，法治文化、责任文化、廉洁文化滋润心灵，从内到外塑造了职业化的监狱警察队伍。同时，警察文化建设特别是各项大型文化活动，以及常态化的文化活动，极大增强了警察队伍的凝聚力、战斗力，提高了警察对职业、对单位、对集体的认同感、归属感和自豪感。三是促进了罪犯改造，增强了柔性约束。对罪犯的人文关怀，美观规范的环境、公平公正的氛围，无时不在发挥无声教诲的功能。日常教育活动和文化活动充分发挥大众化、教育性和寓教于乐的特点，有效占领罪犯时间和空间，营造良好文化氛围，以文化手段达到“春风化雨”、以文化人的最终目的。四是改善了整体环境，提升了监狱形象。监狱文化建设极大拓展了监狱发展空间，特别是规划了新五区建设，打造了充满活力的休闲区、文体活动区，极大拓展了警察职工的活动空间，打造了一系列富于文化气息的景观，对监狱整体环境进行优化、美化、绿化、亮化的整治，极大提升了监狱的整体形象，成为监狱一张张名片，在系统内乃至当地社会都产生了一定影响。

监狱文化建设是一项长期而艰巨的工作，需要与时俱进、审时度势，不断调整文化内容，不断探索文化内涵，以文化的力量浸润和助推监狱建设的每一个进程，才能开创监狱文化持续发展的良好局面，助推监狱工作高质量发展。

上海市提篮桥监狱

世纪沧桑涵养独特文化
百年监狱焕发时代新颜
——上海市提篮桥监狱文化建设成果透视

上海市提篮桥监狱办公室四级警长　范应辰

监狱，一道人类不愿设置而无法逾越的墙，时间的长河也洗不尽它作为特殊物境的斑驳和铅华，历史老人睁开惺忪的眼睛，透过百年风云，窥视它的神秘，探究它文化的特质。

百年传承，初心不改。坐落于上海市虹口区的“远东第一监狱”——提篮桥监狱，始建于 1901 年，曾是中国境内第一个审判日本战犯的场所，也是中国迄今仍在使用的、历史最悠久的监狱。* 作为全国重点文物保护单位、上海市爱国主义教育基地以及上海监狱系统中押犯规模最大的单位，提篮桥监狱如钢铁狴犴般岿然屹立于上海北外滩，它承载着历史的积淀，伴随着文化的碰撞，历经苍黄翻覆，跨越世纪长河，如黄浦江潮起潮落，奔流不息，见证着一座监狱与一个城市跨越百年的风云际会。

---

* 提篮桥监狱于 2024 年 4 月至 5 月整体搬迁，2024 年 5 月搬迁完毕。文稿写作时，该狱仍在使用。——编者注

一、司法文物，见证百年司法进程的活化石

随着鸦片战争的隆隆炮声，西方列强打开了中国古老的大门，上海也从一个小渔村变成了“十里洋场”“冒险家的乐园”。作为帝国主义攫取中国司法主权的象征，1901 年，上海公共租界工部局开始在华德路 117 号（现长阳路 147 号）处修建了一所西式监狱，即今天提篮桥监狱的前身。监狱于 1903 年启用，后经多次改扩建，至 1935 年达到现有规模。监狱历经英国租界、日本侵略统治、汪伪时期、国民政府统治和新中国等五个不同阶段，是迄今为止全国范围内为数不多的仍在发挥司法功能的百年监狱，堪称中国近代史上的“司法文物”，更是见证中国近百年来司法进程的“活化石”。

提篮桥监狱注重对历史文物的保护，遵循“修旧如旧”的原则，对狱内原有建筑进行了精心的修缮维护。1994 年提篮桥监狱被命名为“上海市优秀历史保护建筑”，2013 年被国务院评为第七批全国重点文物保护单位。

建筑是文化的载体，监狱建筑是监禁文化的体现。提篮桥监狱占地 60.4 亩，共有 22 幢功能各异的单体建筑，包括监舍楼、习艺楼、医院、行政楼、炊场、新岸礼堂等，构成了建筑精良、规模宏大的监狱建筑群，被称为“远东第一监狱”。监狱共有监舍 10 幢，监房 4000 余间，每间监房面积为 3.3 平方米，最多可关押罪犯上万人。提篮桥监狱总体建筑布局呈现浓郁的英式风格，黑色的铁门，高耸的围墙，密集的电网，灰色的建筑墙体，“背靠背”排列的监舍，“回”字形走向的通道，镶有钢网的过道，生产于英国伦敦并使用了一百多年的“乌龟”式铜锁，使整座监狱显得肃穆、威严、庄重，充分体现了监禁文化的特质。

风雨沧桑，往事如烟。新中国成立前，提篮桥监狱也曾被作为反动势力镇压人民的工具，章太炎、邹容、任弼时、张爱萍、李维

汉、江上青、周立波、王孝和等一大批仁人志士、革命同志都于此蒙难。抗战胜利后，提篮桥监狱先后审判、关押过数百名日本战犯、汉奸，盟军在此设立了中国境内最早的军事法庭，南京大屠杀元凶谷寿夫、香港总督田中久一、日本驻我国台湾地区司令安藤利吉等战犯，汪精卫夫人、头号女汉奸陈璧君，大汉奸梁鸿志、潘毓桂等均曾关押于此。

成立于1999年的“上海监狱陈列馆”，位于监狱的“十字楼”里，共分中国监狱史馆、上海监狱史馆、日本战犯审判关押馆、监狱文化建设馆等4个展厅，陈列馆以众多文物、资料、图片等记载了中国和上海监狱的前世今生。陈列馆内的日本战犯关押、审判、行刑处，于1997年8月被上海市人民政府列为“抗日战争纪念地”，2014年9月被国务院列为全国首批抗日战争纪念遗址，在世界反法西斯斗争史和中国抗战史上具有独特的地位。

二、安全文化，织密社会和谐稳定的防护网

世纪更迭，提篮桥监狱在时代的感召下开始绘就新的蓝图。面对新的历史机遇，2008年提篮桥监狱全面构建现代警务机制建设，坚持走内涵式发展之路，打造具有新时期特色的监狱文化，为平安上海的建设贡献力量。

安全是一座监狱的灵魂，面对日益复杂的监管改造形势，提篮桥监狱不畏艰难、披坚执锐，将“平安文化”作为监狱文化的核心价值，不断夯实安全基础，创造了从1993年起无罪犯脱逃的安全纪录，数十次承担大批罪犯跨省编队遣送任务，做到万无一失，将监狱打造成为平安上海的一张“城市名片”。

随着时代的发展和法治的进步，提篮桥监狱坚持走依法治监之路，把公正执法作为价值追求，多年来始终坚持“惩罚与改造相结合，以改造人为宗旨”的监狱工作方针，坚持依法、严格、文明、

科学管理。汗水凝结成路标，心血浇灌出硕果，监狱先后获得司法部司法行政集体二等功、司法部“减刑、假释、保外就医”先进单位、上海市司法行政先进集体等多项荣誉称号。

与时俱进，安全托底。近年来，监狱大力推进信息化建设，古老监狱与现代技术相结合，使它焕发出勃勃生机，并迈向智慧监狱时代。监狱通过管控点、分控平台、指挥中心的建设，使得孤立的建筑体形成“上下联动、信息共享、快速反应”的安全防范圈；电子门禁、楼层对讲、数字广播、无线报警以及视频智能分析系统，形成支撑平安监狱的防火墙；传感技术、围墙监控、红外报警给静态的建筑赋予智慧，打造了一张无形的安全网。

党的二十大报告指出：“国家安全是民族复兴的根基，社会稳定是国家强盛的前提。”“建设更高水平的平安中国，以新安全格局保障新发展格局。”自 2017 年 7 月荣获第一届全国监狱系统十大平安监狱以来，提篮桥监狱始终坚持以习近平新时代中国特色社会主义思想为指导，立足总体国家安全观这一大背景，深入对标更高水平的平安监狱建设，坚持监狱发展与监管安全、生产安全、队伍安全、消防安全、施工安全、交通安全、信息安全、信访安全、卫生安全和防疫安全“十大安全”并重，优化内部安全治理，不断提升监狱治理能力和治理水平。在实战方面，以监狱“十大安全”管理理论研究为支撑，以部局、监狱局和监狱的安全管理制度及工作提示为依据，以近三年监狱安全管理工作中反馈出的多发、常发风险点为导向，对监狱安全风险点进行全面识别、分类梳理，区分 A 级重大风险、B 级较大风险、C 级一般风险、D 级较低风险 4 个安全风险等级，并组织理论骨干编写《提篮桥监狱十大安全风险管理要点与防控重点措施》，对照防控措施，每日开展安全排查、每周发布工作提示、每月通报整改情况、每季进行整体评估、每年更新风险清单和对应等级，保证手册使用的实效性，为基层民警提供最直接的监狱安全管理工作指导。在理论方面，监狱各课题组积极开展有关监狱安全管理方面的课题研究，完成《监狱九大安全风险分级管控与隐患排查双重预防机制建设探索》《全周期管理视角下监狱安全防控治理模式研究——基于T监狱九大安全管理实践》《新时代平安监狱建设现状及路径研究》等理论课题，并以提篮桥监狱“十大安全管理”为分析样本，系统提炼监狱五年来安全管理方面的实践经验，编写形成《提篮桥监狱十大安全内部管理手册》，包含理论基础篇、实践篇、发展篇三个篇章，以“提升民警安全防控能力，指导民警实际工作”为近期目标，以“完善监狱安全治理机制，提升监狱治理效能”为中期目标，以“凝练监狱特色安全文化，安全融入工作意识”为远期目标，探索建立监狱安全管理长效机制，不断提升监狱安全管理能级，实现监狱可持续发展与长治久安。

三、以文载道，开创监狱文化建设的先行者

根植于申城，坐落于北外滩的提篮桥监狱作为一个独特的文化符号，彰显着上海“海纳百川、追求卓越、开明睿智、大气谦和”的城市精神，在海派文化的深深浸润下，形成了独具提篮桥监狱特色的监狱文化。

海纳百川，有容乃大。提篮桥监狱的文化发展博采众长，既脱胎于深厚的历史积淀，更积极追求文明科学的现代价值，逐步凝练成法治文明的全面演进。党的十一届三中全会以后，随着改革的春风，在“文化兴监、文化建监”发展战略的引领下，监狱积极秉持以人为本的指导思想，大力凸显人文关怀的核心价值。

以文载道，文化兴监。20世纪80年代初期，提篮桥监狱就在全国监狱系统率先探索监狱文化建设，并逐步形成“监区文化、艺术矫治、罪犯智力开发、分类改造、综合治理、心理咨询”等六大

特色工作。1989 年，在全国监管改造工作会议上，提篮桥监狱系统提出了“监狱文化”的发展理念和实践路径。在“以文化人、以文育人”理念的指导下，监狱打造了罪犯习美工作室、新岸艺术团、罪犯书报展、罪犯运动会、文化艺术节、新岸广播台、有线电视台、大地工作室、五月歌会等一批文化项目；创办了“两报一刊”——《提篮桥监狱报》《大墙内外》《新荷诗刊》等一批文化载体。经过三十多年孜孜以求的探索与发展，监狱形成了半年一届书展、一年一次歌会、一年一届美术展、两年一届文艺汇演、三年一届运动会的文化发展模式，并于 2018 年 12 月召开首届“蓝桥文化节”，以文化品牌项目发布的形式，向各级领导、社会各界嘉宾及媒体记者全面展示监狱多年以来的艺术矫治成果，其间还进行了合作共建签约仪式、《新荷诗刊》、画册首发仪式及“艺术矫治贡献奖”、“艺术矫治创作奖”颁奖仪式，并由新岸艺术团奉献精心筹备的节目会演，进一步拓展监狱文化教育的“以文化人”功能，彰显监狱艺术矫治特色，推动文化教育跨上新台阶。同时，监狱积极运用上海的地域优势，秉承“请进来，走出去”的理念，深化与开放大学、职业技术培训机构的合作办学模式，持续开展好成人学历教育、非学历教育和技术培训，在合作育人、资源共享、项目开发、成果转化等方面形成合作共赢的长效机制，不断提升罪犯文化素质。

打造精品，树立文化品牌。文化追求是提篮桥监狱发展的特质，一代代提篮桥民警艰苦奋斗、开拓进取，为监狱的文化发展贡献了自己的汗水和智慧，打造了一个又一个文化品牌，在上海乃至全国监狱系统，提篮桥监狱创造了许多个“第一”——第一家对罪犯实施分类改造；创办第一家罪犯心理咨询辅导室；第一家探索监区文化建设，对罪犯实施艺术矫治；第一家被市高教局确定为监狱服刑人员成人自学考试基地；第一家被市广电局认证注册有编播能力的狱内有线电视台；第一家开展罪犯智力开发活动，近百项创造发明被授予国家专利；第一家与社会医院建立罪犯就医“绿色通道”；成立了第一家“罪犯消费权益保护中心”；监狱炊场第一个通过 ISO 9001 质量认证体系；第一家探索成立监狱发展研究中心和青年实验监区等。监狱的许多成功经验，在上海监狱系统乃至全国监狱系统得到推广。

创办《劳改报》（后更名为《提篮桥监狱报》）为罪犯走向新生指路。为更好地提高教育改造质量，监狱于 1981 年 4 月创办了《劳改报》，每期发行 1500 份，迄今为止共发行了 971 期。报纸共分为要闻版、改造版、文教版、文艺版等四个版面，要闻版刊登和报道各个时期监狱的中心工作和重要事件等内容，改造版刊登罪犯对监狱各项教育改造活动的反响和各监区富有特色的改造活动、罪犯中的先进典型和事迹等内容，文教版报道监狱以及各监区的文化建设活动，文艺版刊登内容健康向上、反映罪犯改造生活的散文、诗歌、小说等文艺作品。经过四十多年的办报实践，《劳改报》现已与全国 20 多个省市 120 多家监管单位建立了业务联系。同时还与中央司法警官学院、华东政法大学、上海政法学院、《法制日报》（2020 年更名为《法治日报》）、《新民晚报》、《上海法治报》等政法院校和专业新闻单位建立了业务联系。《劳改报》每年有数十篇文章被《上海法治报》等报纸转载。此外，由《劳改报》编辑出版的《炼狱心声集》《两地书》《忏悔录》《新荷诗选》等四本监区文化丛书也从不同的侧面反映了监狱文化建设的成果。

创建监狱有线广播台和有线电视台宣传党和国家的教育改造方针，为教育改造工作服务。1990 年监狱筹建新岸有线广播台，设置于监狱电教中心，分为编辑部、录制部、播放部等部门，每周二、周四、周六 17:40 至 18:10 广播，设置监狱新闻、学习交流、听众信箱、法制故事、为您服务、散文与诗、百味书屋等栏目。监狱有线广播台结合监狱各个时期的工作重点和中心任务，为罪犯提供法律、心理、文学艺术、医学、科技等知识，宣传党和国家的教育改造方针。1986 年 4 月监狱经上海广播电视局批准成立新岸有线电视台，成为上海市具有准营资格的 8 家有线电视台之一。新岸有线电视台主要职能有：摄制监狱新闻，摄制各类反映改造工作和宣传需要的纪录片、专题片、新闻特写等，转播中央及地方电视台的节目，直播狱内重大活动和教育讲课等，播放文化学习教材片等。新岸有线电视台摄制的电视专题片在华东片区专题竞赛、上海市好新闻奖等评奖过程中获得诸多佳绩。

开办“习美书法、绘画、工艺美术作品展”，净化、美化罪犯心灵。罪犯习美展创办于 1983 年，迄今共举办 39 届。习美展的主要活动是对有书画、艺术特长或者爱好的罪犯进行指导、培养、组织观摩和征集评选作品等，充分展示监区文化建设的丰硕成果。很多习美作品都是罪犯用心创作的，饱含着真挚情感，表达了罪犯忏悔罪行、渴望新生的强烈愿望。艺术以其真、善、美呼唤着人性的复苏和良知的回归，许多罪犯正是通过“习美”活动，转变了思想，陶冶了情操，矫治了恶习。1990 年 10 月，在北京中国革命历史博物馆举办的全国首届服刑人员书法、绘画、工艺美术作品展大厅中，有一幅秀丽的风景油画，这幅名为“早春”的油画，就出自提篮桥监狱一名脾气急躁鲁莽的盗窃犯张某之手，当一双粗糙的大手拿起了细滑的画笔，艺术的力量转变了他的思想，陶冶了他的情操，他创作的油画获得了大奖，绘画改变了他的一生。罪犯程某是一名右肢残缺的罪犯，他利用刨花来创作贴画，回归社会后其作品参加上海市民间工艺品展，获得了一等奖，并被选送法国展览。艺术的力量改变了罪犯程某的命运，他靠绘画走上了一条自食其力、贡献社会的光明之路。三十多年来，习美展在国内外产生较大影响，受到社会各界好评，原司法部部长邹瑜在参观习美展后亲笔为展览会题写“习美”两个大字。《中国改造罪犯的状况》白皮书中记录着这样一段文字：“上海市提篮桥监狱从 1983 年以来，每年举办一期在押罪犯的习美作品展，每次展出二三百件作品，在社会上引起了极大的反响。”

打造新岸艺术团，以文艺陶冶罪犯情操。提篮桥监狱新岸艺术团成立于 1985 年 3 月，艺术团成员均来自在押罪犯，其中有曾从事艺术事业的专业演员，也有业余文艺爱好者。新岸艺术团自成立至 2023 年共创作各类节目 400 余个，为来自大墙内外的观众演出近 6000 场，观众近百万人次。新岸艺术团接待过来自美国、英国、澳大利亚、蒙古国、朝鲜、越南、泰国、日本、孟加拉国、以色列、阿根廷、埃及、韩国、新加坡等三十多个国家和地区的来宾 500 多批次，其中不乏澳大利亚前总理惠特拉姆、英国前副首相杰夫里·豪等外国政要。党和国家领导人吴邦国、黄菊、罗干、孟建柱等领导同志也在观看过新岸艺术团演出后，给予高度评价。新岸艺术团还走出大墙为社会做法治宣传演出，由罪犯自编、自导、自演的沪剧《路，就在脚下》在上海市政府大礼堂公演，获得了上海市法制文艺一等奖。此外，新岸艺术团还与上海歌剧院联合演出大型音乐会，受到社会各界好评。三十多年来，新岸艺术团得到过各界艺术名家的关怀和支持，著名指挥家司徒汉、黄贻钧、陈燮阳等多次来监指导，著名沪剧表演艺术家杨飞飞来监辅导学员唱沪剧，著名表演艺术家丁是娥、王盘声、赵春芳、韩玉敏、吴素秋，著名越剧表演艺术家戚雅仙、毕春芳，上海滑稽剧名家姚慕双、周柏春，电影艺术家张瑞芳、秦怡、梁波罗，音乐家周小燕、王品素，著名京剧表演艺术家李炳淑，昆剧表演艺术家梁谷音，淮剧表演艺术家筱文艳等都先后对新岸艺术团成员进行辅导或与他们同台演出。

成立新岸书店，开展读书活动。为提高罪犯的知识水平和文化素养，提篮桥监狱于 1979 年恢复了罪犯图书馆。1986 年 2 月监狱成立新岸书店，每年春、秋两季举办大型书展。监狱图书馆还与虹口区新华书店、卢湾区图书馆、黄浦区图书馆开展共建关系，现监狱图书馆拥有藏书 3 万余册。从 1992 年起监狱陆续邀请社会文化名人走进大墙开展“名人谈读书”系列活动，先后邀请文学大师余秋雨、著名导演谢晋、著名作家叶永烈、散文名家徐开垒、巴金的弟弟文艺出版社编审李济生、女作家王晓玉和殷惠芬等文化名人来监与罪犯开展“读书与人生”座谈，其中叶永烈还担任“监区读书辅导员”。

几十年来，监狱文化如一条溪流，在监狱教育矫治天地里静静流淌，滋润着罪犯干渴的心田。一幅幅习美作品反映的是罪犯认罪悔罪、向往新生、追求美好的内心独白；一台台由罪犯自创、自编、自演的文艺节目折射的是罪犯热爱生活、陶冶情操、求真向善的人生追求；一首首诗歌表达的是罪犯深刻反省、忏悔罪行、改过自新的改造心声。

“教育的根是苦的，但其果实是甜的”，古希腊哲学家亚里士多德解开了教育的奥秘。在 2015 年 7 月召开的全国监狱工作会议上，时任中央政法委书记孟建柱同志专门肯定了提篮桥监狱新岸艺术团三十多年来的发展成绩。在 2015 年 11 月，第五届海峡两岸矫正实务论坛暨改造成果展在监狱举办，来监参观交流的港、澳、台同行对监狱罪犯创作的雕塑、绘画等艺术作品给予了高度赞扬。几十年的文化建设实践，硕果累累、成效显著，文化已经融入监狱发展的灵魂和脉络，成为这座百年监狱独特的印记。

四、文化育警，铸造立体警营文化的大熔炉

提篮桥监狱以“人”为文化发展的核心元素，坚持在文化理念引领、文化活动支撑、文化监区辐射、文物再现辉映、文化平台承

载、文字研究深化、文明行为践行上下功夫。

在“文化兴监”发展战略的引领下，提篮桥监狱大力推进警营文化建设，以工会、团委等群团组织为抓手，积极为民警的成长成才创平台、建舞台、搭奖台。监狱建有民警图书馆、阅览室、放映室、篮球场、健身房等场地，现有读书协会、球类协会、游泳协会、书法绘画协会、摄影协会、钓鱼协会等民警社团数十个，均具备完善的组织架构与协会章程，明确具体负责人职责，形成规范的自我管理体系。自 2011 年以来，曾获第十六届、第十七届市级机关系统文明单位，连续荣获第十八届、第十九届、第二十届上海市文明单位，于 2019 年 7 月荣获市级机关系统组织生活基地称号并荣获公务员集体三等功，于 2020 年 1 月荣获上海市离退休干部先进集体、上海市最佳离退休干部集体称号。在警营文化这个大熔炉的引领和熏陶下，监狱民警的凝聚力、向心力和归属感得到极大提高，涌现出“全国工人先锋号”二监区、“全国青年文明号”及上海司法行政系统“五四红旗团支部”二监区团支部、“上海市技师创新工作室”正心工作室、大地工作室、老徐工作室等一批优秀的警营文化团队；监狱工会获得全国总工会“职工之家”称号，六监区获得“全国模范职工小家”称号；监狱理论研究连续三年获得上海市监狱学会一等奖，理论研究骨干积极参加中国监狱工作协会各专业委员会组织的征文活动并取得优异成绩；暴力犯分类改造课题组近年来完成局课题和监狱课题研究近 20 项，发表学术论文 60 余篇，获得 2019 年司法部监狱管理局全国监狱系统理论研究成果一等奖，多次荣获上海监狱系统优秀课题，并于 2023 年 5 月开展暴力犯分类改造十周年成果发布系列活动，发布《暴力犯分类改造手册》。课题组主要负责同志荣获“全国监狱先进个人”“上海市五一劳动奖章”。

在民警廉政文化建设方面，提篮桥监狱始终坚持党风廉政建设，落实廉政风险防控，对标队伍管理“五个过硬”要求，狠抓日常监督检查，强化监督执纪问责，扎实开展各类警示教育活动，持续巩固政法队伍教育整顿成效，推动全面从严治警向纵深发展，切实引导全体民警知敬畏、存戒惧、守底线，以实际行动捍卫队伍纯洁，推动作风建设不断向上向好发展，打造风清气正的廉政文化。曾被授予首批“上海市政法系统廉政文化示范点”称号。

在深化从优待警各项举措方面，提篮桥监狱常态化开展冬送温暖、夏送清凉、秋送助学、病送关爱等工作，坚持职工互助保障及工会会员卡续保，着力维护广大民警的基本权益，同时对罹患重大疾病和遭受意外伤害的民警进行理赔申请，为生病住院民警进行保障申请；认真贯彻落实局党委惠警“十件实事”，推动民警值班值勤模式优化、疗休养及各类社团活动恢复、特定岗位民警短期疗休养及心理团训等工作落实；结合监狱临近搬迁实际，通过走访调查、谈话座谈、书面征求意见等多种形式，对全监各个支部开展调研，收集汇总广大民警对搬迁工作的实际需求与现实诉求，并立足制度依据、现实情况、需求覆盖面等维度，对意见建议进行及时反馈，不断做实对民警的关心关爱工作，提升民警干事创业的精气神。

百年沧海桑田，百年风云激荡。回首昨天，我们豪情百倍；立足今天，我们奋发有为；瞭望明天，我们心潮澎湃。征程万里风正劲，重任千钧再奋蹄。新时代、新征程，提篮桥监狱将充分认清监狱工作的新形势、新要求、新任务，紧紧围绕中心任务，以敬业奉献、精益求精的“工匠精神”助推监狱文化建设，让百年监狱焕发时代风采。

云南省小龙潭监狱

厚植文化自信　增强精神力量

云南省小龙潭监狱三级警长　阮晨曦

多年来，云南省小龙潭监狱坚持用中国特色社会主义先进文化引领前进方向，用中华优秀传统文化培育共同价值取向，提升了监狱警察职工队伍内涵素质，提高了罪犯教育改造质量，维护了监狱持续安全稳定，树立了高度的文化自觉和文化自信。监狱文化建设为监狱管理、队伍建设、安全生产、罪犯改造等提供了源源不断的精神动力。

一、监狱基本情况

小龙潭监狱始建于1953年12月16日，通过一代又一代“龙狱人”的不懈努力，监狱发展成为云南省关押改造罪犯重要场所，依法关押改造死缓、无期及有期徒刑男性、女性罪犯。监狱“一监三地”，分布在开远市小龙潭镇、开远市郊、蒙自市草坝镇，监狱指挥中心在开远城区，实行监狱、分监狱、监区三级管理模式，下设36个处（部、室）、5个分监狱、1所中心医院、7个基层管理部，现有在职警察1400余人，离退休警察800余人。

监狱企业1954年9月被命名为云南省人民政府公安厅小龙潭煤矿，1998年企业名称变更为云南省小龙潭矿务局。2021年12月公司改制后更名为云南小龙潭矿务局有限责任公司（以下简称矿务局公司），下设5个分公司、3个子公司。其中，小龙潭露天矿分公司、布沼坝露天矿分公司主要承担煤炭生产，目前探明煤炭储量10.99亿吨，是长江以南最大的露天煤矿，主要承担着滇南火电、煤化工、其他工业和民用煤的重要供煤任务，为云南省社会稳定和经济发展作出了积极贡献。

多年来，云南省小龙潭监狱先后荣获部级优秀特殊学校、部级现代化文明监狱、全国司法行政系统先进集体、全国监狱劳教工作先进集体、全国煤炭工业特级安全高效露天矿、中国煤炭工业双十佳煤矿、人民满意政法单位、全国政法系统先进基层党组织、全国模范警察职工之家、全国文明单位等国家和省部级荣誉称号100余项，4次荣记司法部“集体一等功”。

二、文化建设实践经验

（一）理念先行，监狱文化内涵持续拓展丰富

小龙潭监狱几代人在70年的探索实践中，将优秀传统道德文化、法治文化、企业文化有机融合到监狱工作中，形成了具有监狱特色的队伍建设理念、依法治监教育改造罪犯理念和现代企业管理理念，引领广大警察职工推动监狱各项工作又好又快发展，教育引导罪犯认罪、悔罪、重塑新生，确保了监狱持续安全稳定。

建狱初期，艰苦创业成为时代主流精神。老一辈“龙狱人”在一无资金、二无设备、三无技术人员、四无地质资料、五无办公住房和监舍的情况下，靠斧头、铁锤和勤劳的双手，豪迈地以人背马驮的方式开始拓荒大业。朴素的拼搏精神，拳拳忠于党、忠于祖国的事业之心，传承了五千年来勤劳、朴实、忠诚的中华优秀传统文化。

改革开放后，思想解放、万象更新，文化建设内涵持续深化。“龙狱人”对文化的学习和探索不断深化，既在实践中探索，又在学习交流中提升。分批分期组织警察职工前往清华大学、浙江大学等高校和海尔、华为等世界知名企业学习；长城内外、大江南北、监狱内外都留下了“龙狱人”探索文化建设的脚步和求知的身影。2006 年，小龙潭监狱成立文化建设工作领导小组，领导小组下设秘书处，设警察职工文化建设、狱内文化建设、企业文化建设、廉政文化建设四个办公室，进一步加强指导 28 个文化协会开展文化活动，党对文化工作的领导在监狱得到强化。近年来，积极与驻监武警、各地司法行政部门、民盟等单位和社会团体共建开展文化交流活动。积极参加省内外文化共建，成功举办首次全国监狱文化共建交流活动，先后与广东佛山监狱、江西南昌监狱、浙江女子监狱等 11 所监狱（单位）缔结文化共建友好单位。小龙潭监狱对监狱文化建设认识不断提升、内涵不断拓展、外延不断丰富。

文化的力量如春风化雨，小龙潭监狱持之以恒的文化实践积淀形成了清晰的文化建设理念体系：监狱使命——“依法治监、知法通德、稳定和谐、奉献社会”；监狱愿景——“百年奋斗、打造一流、铸就辉煌”；监狱价值观——“忠信明德、尚法自新”；龙人精神——“艰苦奋斗、忠诚法律、科学发展、开拓创新、精心育人、务实奉献”。设计了小龙潭监狱标识，赋予“龙人文化”共同的印记。建筑、用具、用品、标识、雕塑、园林等都充满着“龙人文化”元素。

进入新时代，小龙潭监狱坚持以习近平新时代中国特色社会主义思想为指导，深入贯彻习近平法治思想、习近平文化思想，深化意识形态引领文化阵地建设，聚焦规范、公正、文明、廉洁执法，将文化软实力润物无声地融入监狱管理全过程，坚持一切工作服务于守住安全底线，持续深化法治监狱、平安监狱、廉政监狱建设，文化自信不断增强，队伍精神面貌更加奋发昂扬。

“千淘万漉虽辛苦，吹尽狂沙始到金。”70 年来，小龙潭监狱文化建设理念清晰、组织机构完善、文化形式多样，内容精彩纷呈，既强化组织引领，又倡导警察职工自主创新创造，监狱文化建设格局日趋丰富完善。

（二）以文化人，文化建设深入探索实践

1. 警察职工文化

警察职工永远是监狱文化建设的主体，小龙潭监狱始终把“艰苦奋斗、忠诚法律、科学发展、开拓创新、精心育人、务实奉献”的龙人精神作为文化建设指导理念，坚持“以文律人、以文塑人、以文陶人、以文励人”目标，狠抓警察职工文化建设。

——将思想道德建设作为文化建设核心。一是始终坚持以习近平新时代中国特色社会主义思想为指导，原原本本学习宣传贯彻党的创新理论，扎实开展队伍理想信念教育、党性教育、纪律作风教育，强化政治引领、思想淬炼、精神洗礼，切实增强了队伍忠诚拥护“两个确立”、坚决做到“两个维护”的自觉性、坚定性。二是全面落实《新时代公民道德建设实施纲要》，经常性开展社会主义核心价值体系教育，全面推进警察职工社会公德、职业道德、家庭美德、个人品德建设，持续强化教育引导、实践养成。三是大力倡导文明出行、文明就餐、文明观赛、文明上网，引导警察职工自觉遵守社会交往、公共场所、网络安全等各项文明规范和社会公约；加强对健康理念和传染病防控知识的宣传教育，引导警察职工增强科学防疫意识，养成文明健康、绿色环保的生活方式。

——切实加强意识形态阵地建设。一是强化理论阵地建设。近年来，理论研究文化氛围逐渐浓厚，监狱内网开设理论研究专栏，积极组织开展监狱政工、改造、生产等理论研究工作，数百篇论

文、文艺作品等在《思想政治工作研究》《监狱文化》《中国监狱学刊》等各级各类宣传平台发表。二是强化舆论阵地建设。聚焦“举旗帜、聚民心、育新人、兴文化、展形象”使命任务，坚持正确舆论导向，通过小龙潭监狱内网、宣传栏、LED大屏、微信公众号等宣传阵地，网上网下共同发力，开展重点时政热点、专项活动、罪犯改造、先进典型等宣传，讲好监狱故事、传播监狱声音，全面客观地向社会展现监狱工作改革发展和建设成果，弘扬监狱人民警察艰苦奋斗、无私奉献的敬业精神。三是加强文化阵地建设。建有“职工之家”活动中心1个、文化综合展厅1个、警体中心3个。开展“职工之家创建”，成功创建“全国模范职工之家”1个、“全国模范职工小家”3个、“云南省监狱系统先进职工小家”3个；开展职工书屋示范创建，建成云南省总工会“职工书屋”示范点1个、云南省监狱系统工会“职工书屋”示范点1个。四是开展精神文明阵地建设。常态化开展“我们的节日”活动、道德讲堂活动、志愿服务活动等；落实警察职业荣誉制度，开展了庆祝中国人民警察节系列活动，开展警察警衔晋升授衔仪式、警察退休荣誉仪式等，增强队伍职业荣誉感、归属感。

——持续打造“龙人文化”精品。多年来，结合传统节日持续开展各类主题文化活动，包括“写春联送祝福——文化进万家”慰问活动、“美丽家园”摄影采风活动、“团结杯”足球赛、“龙腾杯”篮球赛、“飞逸杯”羽毛球赛、“和谐杯”乒乓球赛、读书分享活动、主题演讲赛等，活动参与面广、寓教于乐、丰富多彩、各具特色，成为小龙潭监狱“龙人文化”中的一道亮丽风景线。先后举办“庆祝改革开放40周年”“庆祝新中国成立70周年”“庆祝中国共产党成立100周年”“中国梦　劳动美——新时代产业工人风采”“喜迎二十大　礼赞新时代”等主题书画摄影作品展、女职工手工艺作品展。编辑出版《龙狱论坛》《煤海拾贝》《书画作品集》《摄影作品集》《文明手册》等文化建设系列丛书，定期编印《警察职工优秀摄影作品集》和《龙人书画》。制作了大批反映当代监狱工作的各种视频作品，其中微电影《谁来拯救我的孩子》《折翼重生》，舞台剧《回答》，快板《礼赞党的二十大 铿锵竹韵声》，舞蹈《人民英雄纪念碑》等节目，荣获系统内外多个奖项。监狱文化建设的良好氛围成就了一大批警察职工的文化梦想，警察职工的文化热情造就了监狱文化建设丰硕成果。

——文化团队建设持续加强。2006 年监狱文化建设协作会成立以来，28 个专业协会文化活动精品迭出。龙人艺术团结合监狱工作发展主题和执法工作实践，先后创作出文艺节目 50 多个。其中《心中的群雕》在 2007 年 10 月第二届中国职工艺术节“安源杯”全国职工舞蹈演出中获金奖，舞蹈《这一双双手》在 2009 年云南省精神文明建设精品文艺演出中获金奖。篮球协会 2009 年承办了“中国业余篮球公开赛（CBO）男子篮球俱乐部联赛”全国总决赛（小龙潭监狱男子篮球队代表云南省进入总决赛）。女子篮球队曾代表司法部参加全国煤矿第 20 届“潞安乌金杯”赛，并荣获第二名。小龙潭监狱组队参加全省第十三届运动会，男女篮球队、游泳队等共获得 6 块金牌、2 块银牌。2023 年派出运动员代表云南监狱系统参加云南省直单位职工运动会，在田径项目中共收获 26 枚奖牌，人均奖牌超过 1 枚。监狱坚持弘扬主旋律、提倡多样性，文艺演出、文化讲座、警察岗位练兵和职工技能大赛、书法、绘画、摄影、舞蹈、手工艺品等千舟竞发、百舸争流。文化建设构建出一个个和谐、积极、进取的文化能量场，龙潭处处洋溢着先进的文化气息，为监狱文化建设发展积累了厚重的人文底蕴——28 个协会百花争妍、尽展风采。

——先进典型引领监狱改革发展取得新成效。先进的文化引领人，高尚的精神激励人，文化滋养和激发了警察职工开拓创新的激情，塑造并成就了一批批先进典型。近年来积极开展“十佳警察”“警察职工劳动模范”“和谐家庭”“健康家庭”等评选活动；举办“感动龙潭”先进事迹报告会、英模先进事迹报告会、先进典型宣讲会，大力选树长期坚守一线、履职尽责、默默奉献的先进个人和成绩突出的集体，全力营造学习先进、崇尚先进、争当先进的浓厚氛围。特别是疫情暴发以来，积极履行维护监狱安全稳定政治责任，共担抗击新冠疫情社会责任，涌现出了“全国抗击新冠肺炎疫情先进个人”桂家华，全国监狱先进个人杨路、夏健洪、朱立，以及全国司法行政系统劳动模范李忠永、“云南健康卫士”孟永忠等一批“叫得响”“站得住”的先进典型人物，向社会充分展现了监狱人民警察的崇高品质和优良作风，激发了队伍干事创业动力、活力，向上向善和争先一流的精神蔚然成风。在科技创新方面，至2023年累计有6项创新技术获国家专利，有2项获国家版权局著作权登记，有7项获云南省科技进步奖，有1项获中国煤炭工业协会科技进步奖，1项荣获中华人民共和国教育部科学技术进步奖，有24项获国家、省级优秀QC成果奖。

——拓展民族团结文化内涵。深入贯彻习近平总书记考察云南时提出的“把云南建设成为我国民族团结进步示范区”的重要指示精神，全面贯彻党的民族政策，制定下发小龙潭监狱关于印发创建民族团结进步示范单位工作实施方案，积极开展民族团结进步示范监狱创建。将每年1月作为民族团结进步宣传月，大力开展“学”“唱”“讲”等“七个一”活动，引导警察职工牢固树立“三个离不开”思想，铸牢中华民族共同体意识，巩固和发展平等、团结、互助、和谐的社会主义民族关系。2019年，小龙潭监狱第五分监狱被命名为“首批红河州民族团结进步示范单位”；2020年，小龙潭监狱被云南省民族宗教事务委员会正式命名为“云南省民族团结进步示范单位”。

2. 企业文化建设

监狱企业文化是企业在保障监狱安全稳定、教育改造罪犯、服务社会和谐稳定过程中形成的价值取向、生产经营管理理念和行为准则，体现的是“为监狱改造罪犯提供劳动岗位、服务改造罪犯”的社会属性和“也要讲效益”的经济属性。几代“龙狱人”在艰难困苦的创业实践中，通过不断地挖掘、传承、培育和发展，逐步形成了以“龙的精神、马的品格”为象征的小龙潭监狱企业文化。小龙潭的“龙”象征“敢争第一”，表达龙潭人蓬勃发展、志向高洁、出类拔萃的精神追求；小龙潭的“马”象征“万马奔腾”，表达龙潭人忠厚刚健、志在千里、自强不息的人格品质；以龙马精神为引领，形成了以“人才文化、创新文化、环境生态文化、诚信经营文化、管理文化、安全文化、公益文化、人文文化、产业文化”为核心的企业文化体系，促进企业持续健康发展。

——实施文化理念工程，实现核心价值引领。企业核心价值观是企业文化的核心和灵魂，也是企业形成个性文化的基础。小龙潭监狱企业以“安全至上、合法经营、以人为本、和谐稳定”为宗旨，以“争创一流煤炭企业”为目标，坚持“爱岗敬业、团结友爱、拼搏进取”的工作作风，努力实现“百年奋斗、打造一流、铸就辉煌”的企业愿景。

——实施人才战略工程，实现一流队伍建设。坚持“高起点、高标准、高要求”的人才培养理念，逐步培养形成现代企业管理的新思想、新观念、新理论、新技术。通过开展技能比武、劳动竞赛，成立创新工作室、技师工作站，开展技术带头人、操作能手评选等活动，培养和造就一支与一流企业相适应的职工队伍，为企业的持续发展提供人才保障。近年来，矿务局公司积极推进新时期产业工人队伍建设，2021 年 10 月被红河州列为新时期产业工人队伍建设改革试点单位。

——实施科技兴企工程，实现智能安全发展。加强“产、学、研”相结合，不断扩大与各大院校和科研院所的技术交流与合作，破解矿山关键性技术难题。大力普及推广新技术、新设备、新工艺，企业智能化、安全化水平大幅提升。被司法部确定为首批“全国司法行政系统信息化示范单位”、司法部首批“智慧监狱示范单位”，被云南省监狱管理局确定为“全省监狱系统软件开发基地”。建成小龙潭监狱（矿务局公司）信息化应用研发中心、小龙潭矿务局机械制造加工研发中心，将龙潭文化元素融入全国、全省监狱系统信息化建设。

——实施环境生态工程，实现达标创建目标。认真贯彻习近平生态文明思想，坚持“创新、协调、绿色、开放、共享”的新发展理念，把绿色矿山建设抓好抓实，坚持“矿产资源开发与环境保护并重”，积极开展矿山地质环境治理工程。2013 年被国土资源部（现为自然资源部）评为“国家级绿色矿山”；2016 年所属两露天矿通过了绿色矿山复查验收；2023 年 5 月，矿务局公司下属的小龙潭露天矿分公司、布沼坝露天矿分公司被纳入云南省省级绿色矿山名录。

——实施诚信经营工程，实现企业信誉提升。坚持尊重市场、诚信服务，体现国有企业、监狱企业在市场经济中依法诚信形象，树立了良好的社会信誉，2006 年至 2015 年，小龙潭矿务局连续 10 年被评为省、州、市“守合同重信用”企业。2010 年至 2015 年，连续 6 年被公示为国家级“守合同重信用”企业。

——实施选人用人激励创新工程，实现管理效能增强。实施“三定工作”，通过“双向选择”和“竞聘上岗”，大胆改革创新监狱企业原有管理体制，建立科学合理的职工绩效管理和薪酬体系，在全国范围内公开招聘和引进各类专业技术人才，优化人力资源配置。建立了能者上、平者让、庸者下的选人用人机制，打通了职工职业生涯通道，调动和激发了职工爱岗敬业、拼搏进取的精神，近年来选聘矿务局公司高级主管、高级副主管、主管等131人。

——实施安全文化工程，实现安全生产保障。严格贯彻落实“安全第一、预防为主、综合治理”的安全生产工作方针和“安全发展”的指导原则。建立完备的安全生产管理制度和教育培训、监督、考核、应急救援等体系，通过安全质量标准化创建活动，2012年至2023年一直保持“国家级安全质量标准化煤矿”称号。截至2023年，安全生产取得连续23年无死亡无重伤、百万吨死亡率为0的优异成绩，为全省安全生产作出了积极的贡献。

——实施社会公益工程，实现社会责任担当。自2012年以来，抽调监狱和企业骨干组成扶贫工作队驻村开展脱贫攻坚；2020年完成全面脱贫攻坚任务后，继续派驻骨干队伍驻点参与乡村振兴，通过普及科学文化知识，组织农业生产技术培训，设立产业发展扶持基金、教育助学基金等，实现智力帮扶、文化帮扶、资金帮扶。广泛参与捐资助学、爱老助残等公益活动，多次荣获“捐资助学先进单位”“扶贫工作先进集体”等荣誉称号。

——实施产业调整工程，实现综合实力增强。按照“以煤为主，多业并举”的发展战略，经过70年的发展与建设，形成了以煤炭、来料加工、资产租赁、酒店服务协调发展的产业格局。矿务局公司经过三次技改和五期扩建，先后建成国家二级企业、部级质量标准化矿务局、国家大型煤炭基地——云贵基地重点矿区之一，煤炭产量达到千万吨以上。近年来，加快产能释放，落实电煤保供责任，发挥好能源“压舱石”和“稳定器”作用，为云南省经济建设、社会发展作出了较大贡献。矿务局公司连续10余年入围中国煤炭百强企业、云南百强企业。

3. 狱内文化建设

狱内文化，是监狱在对罪犯依法履行惩罚和改造职能的过程中形成的价值观念、思维模式、行为准则以及与之相关联的符号表现的总和，体现了监狱作为政治机关、刑罚执行机关的基本属性，具有导向、凝聚、辐射、同化、规范、融合等价值功能。小龙潭监狱精准定位狱内文化建设的重要性、系统性和发展性，将文化的精神力、先导力、驱动力等多重力量注入狱内文化建设和发展之中，打造出狱内文化建设特色品牌，形成了一系列完备的、科学的、持续创新发展变化的、独具时代特色和监狱特色的狱内文化建设体系。

——创新驱动构建教育矫正“128 体系”。党的十八大以来，小龙潭监狱贯彻落实司法部、省司法厅、省监狱管理局的要求，不断探索和发展罪犯教育矫正工作在监狱工作中的系统定位和体系构建，从基础教育入手，积淀形成了科学的、驱动的、可持续发展的教育矫正“128 体系”，即“建立 1 项保障，依托 2 个平台，构建 8 大体系”。

建立 1 项保障，即建立龙潭书院基础保障，提升发展教育矫正质量。

依托 2 个平台，即依托服刑人员教育专网和电化教育系统两大平台，注入新型教育矫正力量。

构建 8 大体系，即构建一套入监教育与评估体系，构建一套完整科学的教学体系，构建一套特色矫正方法体系，构建一套劳动矫正体系，构建一套宜工则工、宜农则农的职业技能培训体系，构建一套文化建设体系，构建一套特殊罪犯教育管控体系，构建一套出监教育与评估体系。

——创新教育理念打造狱内文化建设“135 工程”。小龙潭监狱在罪犯教育改造工作中，以培育罪犯正确的人生价值观为导向，经过多年的文化积累，总结提炼出狱内文化建设“135 工程”。

“1”即制定一个《云南省小龙潭监狱狱内文化建设实施纲要》。做到有计划、有机构、有人员、有保障，努力构建监狱法治、平安、和谐文化。

“3”即总结提炼出“平安服刑、把刑期当学期、有事找警察”的三个文化理念。“三个文化理念”是监狱事业发展中的一大创新和亮点，对全省监狱起到了很好的引领和示范作用。2016 年，《云南省小龙潭监狱“三个文化理念”的实践与思考》一文在《中国监狱学刊》发表。

“5”即融合经典，自主创新，打造出“一监一品”、“千米文化长廊”、主题演讲、主题辩论、特色文艺晚会五项文化精品。2013 年自创文艺作品民乐演奏《云南风》、曲艺说唱《龙潭书院塑新生》、水彩画《帮教》在全国监狱系统“放飞梦想　重塑新生”服刑罪犯文化艺术作品评选中分别获得一等奖、二等奖、三等奖。

——打造龙潭书院特色“126 工程”。2013 年小龙潭监狱在已有 28 年历史的育新学校基础上，创新发展具有小龙潭监狱特色的龙潭书院，建章立制，整理制定了《龙潭书院制度汇编》。龙潭书院涵盖罪犯入出监教育、“三课”教育、法治专题、心理矫治等方方面面，构建了一套完整的教学管理体系，打造出龙潭书院“126 工程”。

“1”即编写一套教学大纲和习题册。结合司法部教材及罪犯文化结构、刑期结构，编制了《中华传统文化教育教学大纲》《思想教育教学大纲》《罪犯思想教育讲义》《小学文化教育教学大纲》《扫盲教育教学大纲》共 5 册，罪犯习题册《课课练》12 册。

“2”即开设服刑人员教育专网和电化教育系统两个文化共享平台。服刑人员教育专网是根据司法部、省监狱管理局关于加强罪犯电化教育工作的要求，结合押犯的实际，量身定做网页，使罪犯既可在线学习，又可接受远程教育，还能知晓当前社会时事和新闻；电化教育系统以电视教育频道和 NVOD 点播系统为核心，集采编播于一体，开设狱内新闻、教育学习课件、心理矫治、法治专栏等有助于罪犯改造的电视栏目，同时在信息化建设中建成了NVOD准互动点播系统，以视频点播教学方式满足罪犯任何时间的教育学习。

“6”即夯实六项基本教育工作。一是严格落实司法部“5+1+1”教育管理模式，采取“周计划，月调整”的办法组织教学，保证教学时间。二是从根本上突破提高罪犯文化教育质量和效果的瓶颈，在全监狱范围内抽调十名师范专业毕业且具有多年教学经验的警察教师，成立“春晖文化教学组”，专门负责文化教学任务。三是推进分层分类精准教学模式，将思想教育分为四类班，文化教育分为三个层次组织教学。2016年，《浅谈分类分层精准教学的实践与运用》一文获云南监狱学会教育改造专业委员会2016年度理论调研征文一等奖。四是高度重视脱盲和小学教育，实现脱盲教育全面覆盖，小学教育全面发展的良好态势。五是定期开展文化知识竞赛、识字大比拼、读书会等教学活动。六是积极鼓励罪犯参加全国高等教育自学考试，在监狱内设置考点两个，助力罪犯高墙内圆大学梦。自2011年以来，共有4325人报名参加自学考试、取得单科次合格4380科次，4人获得本科毕业证书、50人获得大专毕业证书。

——打造罪犯职业技能培训“1430工程”。小龙潭监狱积极探索和创新罪犯职业技能培训教育的有效途径和模式，树立“授人以鱼不如授人以渔”的理念，监狱结合社会就业和企业用工情况、培训工种的实用性、就业前景等现实因素，综合考虑罪犯城乡构成、文化结构、刑期长短、男女性别差异等特点，打造出罪犯职业技能培训“1430工程”。“1”即设立一个职业技能培训鉴定部，专门负责罪犯职业技能培训工作。“4”即建设四个罪犯职业技能实训中心。“30”即一共开设三十余个培训工种。按照职业技能培训“1430”理念思路，“十二五”“十三五”期间共有8600余名罪犯参加培训，其中8100余名获得职业技能鉴定合格证书，为服刑罪犯正常回归社会开展就业奠定坚实基础。2014 年，罪犯职业技能培训工作分别在《中国新闻》和《云南新闻联播》中播出，得到上级肯定和社会好评。

——打造出监教育“624 工程”。成立六大社会管理模块，构建社会生活与社会适应能力两个矫正项目，构建“四个一”回归文化模块。

社会管理模块在狱内引入社区、学校、公司的管理和运作方式，建立模拟社区管理、模拟企业用工管理、模拟学校班级管理、模拟职业晋升机制管理、“开放日”自由活动、职业生涯规划六大模块。使罪犯能够重建社会交往模式、提高就业能力、构建知识体系、强化竞争意识、释放自我、明确目标。

在构建社会生活与社会适应能力两个矫正项目中，通过让罪犯亲身体验和潜移默化的自我管理，身心逐步适应社会生活，心理上完成新的人生定位和社会角色的转变。

监狱打造系列出监教育回归文化主题活动，开展一次新生宣誓、一次新生留言、一封给未来的信、一次回归仪式“四个一”回归文化主题活动，打造了一条“启航回归之路”：宣誓立志、留言自励、卷轴熏染、“四戒”警醒、重走人生小径、体验人生初意、吟诵新生赋语、敲响希望之钟。

通过推行出监教育“624 工程”，实现了出监教育管理模块化、矫正项目化、活动系列化、对象层次化，全面增强出监教育的矫正实效。

——创建小龙潭监狱特色循证矫正体系。小龙潭监狱经过 10 年的思考、探索与实践，开创了一套具有龙潭特色的循证矫正工作新体系，创造性地提出了“一人一测、以测定策、矫正评估、评后调策、策中有测、刑满再测、步步有证、贯穿始终”的 32 字工作方针。2021 年小龙潭监狱循证矫正课题组编著的系列矫正项目成果由法律出版社公开出版，构建了本土化的循证矫正工作体系，为破解教育改造罪犯中存在的教学内容不分层次“一般粗”、教学对象不分类别“一锅煮”、教学方法不分时期“一贯制”等迫切问题，探索出循证矫正本土化整体推进模式，为中国监狱循证矫正本土化的发展贡献了“龙潭方案”。

——新谋划实施“12468”教育改造模式。进入新时代，随着罪犯教育理念不断发展变化，监狱教育改造手段也随着社会发展进步不断演变，监狱不断加强顶层设计，在传承发展原有教育改造模式基础上，盯准教育人、改造人的目标，新谋划了“12468”教育改造模式：坚持“1 个统领”（坚持以教育改造为统领）；把握“2 个定位”（警察的主导角色定位、罪犯主体角色定位）；完善“4 项机制”（个案分析机制、矛盾排查机制、个别教育机制、教育培训机制）；打造“6 大品牌”（法治文化建设品牌、国家级民族团结示范品牌、特色矫正品牌、监区文化建设品牌、亲情帮教品牌、分类教育品牌）；建设“8 大体系”（入监矫正体系、女犯特色矫正体系、“回归”文化矫正体系、特殊类罪犯矫正体系、出监矫正体系、病犯特色矫正体系、罪犯职业技术培训体系、线上与线下相结合的电化网络教育体系）。

在“12468”教育改造体系的建立和推进过程中，小龙潭监狱将全国监狱系统文化教育中普遍具有的社会主义意识形态文化（“共性”文化）与地域性、发展性等“个性”文化相互融合、创新发展，打造了监狱狱内特色文化品牌，重点体现在实施法律文化教育、传统文化熏陶、社会文化感染、民族文化融通四个方面。（1）法律文化教育方面。结合落实对罪犯普法教育要求，开展《民法典》宣传月、政治教育月等主题活动，开展法治课堂、法治答疑、以案说法、现身说法等集体教育，通过教育改造电化教育平台（广播、电视、广告机等）开设法治专栏，播放法治新闻、法治公益广告、法治宣传短语等，在监区设置法治宣传展板、法治报刊栏，结合国家宪法日、国际禁毒日等调整主题教育内容，“移动式”开展普法，在狱内营造学法、懂法、守法良好法治教育学习环境。加强与地方司法部门协同合作，利用法律援助服务工作站、罪犯教育专网推动指尖法律服务、公共法律服务终端、法律援助等工作，邀请司法律师进监为罪犯提供法律咨询，提升罪犯知法、守法能力水平。(2) 传统文化熏陶方面。立足改造罪犯实际，吸纳传统文化精华，根据关押罪犯结构特点，依据循证矫正体系，实施分类矫正，其中传统文化是整个矫正体系中的重要一环。例如，针对暴力型罪犯认知狭隘、思想易激惹、对法律法规缺乏敬畏之心等特点，引入儒家思想中的“爱人者，人恒爱之；敬人者，人恒敬之”“克己复礼为仁”“先义而后利者荣，先利而后义者辱”等道德约束理念进行教育。在罪犯中组建文学兴趣小组、古诗词兴趣小组、家书研习社、苏轼渐学小班等。(3) 社会文化感染方面。结合罪犯文化水平偏低、法律意识淡薄、思想行为懒惰、生活习惯较差、易产生冲突、渴望重获新生等特点，以社会主义核心价值观、“五认同五树立”为根本遵循，从中华优秀传统文化中汲取思想精华，挖掘律法行文、社会传统、民俗民风、族规家训等优秀文化因子，提炼发展“三个服刑改造理念”，形成了贴合社会治理现代化、通俗易懂、能够指导并引领罪犯服刑改造的“五个服刑改造理念”：听党话感党恩、平安服刑、把刑期当学期、有事找警察、遵法守德。在春节、两会、劳动节、建党节、国庆节等重要时间节点围绕“五个服刑改造理念”主题开展政治教育宣讲、书香监区读书活动、劳动技能竞赛、禁毒主题教育、主题演讲、知识竞赛、歌咏比赛、爱国主义教育等文化活动，贴近罪犯服刑改造生活，满足罪犯最关心、最直接、最现实的文化需要，让文化影响力深深根植于每一名罪犯心中。(4) 民族文化融通方面。结合开展民族团结进步示范监狱创建活动，在狱内文化建设中融入民族文化元素，在罪犯中牢固树立“中华民族一家亲”意识，铸牢中华民族共同体意识。选择古往今来的民族英雄事迹、文化先驱的思想理念等开展教育。利用少数民族节日（泼水节、砣扎扎节等）对罪犯开展民族教育，让罪犯了解少数民族的节日由来、风俗习惯等，让罪犯学跳民族舞蹈、学唱民族歌曲、聆听民族故事，签订民族团结公约，促进各民族罪犯之间文化融通融合，积极构建平安服刑改造良好氛围。

4. 廉政文化建设

小龙潭监狱始终把廉政文化与监狱文化有机结合起来，让廉政文化融入平常，润物无声，潜移默化。着力从预防、教育机制入手，把开展廉政文化建设作为进一步加强廉政建设的有效载体、作为先进文化建设的一项重要内容，力求做到人人倡廉、处处有廉。

——注重监狱廉政文化理念的培育。形成具有龙潭特色的廉政文化理念，即稳定压倒一切的监狱廉政安全文化、知荣明耻的监狱廉政操守文化、令行禁止的监狱廉政服从文化、忠诚履职的监狱廉政尽责文化、尚法守纪的监狱廉政执行文化、见贤思齐的监狱廉政竞争文化、身先士卒的领导廉政表率文化。以理念指引，全力打造“龙人廉政文化”。

——开展系列廉政文化活动。以“领导引廉”“教育倡廉”“制度保廉”“监督促廉”“读书思廉”“文艺宣廉”“典型导廉”“家庭助廉”为抓手，积极开展丰富多彩的廉政文化系列活动。开展廉政讲堂、廉政进家庭、“一把手”廉政党课、常态化警示教育等，开展廉政书画、廉政摄影、廉政微视频等，各级党组织认真履行党风廉政主体责任，不断丰富廉政文化内容形式，把廉政思想文化融入警察职工的学习、工作、生活，全监狱形成了团结和谐、健康向上、风清气正的良好氛围。

——开展家风文化教育。注重家教、家风建设，开展“和谐家庭·好家风”系列活动，开展“好丈夫、好妻子、好邻里”评选表彰和亲情故事演讲比赛，开展家庭助廉，组织签订“亲情助廉”承诺书，讲述文明家庭故事、传播文明家庭理念，传承和弘扬“夫妻和睦、尊老爱幼、科学教子、勤俭持家、邻里互助”家庭美德。引导广大警察职工关注家庭、关心家人、表达亲情，积极履行家庭责任，提升家庭建设能力，以家庭和谐促进廉政建设、社会和谐。监狱拍摄的微视频《家风》用三个故事展现几代监狱人民警察自强不息、爱岗敬业、勇于担当、励精图治的传统美德，被新华网、中国长安网等平台采用，充分展示了监狱民警良好家风家教。

——深化推进“清廉监狱”建设。根据省委关于深化推进“清廉云南”建设“十个专项行动”工作安排，制定了《中共云南省小龙潭监狱委员会关于深化推进“清廉监狱”建设的实施方案》，持续深化开展政治监督“护航行动”、“一把手”和领导班子监督“引领行动”、干部担当作为“激励行动”、以“小”见严纠“四风”“固堤行动”、“小切口”整治民生领域突出问题“惠民行动”、优化营商环境“暖心行动”、正风肃纪反腐“雷霆行动”、财政资金监管“清源行动”、重大项目建设“阳光行动”、新时代廉洁文化“强基行动”等，全力推进“清廉监狱”建设，深入推进全面从严管党治警纵深发展。不断筑牢警察职工拒腐防变的思想防线，形成了以廉为荣、以贪为耻的良好政治生态。

监狱文化的播种、发芽、成长、壮大，是一条传承和创新之路，是一条探索和前进之路，文化始终以一种无形的力量推动着小龙潭监狱发展前行。小龙潭监狱 70 余年的发展历史深深烙印着文化的痕迹，孕育并传承了“龙人文化”的基因。小龙潭监狱将始终坚持以习近平新时代中国特色社会主义思想为指导，深入贯彻落实习近平法治思想、习近平文化思想，团结带领全监狱警察职工坚定文化自信，传承积淀“龙人文化”，在新征程上不断探索、创新、发展监狱文化，共建精神家园，用文化潜移默化的精神力量助推实现高质量发展。

山东省济微监狱

和润文化

——和而不同　润物无声

山东省济微监狱一级警长　张　波

山东省济微监狱组建于1984年，是适应1983年“严打”斗争的需要在原岱庄原煤基础上建立起来的现代化文明监狱，先后经历了山东省岱庄劳改支队、山东省第八监狱、山东省微湖监狱等名称更迭。2021年8月3日，根据山东省监狱布局调整规划，监狱正式更名为“山东省济微监狱”，于2022年12月26日从山东省微山县整体迁移至山东省济南市济阳区。

济微监狱前身——山东省微湖监狱地处山东省济宁市微山县，北枕孔孟故里曲阜、邹城，南接汉高祖刘邦故里徐州沛县、丰县，西傍秀美的微山湖，并因此而被命名为微湖监狱。建狱以来，济微监狱择天时地利而发展，引入儒家文化教育改造罪犯，并获得了较大成功。2016年，经中国监狱工作协会监狱文化专业委员会审定，山东省济微监狱被授予“全国监狱文化建设先进单位”，并被授牌表彰。获此殊荣后，济微监狱自我加压，砥砺奋进，始终秉承“惩罚与改造相结合，以改造人为宗旨”的监狱工作方针，依托齐鲁文化浓厚底蕴，以社会主义核心价值体系为主导，坚持用中国优秀传统文化精髓为罪犯立德，用中国特色社会主义核心文化为罪犯塑魂，持续丰富“和润”监狱文化，突出抓好“和而不同，润物无声”的教育功效，不断拓展教育改造罪犯路径方法，有力地推动了文化建设工作向纵深发展，取得了良好的教育改造效果。

一、和润文化适应新时代改造罪犯的需要而产生

（一）和润文化脱胎于雷锋精神

改造罪犯的终极目标是使其树立正确的价值观，培育正确的人生信念，养成符合社会主流文化人格。如果我们把诸如劳动教育、课堂教学、心理调适称为普遍改造方法，那么文化育人就是最深层、最持久的改造手段，是终极意义上的改造策略。因为，它是一种潜在、间接但是影响人心理过程和思想方式的改造手段。

基于这样的改造认知，20 世纪 90 年代初，济微监狱在罪犯思想政治教育中引入了雷锋精神，邀请雷锋班第四任班长曲建文来狱为罪犯做了首场学雷锋事迹报告会。此后三十多年来，济微监狱始终把雷锋精神教育作为丰富改造内容、创新教育形式的突破口，形成了具有微湖特色的教育改造罪犯的模式。2000 年 8 月，济微监狱建成了全国监狱系统第一家雷锋事迹展览室。2013 年 10 月，对雷锋事迹展览室进行了重新整修、完善。在每年三月“学雷锋活动月”期间，监狱组织全体罪犯分期分批进行参观，通过实物和图片使广大罪犯感受雷锋事迹，接受雷锋精神教育。展室成立以来，先后接待参观人员 3 万余人次。坚持常年组织罪犯开展听雷锋故事、看雷锋电影、读雷锋书籍、唱雷锋歌曲等活动，引导罪犯立足改造学雷锋。据不完全统计，自 2000 年以来，济微监狱先后举办以学雷锋为主题的读书会、演讲会、报告会 140 多场次，2600 多人次获得“学雷锋先进个人”称号，结合改造做好事达 30 多万件次。2014 年 2 月 18 日，中国社会福利基金会学雷锋基金管委会、中华雷

锋文化促进会共同授予济微监狱全国“学雷锋示范基地”称号，这是全国监狱系统唯一获此殊荣的单位。“忠诚”精神、“利他”精神、“螺丝钉”精神、“团结”精神、“节俭”精神等具有改造罪犯意义的雷锋精神成为济微监狱文化建设的基石，为后续监狱文化的发展奠定了基础。

（二）和润文化成长于社会主义科学发展观

科学发展观是党的第四代领导集体确立的社会主义指导思想，以人为本，建立社会主义和谐社会成为时代需要。在科学发展观的指导下，济微监狱与时俱进，提出了建设和谐监狱的治狱理念，反映在教育改造工作中，构建了“以人为本”“以教育改造为中心”的新型教育思想。在教育改造中将“社会主义核心价值观”作为思想政治教育的主要内容，“和谐教育”“和谐改造”成为主要理念。监狱改造、生产经营、队伍建设等各项工作均呈现出和谐发展新局面，和谐改造、和谐生产、和谐队伍思想上升为和润文化要素，和润文化的基本雏形得到确立。

（三）和润文化成熟于习近平新时代中国特色社会主义思想

党的十九大确立了习近平新时代中国特色社会主义思想的历史地位，习近平总书记对于政法工作的指示以及对于优秀传统文化的重视，尤其是对于优秀传统文化创造性转化与创新性发展的论述给予监狱很大启迪。济微监狱地处孔孟故里，立于儒家文化圣地，率先研究运用儒家文化思想教育改造罪犯。根据儒家文化最高追求“和”的思想，结合新时代政法以及教育工作要求“润物无声”特点，总结、提炼了以“和润微湖”为主题的忠诚、奉献、家园、管理、执行、责任、安全、育新、廉政、后勤等十种文化，精心营造出“和而不同，润物无声”的以改造罪犯为中心任务的文化环境，打造了微湖“人文监狱”“文明监狱”“和谐监狱”的崭新亮点。

二、由涵育式教育向精准化矫正转变

（一）文化涵育方式由小向大、由少向多扩展

自开展监狱文化建设工作以来，济微监狱持续围绕“和而不同，润物无声”的文化育人主题，着力抓好“三个突出、三个强化”，全面推进育新文化，打造具有微湖特色的文化育人模式，进一步推动监狱文化建设向纵深发展。

第一，突出抓好“三个课堂”，强化政治思想教育的主导地位。济微监狱依托立体化开展、社会化推进、精品化实施的文化育人思路。以党的政治路线和政治理论为重要内容，结合法治教育开展政治引领教育。突出抓好政治教育“三个课堂”，即监区教育小课堂、监狱思想政治大学堂、省局思想政治教育大讲堂，辅助以举行升国旗仪式、国旗下宣誓、国旗下忏悔、晨唱爱国歌曲等政治教育仪式，融合通过狱内 IPTV、“空中课堂”、育新教育网播放专题片、纪录片、影视剧等线上教育活动，全方位、多角度推进政治教育和专题教育活动并驾齐驱、落地见效。

第二，突出抓好“以文化人”，强化教育改造治本作用。“立身以立学为先，立学以读书为本”。济微监狱在文化育人中坚持把罪犯读书作为重要的文化育人手段，借助每年的 4 月 23 日世界读书日的有利时机，开展 4 月读书月活动，组织罪犯开展“一好（四声）三好（三声）”活动，即好读书 · 读好书 · 读书好 · 做好人。在读书兴趣小组的基础上，按照不少于全体罪犯 20% 的比例成立“和润”读书会，引导有阅读能力的罪犯养成良好习惯。同时开展评比活动，每个监区评选出具有一定文学功底的罪犯作为读书推广人，向全体罪犯进行经典文章推介。配合读书月活动，为罪犯配发

读书感悟笔记，引导罪犯以文字的形式表达读书中的所想、所感、所悟，开展读书笔记评选活动，以赛促学，让罪犯感受读书的快乐与收获。

第三，突出抓好“美育树人”，强化文化教育教化功能。监狱立足实际、拓展思维，以深化“三个文化品牌”为抓手，促进文化教化功能的发挥。一是深化消夏文化活动品牌。监狱在常规性开展棋牌赛、游艺会等消夏活动基础上，开展消夏电影自选超市活动，遴选含主旋律、家庭伦理、轻喜剧等类别在内的100部影片，由监区自行选择观影方式、地点及影片，以灵活、机动、趣味的方式舒缓罪犯心理压力，提升活动成效。二是深化艺术教育品牌。充分发挥艺术熏陶人、塑造人和完善人的作用，组建艺术学习小组、兴趣小组、艺术团队，通过开设艺术知识“微课堂”的方式，培养罪犯审美情趣，提升罪犯审美能力，加强艺术教育。三是深化“文化育人精品工程”品牌。围绕社会主义核心价值观，组织罪犯进行书法、绘画、文学、演艺等作品创作，开展主题作品比赛活动，实现以文化人的目的。

第四，多角度积极开展罪犯自我忏悔活动。组织全体罪犯开展“撰写悔罪书、致民警书、家书、向被害人忏悔书、积极改造倡议书”等“五书表心声”活动，赋予育新文化节以强烈的自我改造意义，提升专题教育活动效能。

（二）文化教育理念由文化环境浸润向靶向项目化精准矫正方向递进

在文化建设过程中，济微监狱根据传统文化的“中和”文化理念，加强文化教育载体建设，根据“突出特色、品牌引路、丰富内涵、注重结合”的文化品牌创建思路，深度挖掘“一区一品”的内涵和外延，创新“一字一景、一歌一影、一册一艺、一讲一坛、一读一评”的“十个一”特色文化载体建设。以“文化育人工程”示范单位创建活动为契机，通过狠抓标准化文化设施、特色化文化环境、实用化教育网络建设，系统开展文化竞赛、文化论坛、文化评议、主题演出、育新文化等文化活动载体建设，强化德育、智育、美育等，扩大了文化的影响力和活力，促进了优质文化资源向监区、班组、监舍流动，提升了品牌质量和特色文化教化功能。丰富的文化载体为罪犯构筑了良好的文化环境，形成了沉浸式文化教育模式，这种教育模式具有很强的涵育功能。

随着文化建设的推进，尤其是《山东省监狱系统关于对高度风险罪犯开展精准教育转化的方案》实施以后，济微监狱的文化建设又与精准教育转化工作相结合，推动文化建设向“管理精细化、教育精准化”方向发展。监狱根据各监区押犯构成特点，采取不同的传统文化矫正策略，开展有针对性的特色文化矫正，萃取“德、善、信、诚、仁、礼、慎、俭”等文化主题字作为支点，根据矫正需要，结合当代矫正理论，研发成文化矫正项目，实施项目化矫正。根据罪犯分押类型，使每个监区都有“一字”核心理念；根据分管理类别，使每一监室都有“一字”文化信条；根据分教要求和罪犯的犯罪心理特点为其选取适合矫正不良信念的文化“关键字”，以及为每一个字赋予相应的矫正意义，引导罪犯正确认识自我信念中的错误思想，正确理解文化内涵，激发其内心良知良能，达到精准矫正的目的。

三、由文化传承向文化创造方向转化

（一）打造罪犯文化创造平台，大力举办育新文化节

早在2012年年初，监狱经过精心策划，举办了具有创新意识、符合监狱特色的“微湖星光”系列文化活动，形成了百花竞放的文

化盛况，好戏连台，精彩不断。各监区紧紧围绕“文化育人”主题，以监区为基础，监狱为主导，秉承“监狱每季一主题，监区每月有活动，罪犯每天有收获”的原则，形成了亮点纷呈的文化盛况，先后举办了“新时代　新梦想”巡回演讲、“微剧场”进监区、“书香狱园”等文化活动，组织开展了狱园新“生”音歌手大赛、知识竞赛、运动会等各类活动，营造了“寓教于乐、润物无声”的改造环境。

（二）由引导罪犯全面参与向鼓励自我创造创新方向转变

坚持“人人参与、人人共享、人人创作”的活动原则，鼓励罪犯参加的活动共有知识竞赛、文艺表演、书画艺术展示、文艺创作、改造成绩汇报、新观点辩论赛等 6 大类 33 项活动，其中创新举办的狱园新“生”音歌手大赛、“一区一品”讨论辩论会等活动广受罪犯喜爱，一批具有一定文艺特长的罪犯在育新舞台上崭露头角，情绪得到极大释放，也感染了周围罪犯，带动了文化育人工作的气氛。

（三）传统节日教育由娱乐向寓教于乐方向转变

利用春节、元宵节、清明节、端午节、中秋节、国庆节、元旦等节日，举办文体活动等，节前根据形势需要，结合思想政治教育和形势政策教育制定具体方案，突出思想教育主题，组织有艺术特长的罪犯开展写春联、舞龙、舞狮、猜谜、踩高跷等丰富多彩的活动，让罪犯从中体会文化韵味，安心改造。

（四）文化教育由狱内封闭式教育向社会化开放式转变

近年来，监狱大力拓展帮教渠道，相继开展了以“社会帮教进监狱、亲情帮教进监区、自我帮教进班组”为主题的“三进”帮教活动。一是进一步完善社会帮教系统，通过开展法律援助，实施艺术帮教工程，开展职业技能培训，为罪犯不断积聚改造的正能量。二是对亲情帮教工程进行了有益摸索和创新，以“月末开放日”为平台，连续组织举办以“党恩润心　亲情暖心”为主题的“亲情帮教进监区”专题教育活动，邀请部分罪犯亲属走进监区，进一步增进罪犯与其亲属之间的联系互动，深化了教育效果。三是在不断完善三级讲评和罪犯思想动态分析的基础上，通过班前会、安全会等，开展攻心治本的认罪服法教育、人文关怀的感恩教育、扎实有效的心理健康教育、唤醒良知的传统美德教育等，引导本班组罪犯转变角色，自我改造。充分发挥长员、改造积极分子的带头示范作用，对本班组其他罪犯实行传、帮、带，营造互帮互学氛围，提升教育改造质量。

四、由系统化建设向工程化发展提升

（一）由条块化分隔向体系化融合发展

济微监狱文化建设与监狱的发展齐头并进，一方面，监狱民警创造了文化，另一方面，文化建设也激励、引导着监狱民警干事创业。监狱文化从最初的“学雷锋文化”“节日文化”“社会主义文化”“红色文化”等条块式的文化逐步发展成一个体系相对健全的文化体系，这个文化体系以“儒家文化”中的“和”——“和而不同”为核心，结合教育改造工作的春风化雨式的“润”——“润物无声”特点，形成了“和润”文化体系。这一体系以教育改造工作为中心，涵盖监狱改造、生产经营、政工组织、群团后勤等监狱工作的各个方面。仅教育改造一个方面就包含“一字一品、一区一景、一歌一影、一课一坛、一册一艺、一读一评”等十二个方面，使文化育人工作建成了一个动态教育体系。

（二）由系统化向工程化飞跃

2016年，山东省监狱管理局根据全省监狱文化工作发展的蓬勃局面，发布了《山东省监狱系统“文化育人工程”示范单位创建办法》，要求各监狱以创建“文化育人工程”示范单位为抓手，实施文化育人工程化发展战略。济微监狱从内部发掘文化潜力，从外部引入社会资源，努力打造具有微湖特色的监狱矫正文化体系，努力打造一批具有济微特色的文化育人品牌，积极探索文化育人、以文化人新模式。

1. 工程化建设突出体现五项内容

一是加强文化建设的灵魂塑造。加强以社会主义核心价值观为总纲的文化育人体系建设。大力宣传党的纲领、路线、方针、政策，弘扬社会主义核心价值观，强化狱内舆论引导，促使罪犯树立正确的世界观、价值观、人生观和改造观。

二是中华优秀传统文化美德建设。积极推广中华优秀传统文化和传统美德，发挥微湖品牌、和润文化优势，弘扬爱国精神和民族精神，塑造罪犯改造的精神信仰和礼仪规范。

三是丰富惩罚改造文化。强化惩罚与改造职能，强化罪犯的法治意识、身份意识、悔罪意识，大力培植狱内改造新风，鼓励罪犯坚定改造信心，争做改造标兵。

四是丰富时代精神和科技文化。着眼罪犯回归社会，加强法治教育，顺应时代发展，努力提高罪犯的人文素质及热爱科学和适应社会的能力。

五是突出地域特色文化建设。要体现文化育人山东特色和监狱教育改造的文化优势，提高文化育人的针对性、时效性，建立以儒家文化为主体，其他文化为补充的多元文化体系。

2. 工程化建设达到“十个统一”

统一核心理念。将“崇德、明法、扬善、育人”八字理念作为全省监狱系统实施“文化育人工程”核心理念，将这种理念通过文化育人工程建设，变成在押罪犯的基本信仰。

统一改造之歌。大力推广监狱已经形成的改造歌、区歌、规范歌等传唱模式，在此基础上总结提炼更加富有代表性的罪犯改造歌曲。全体罪犯在重大集会、出收工等场合中集体传唱。

统一阅览场所。统一布局监区图书、报刊阅览室、读书角或报栏、书橱、书柜等设施，按照要求配齐配足桌椅、图书，阅览场所环境整洁明亮。

统一标识标牌。要有反映不同文化元素的文化创建标识、标牌。在罪犯各类改造、生活场所，包括监舍、走廊、教室、餐厅、车间、广场等场所，有统一的墙体文化标识、标牌、专栏、橱窗，有统一的文明用语等。

统一活动机制。修订完善各类文化创建、文体活动、竞赛、评选表彰等规章制度。在现有的罪犯自律会的基础上，大力发展新生艺术团、体育活动队、书画协会、文体兴趣小组等文体组织，宣传表彰在文化学习中涌现出的各类改造典型。

统一舆论媒体。管理维护好微湖育新网、新岸广播、狱内电视网、新岸报、宣传栏等舆论宣传阵地。打造环境幽雅、设施完备的收听、收看场所。

统一讲习平台。支持鼓励组建文化论坛、法治讲堂等文化讲习、传播平台。充分发挥思想政治讲师团的优势，形成规范统一的讲学模式。

统一教育展览。通过大屏幕电视、电子显示屏、文化展板、宣传栏等宣传媒介，在罪犯学习或劳动、生活、会见等场所，宣传展示面向罪犯、警察和社会开放的教育改造成果。

统一文化载体。发展完善现有的育新文化节制度。在文化节和重大节日、重大活动期间，组织开展形式多样、寓教于乐的文体娱乐、经典诵读、民俗纪念等活动，力争罪犯参与率100%。

统一生态环境。保障罪犯劳动、学习、生活场所规范、整洁、清洁，做到绿化、美化、亮化，生态环境宜人。

（三）文化教育活动精彩纷呈，主题教育成为文化育人的基本形态

一是常态化开展雷锋精神教育。自20世纪90年代初以来，济微监狱始终把雷锋精神教育作为丰富改造内容、创新教育形式的突破口，形成了具有微湖特色的雷锋精神教育改造罪犯的模式，建成了全国监狱系统第一家雷锋事迹展览室，坚持常年开展雷锋精神教育。例行开展以学雷锋为主题的读书会、演讲会、报告会等“三会”活动140多场次，2600多人次获得“学雷锋先进个人”称号，结合改造做好事达30多万件次。到2018年年底，中国社会福利基金会学雷锋基金管委会、中华雷锋文化促进会连续20年共同授予济微监狱全国“学雷锋示范基地”称号。规范雷锋精神教育方法，向狱内外输出教育模式，使雷锋精神教育成为一个响亮的品牌，不仅改造了罪犯，也向社会折射出雷锋的精神之光。

二是着力打造月度系列主题教育。每月确定一个主题开展专题教育活动，即1月为“认罪悔罪月”，2月为“传统文化学习月”，3月为“雷锋精神教育月”，4月为“读书励志月”，5月为“感恩月”，6月为“安全生产月”，7月、8月、9月为育新文化节主题教育月，10月为“爱国主义教育月”，11月为“心理健康教育月”，12月为“宪法教育月”。月月有主题，题题有文化，形成接续性极强的文化教育连续谱。

五、由经验型评估向标准化质量评估方向转化

（一）持续加强组织领导，强化“文化育人工程”

“文化育人工程”是监狱文化建设重要组成部分。2016年出台《山东省济微监狱文化建设工作实施方案》，明确指导原则、目标任务、内容要求、具体措施，做到有部署启动、有全面推进、有阶段盘点、有完善深化。坚持教育改造工作优先发展、领先发展，成立监狱文化建设专项工作领导小组，各押犯单位成立文化建设领导小组，细化分工、抓好落实，确保监狱文化建设全面开花、有序推进。为加强组织领导，监狱成立创建工作领导小组，监狱长任组长，政委任副组长、其他监狱领导班子成员为组员。领导小组下设文化育人办公室，分管领导兼任办公室主任，改造科室负责同志及监区管教负责同志为成员，统一负责“文化育人工程”推进工作。各监区相应成立以监区主要负责人为组长的文化育人领导小组，结合本单位实际制定创建活动方案，分工抓好落实，做好“文化育人工程”推进工作。文化育人工作责任分解具体责任警察，育人先强己，在罪犯面前努力树立文化育人形象。各相关部门通力合作，健全工作机构协作机制，完善创建体系，积极开展文化育人工作。充分利用各种媒介，整合各方面力量，切实加强舆论引导，营造良好的活动环境和氛围。各监区结合实际召开专题会议广泛动员发动，有关业务部门统筹安排，通过简报、座谈会、现场会、观摩会等形式，及时总结推广好经验、好做法，做好活动的协调调度。

（二）加强检查考核，以行政手段推进文化育人工作

1. 对照细则自检。根据山东省监狱管理局的文化育人工程指导意见，制定监狱年度检查评比细则，各单位认真学习细则，组织

力量按照实施细则要求，对照《山东省济微监狱“文化育人工程”验收细则》自查自检，建立台账。针对自检情况，找出差距及不足，列出整改方案，并将自检情况及时反馈到“文化育人工程”工作办公室。

2. 加强年度考核。“文化育人工程”推进周期为1年，各年度的育新文化节期间组织集中建设，每年8月初监狱进行自检自查，自查情况整理汇总后向省局汇报，9月底前省局集中验收，现场量分，根据得分情况，通报表彰。对于民警在文化建设工作中做出突出成绩的，优先评选为先进个人或专项记功。对于改造成绩较为突出的罪犯，予以行政奖励，一贯表现较好的，予以刑事奖励。

这个时期的文化育人质量评估仍然处于经验性评估阶段，是一种探索性教育，靠的是建立制度，设立内容，还不能真正评估教育成果优劣以及质量高低。

（三）构建文化育人质量评优体系，科学评估教育改造质量

2017年，山东省监狱管理局组织专家开展《预防犯罪与矫正罪犯——基于中华优秀传统文化教育视角》研究。其中，济微监狱承担了文化矫正效果评估研究任务，借助这一有利时机，济微监狱构建了较为科学的文化教育质量评估体系。

一是确定了有效的评估工具，包括：

1. 人格量表。《明尼苏达多相人格调查表》《加利福尼亚心理调查表》《16种人格因素问卷》《艾森克人格问卷》《YG性格量表》《爱德华个人爱好量表》《斯特朗—坎贝尔职业兴趣问卷》《库德职业兴趣调查表》《蒙特利尔认知评估量表》《人际关系图式量表》《情绪图式量表》《边缘型人格障碍（BPD）图式量表》。

2. 社会技能测验。《社会技能量表（SSI）》《人际关系测试量表》。

3. 道德发展水平测验。皮亚杰和柯尔伯格的“两难推理”实验、《道德认知的测量》、《梅（May）和哈特肖恩（Hartshorne）品德测验》、阿格法诺夫的“拾柴禾”实验以及谢列布列亚科娃自信心实验。

4. 投射测验。《罗夏投射测验》《主题统觉测验》《房树人心理测验》《逆境对话测验》。

二是确定了基本评估方法，包括：

1. 观察法。包括孔子、诸葛亮等古代先贤经验观察法以及现代科学观察法。

2. 民警和罪犯常用的集体评价法。集体讨论和现场评估文化矫正效果。

3. 心理测量法。运用当代心理测量评估工具对其人格、职业倾向、风险程度等进行测量，检验文化因素在改造中的信度和效度。

4. 个案调查法。通过对罪犯的学习成果进行现场调查，发现个案存在的优势与问题以及规律性特点，形成个案研究报告，供全狱参考。

5. 考试考核法。运用课堂考试和提问考核等手段加强对罪犯学习传统文化知识理解和掌握程度的测评，促进其认真学习优秀传统文化知识。

六、文化育人成效由量变向质变飞跃

（一）丰富了文化育人内涵

在长期的文化育人工作中，济微监狱坚持以文化诠释“崇德、明法、扬善、育人”活动主题，在每一项活动中都不同程度渗透、体现文化要素，深化了文化育人工程建设。“十个一工程”“主题教育月”“雷锋精神主题教育”“节日文化教育”“育新文化节”活动等系列教育改造工作，以道德教育为主旨，建成了功能强大的育新机器。

（二）凸显文化育人影响力

采取监狱统一部署抓重点，监区自主开展创特色。通过监狱上下、内外相结合的方式开展文化活动，明确罪犯主体角色定位，引导罪犯广泛参与。一是发动全员参与。罪犯参与率均达100%，即使是受到严管、禁闭的罪犯，也在其接受处罚期间得到相应的传统文化教育。二是监区多点开花。各监区结合实际制定活动配档，开展了亲情帮教、“狱园好声音”卡拉OK比赛、消夏文艺晚会、趣味运动会、棋牌书画赛事等活动，收到了陶冶人文高尚情操的良好效果。

（三）推进文化育人社会化

依托驻地社会资源，积极探索文化帮教新路径，全面提升了文化育人层次，促进了教育管理社会化。与原济宁市文化广电新闻出版局建立了文化帮教合作机制，先后组织开展了“中国梦　中秋情”文艺展演、书画艺术创作指导以及赠送文化用品等“送文化进狱园”活动。发挥江苏师范大学文学院、山东师范大学文史学院教学实践基地作用，开展了传统文化讲座，对罪犯进行文化启迪，探索高校、监狱携手共建、文化育人的新路子。组织驻地公安交警进监狱为符合条件的罪犯办理驾驶证换证，并对全体持有驾驶证的罪犯进行道路交通法规宣传教育，帮助罪犯解决实际问题，强化罪犯法治意识。邀请“雷锋传人”来狱现场做报告，开展雷锋精神传递活动，引导罪犯敞开心扉感受文化魅力，了解社会，促使他们加速自我改造。2013年，全国教育改造工作会议在山东召开，济微监狱作为典型代表受到与会领导和嘉宾的一致好评。

（四）激发文化育人正能量

分层面建立立体式激励约束机制，强化正面导向，激发文化育人正能量。一是建立针对监区的激励约束机制，督导监狱部署落到实处。明确监区在活动中的职责和目标任务，依据各单位参与监狱集体活动、自行组织开展活动、罪犯参与活动比例以及违规违纪率等指标进行综合考评，评选出优胜单位，并纳入全年工作量化考核。二是建立针对罪犯集体的激励约束机制，强化罪犯团体协作意识。按照“和润文化”活动要求，监室成员相互监督、互帮互助，自 2016 年至 2018 年实现了“零违纪、零违章”62 个监室被评选为“文明监室”，65 个团体在广播操比赛、篮球赛，以及文艺汇演等集体活动展示了互助协作的精神面貌，获得了不同等次奖项。三是建立针对罪犯个体的激励约束机制，激发罪犯自主改造意识。先后有 506 人被评为“文明育人标兵”，有 93 人被评为“文明监督岗”，有 67 人被评为“文明礼仪细则学用标兵”，累计有 102 名罪犯完成书画作品 260 件，有 26 名罪犯完成文艺节目创作 30 个。罪犯自我教育动力明显提升，初中及以上文化程度罪犯借阅率达 96.5%，累计借阅图书 4000 册次，26 名罪犯被评为读书明理专题教育“读书标兵”。文化活动活跃了气氛，凝聚了共识，稳定了思想情绪，增强了教育效果。

最大的成绩在于罪犯改造质量发生了质的变化。近年来，济微监狱罪犯的违纪率呈现出逐年下降趋势，向上向善自觉改造的人数逐年递增，积极学习劳动技能、文化知识的人数明显升高。在完成监狱转型的重大任务中，文化发挥了重要引领作用；在稳定监管秩序工作中，文化发挥了重要调节作用；在提高改造质量工作中，文化发挥了重要改造作用。2017 年，济微监狱以优异成绩接受省局考核验收并被命名为首批“山东省监狱系统文化育人工程示范监狱（A)”。

七、立足当下，展望文化育人前景

从当前情况看，优秀传统文化育人工作需要在新时代焕发出新气象，需要结合济微监狱已经取得的成绩，根据文化育人工作需要在新时代得到创造性转化和创新性发展，品牌化成为文化育人工作的未来必然趋势。济微监狱的文化育人工作需要与当代社会主义监狱文化有机结合，需要与罪犯教育矫正工作相结合，需要吸取优秀传统文化道德，以实现罪犯守法为目标，把体现“道”与“礼”的规则教育作为文化育人的主要内容，将“博文约礼”作为文化育人主要途径，创建“博约”文化教育品牌。具体从以下十个方面开展工作：

博习政治规范，约守爱党之礼；
博习文化规范，约守爱国之礼；
博习职业规范，约守诚信之礼；
博习劳动规范，约守敬业之礼；
博习行为规范，约守友善之礼；
博习道德规范，约守廉耻之礼；
博习法律规范，约守正义之礼；
博习教育规范，约守智慧之礼；
博习健康规范，约守良习之礼；
博习心理规范，约守情志之礼。

通过以上十个方面的创造性转化和创新性发展，引导罪犯博学文化，审问疑点，明辨是非，慎思己过，笃行规则，以久久为功的意志取得更加快速有效的文化矫正效果。

四川省雷马屏监狱

红色文化载入监狱史册

四川省雷马屏监狱

党的十八大以来，以习近平同志为核心的党中央高度重视文化建设，把文化自信和道路自信、理论自信、制度自信并列为中国特色社会主义“四个自信”，围绕“举旗帜、聚民心、育新人、兴文化、展形象”的使命任务，文化建设取得重大历史性成就。

四川省雷马屏监狱是一所用红色文化浸润而成的监狱，1952年7月，时任西南局第一书记邓小平亲自圈定“开辟雷、马、屏垦区，开办国营劳改农场”，1194名从战火硝烟中转下的一、二、四野战军指战员和公安民警，押解15000余名罪犯开进小凉山，播下雷马屏监狱战天斗地、开荒垦土的红色种子。1956年，为抗击彝匪叛乱，雷马屏监狱民警和解放军部队共同战斗，消灭叛匪1100余人，牺牲24人，用鲜血和生命演绎了一段共和国监狱史上独一无二的平叛捍狱史，电视剧《冷箭》再现了那段艰难创业、英勇战斗的光辉历史。

70多年来，雷马屏人历经西征烽火、拓荒垦场、平叛捍狱的严峻考验，克服环境艰苦、生活清苦、工作辛苦的重重困难，为监狱事业献了青春献终身、献了终身献子孙，用青春和热血铸就雷马屏精神。2017年9月，中国监狱工作协会监狱文化专业委员会授予雷马屏监狱首批“全国监狱文化建设先进单位”。进入新时代，雷马屏监狱紧紧围绕建设“具有鲜明特色的现代文明示范监狱”目标，以红色文化为引领，以法治文化为重点，以劳动改造文化为驱动，创新推出了“灵秀峨眉山，红色雷马屏”文化品牌，为监狱高质量发展提供了坚强思想保证和强大精神力量。

一、以红色文化为引领，打造队伍精神高地

从苍茫小凉山到灵秀峨眉山，从巍巍青山走向天下名山，雷马屏监狱红色文化建设紧紧围绕“山”这个核心元素，传承红色基因，淬炼忠诚品格，厚植担当情怀。

（一）深挖红色文化资源

2017年，投资100余万元，建成面积1000余平方米的“山之魂”广场和“山之魂”雕塑，体现雷马屏人始终如一、无悔坚守的“山之奉献、山之坚韧、山之包容、山之厚重、山之灵秀”精神。广场周边地上，镶嵌着21枚建狱以来使用过的监狱公章，寓意薪火相传的雷马屏红色历史。2017年，将雷马屏监狱首字“雷”艺术化，设计出独具特色的雷马屏监狱logo，广泛应用到监狱各种场所和各类活动中，不断增强雷马屏监狱的文化影响力和传播力。2022年6月，为纪念建狱70周年，在广场南、北两端建成板式折形展台10个，展示雷马屏监狱“峥嵘70载，奋进新征程”十大历史记忆。2022年5月，雷马屏监狱充分挖掘红色法治文化精髓，推动红色法治文化资源利用，率先向四川省司法厅申报将雷马屏监狱旧址纳入“四川省红色法治文化遗存目录”。2022年12月，雷马屏监狱旧址成功录入“四川省红色法治文化遗存目录（第二批）”，填补了四川省司法行政系统、四川省监狱系统在四川省红色法治文化遗存目录的空白，开创了名录制度下全国首个监狱纳入省级红色

法治文化目录的先例，为四川监狱再增一张文化金名片。2023年，四川省司法厅拨款100万元，以雷马屏监狱旧址为中心，以红色法治文化陈列室、雷马屏监狱民警陵园为载体，通过遗址、沙盘、人物图志、革命物品、历史制度、历史文献、视频等媒介，打造独具特色和典型代表性相契合、社会广泛参与和高度认同的红色法治文化宣传教育基地。

（二）梳理红色文化脉络

2012年，编撰出版《雷马屏监狱志》（1952年—2012年）。2022年，编撰出版《雷马屏监狱志》（2012年—2022年），并决定以后每10年编撰出版一本《雷马屏监狱志》，将雷马屏监狱的历史永远传承下去。两部《雷马屏监狱志》共计180多万字，分别历时两年多完成，充分展现了雷马屏监狱70年的风雨历程和辉煌成就。系统编撰《雷马屏英烈故事》《雷马屏先锋人物事迹》《雷马屏老同志回忆录》等“雷鸣”系列丛书，系统汇编各个时期反映雷马屏红色历史的优秀文化作品成册。深度挖掘实施100名老同志采访计划、100篇雷马屏往事征集计划、100个红色档案清理计划、100名先进典型溯源计划，多层次、多维度、多方式挖掘雷马屏监狱建狱以来各个时期、各条战线、各个群体的红色资源，让红色基因代代相传、让红色精神永世不忘。

（三）汲取红色文化力量

围绕“雷马屏红色文化”，结合“灵秀峨眉山、乐山乐水——嘉州”地域文化，先后与全国12所具有文化特色的监狱开展文化共建活动，全方位、多角度、深层次对雷马屏监狱红色文化进行升级打造。2018年10月，投资240余万元，建成总建筑面积630余平方米的“监狱历史陈列馆”。监狱历史陈列馆由序厅、红色历程、辉煌成就、永恒赤诚和传承使命等五个篇章组成，以史实为依据，以历史档案为素材，采用文字讲述、图片佐证、实物展示等方法，全面真实展现雷马屏监狱的发展历程。监狱历史陈列馆内现存由监狱民警职工、离退休干部等捐赠的文物430余件。陈列馆自2018年开馆至2023年，共接待300余批次1.1万余人参观学习。2020年9月，在监狱指挥中心大厅建成宽5.24米、高3.12米的“警旗·誓词照壁”，将其打造成为监狱民警入（从）警宣誓的重要阵地。2020年，组建民警兼职国旗班，每月初组织全狱民警举行升旗仪式。2021年5月，建成500余米长的“文化雕栏”，生动展现了监狱老基地56个大队、中队的地形地貌，生动反映了雷马屏人艰苦奋斗的居住环境。2022年6月，对2014年建成的集结广场地浮雕升级改造，以挺进凉山、平叛自卫、走出大山、新航峨眉4大板块，再现了雷马屏监狱可歌可泣的风雨历程。2022年，组织民警创作雷马屏监狱狱歌——“山之魂”，并拍摄了“山之魂”MV，歌曲“山之魂”饱含深情、慷慨激昂，唱出了雷马屏人的心声。2023年，投资500余万元打造以党建铸魂、党建提能、党建攻坚、党建暖警、党建惠民为载体，集展示功能、阵地功能、涵养功能于一体的“党建引航站”。2023年，投资20余万元打造指挥中心楼道文化，让文化元素弥漫在日常工作的每一个角落，悄无声息地滋润着民警职工的心灵。

（四）传承红色基因

在加强红色文化硬件设施的同时，不断提升红色文化软实力。依托四川监狱党建“第一片区”示范引领党建工作标准。依托信息化和网络平台建立“掌上支部”“指尖支部”25个，一体构建监狱党委、党支部、党小组和党员四级“微信支部”，搭建党委、支部、党员之间沟通的桥梁，向党组织和全体党员提供党建资讯、时政热点、政策解读、党员教育等服务，及时便捷了解最新党建工作动态，学习相关党务知识，把党的思想建设抓在日常、严在经常。每季度举行一次集中“政治生日”活动，监狱党委给党员“政治生日”寄语，党员重温入党誓词、重读入党志愿书，发表“政治生日”感言，把红色基因融入灵魂血脉。每年组织开展民警职工“重走创业路”活动，讲好监狱革命传统故事，传承雷马屏人“忠诚、奉献、担当”的精神。每月举行集体升旗仪式，适时举行从警、入党、授衔、退休等仪式，增强职业认同感、荣誉感和自豪感。每年举办一次“山之魂——雷马屏之歌”及红色经典歌曲诵唱活动，每两年开展一次红色主题命名的体育比赛活动，广泛开展红色文化推广活动。实施青年人才培养计划，以“信念教育”为核心，开展“重温入警、入党誓词”“革命历史学习”“五四青年”“重走创业路”等党性专题教育活动。以青年民警为骨干，成立红色文化宣传队，集解说、礼仪、宣讲任务于一体，在宣传红色文化中提升能力。以青年民警为主体，成立文艺演出队，常态化编排文艺节目，在重大时间节点举办文艺演出，培育文艺骨干。开展“身边的榜样、前行的力量”“青春风采大赛”“十大杰出青年”等系列评选活动。常态化开展红色主题征文、演讲、知识竞赛、微党课系列比赛。建立青年民警后备人才库，在急难险重岗位培养磨炼青年民警，把政治忠诚、能力突出、表现优秀的青年民警选拔提拔到中层干部队伍中来，为监狱事业储备后备人才。

二、以法治文化为重点，建强监狱执法阵地

雷马屏监狱曾经是四川最偏远、最艰苦的押犯单位之一。70多年来，雷马屏监狱民警以忠诚铸魂、以铁纪担当，先后将近10万余名罪犯改造成为自食其力的守法公民，为中华人民共和国监狱事业作出了重要贡献。雷马屏监狱法治文化紧紧抓住“山”这个核

心元素，着力打造一支执法如山、清廉如水的民警队伍，做社会主义法治的忠实崇尚者、自觉遵守者、坚定捍卫者。

（一）围绕依法执法，推动法治文化入心入脑

把学习宣传习近平法治思想作为新时代法治工作的首要政治任务，作为党委理论学习中心组学习重要内容、列入监狱民警职工培训重点课程，常态化开展有特色、接地气、入民心的法治宣讲活动。全面落实宪法宣誓制度，广泛开展《宪法》、《民法典》、《国家安全法》、《反分裂国家法》以及刑事法律体系宣讲活动，推动监狱严格规范公正文明执法。每年围绕“6·26”国际禁毒日、“12·1”世界艾滋病日、“12·4”国家宪法日、“12·29”监狱法宣传日等重要节点，策划法治影视剧目展演、文艺节目巡演等主题宣传活动。加强狱地联动协作，与地方律师协会合作，共同建设公职律师实训基地，提高监狱公职律师专业素养和业务能力。构建狱校协作机制，选派民警担任地方学校“法治副校长”，履行监狱普法社会责任。结合“乡村振兴法治同行”活动，广泛开展普法宣传教育，提升乡村治理水平。搭建“法律援助、执法公开、法律宣传”三大工作机制，每年定期举办民警职工法治大讲堂，组织开展针对罪犯的法律援助和咨询活动。2019 年 4 月，联合中国法学交流基金会、江苏中凯律兜智慧法务信息科技有限公司，开辟全国监狱系统首个“互联网无人律所”，为监狱法治建设提供智力支持。每年聘请当地有影响力的代表人物担任监狱执法监督员，举行聘任仪式，颁发聘任证书。2021 年，牵头协调乐山市委、市政府印发狱地共建分工方案，会同 37 个市级部门建立 5 大类 47 项机制，为监狱融入市域社会治理搭建广阔平台。

（二）围绕廉洁执法，推动廉政文化走深走实

注重正本清源、固本培元，营造以文化人、以文润德、以文养廉的浓厚氛围，塑造风清气正的政治生态，推动廉洁文化走深走实。2017 年 3 月，投资 10 万余元将通往监狱的内部公路打造成长 620 余米的“法廉大道”，寓意法治、廉政建设永远在路上；法廉大道设文化石 1 块、宣传牌 9 块、廉政文化展板 14 个。2023 年，对法廉大道升级改造，投入资金 19 万余元，新增雕塑小品 5 个、门头柱 2 根。2018 年 10 月，建成 790 余平方米的“清莲广场”，广场由清廉亭、莲心湖、文化石、植被等四个部分组成，寓意民警队伍清正廉洁。2018 年 10 月，通过狱地共建的方式建成“峨眉山市法纪教育基地”，法纪教育基地由序厅、不忘初心、镜鉴铭心、固本正心等四个部分组成，充分利用监狱警示教育资源，结合地方清廉故事，不断更新警示教育贪腐案例，增强不想腐的自觉，强化不敢腐的震慑。2021 年，组织青年民警编排 MV 廉政歌曲《风雷洗礼》微视频，点击观看超过 2000 人次。2022 年，制作红色家书诵读视频节目《韩大奎烈士遗书诵读》，获四川司法行政系统“忠诚向党　喜迎二十大　司法为民　奋进新征程——红色家书”诵读一等奖。在监狱内网设置《廉政视线》专栏，刊载反腐倡廉工作规定制度、工作信息。利用 LED、电视、监狱内网、监狱杂志、宣传栏等载体，进行廉政宣传教育。利用监区办公楼层过道，开设廉政文化宣传版面。开展廉政“六进”活动，坚持“一月一主题”会前学廉，建立党纪条规知识库，组织民警、党员网络在线考试，在内网建立纪委工作群和廉政建设专版。大力开展警示教育，主要形式包括讲党课、看警示教育片、教育讲座、旁听庭审、案例剖析、专题民主（组织）生活会，拍摄《高墙下的警示》《政法队伍教育整顿警示教育专题片》等警示教育影片，观看《初心裂变之殇》等

警示教育片，组织民警参加现身说法警示教育，用好“活教材”，以“身边事教育身边人”。编印《四川省雷马屏监狱民警纪律红线40条》《执法须知》《中共党员100条禁令》等廉政学习资料。

（三）围绕文明执法，推动监区文化提档升级

充分发挥教育改造标本兼治的作用，探索教育改造罪犯的新思路、新路径，探索出一套方法新颖、手段灵活、考核标准科学的教育改造评价体系，全面推进监区文化提档升级。

1. 绘就监区文化底色。以“水之八德”为监区文化赋能。一监区：干净（世间万物、唯水为净）；二监区：平淡（无色无味、平淡是真）；三监区：自然（大道无形、大爱无言）；四监区：刚柔（冷冰暖云、刚柔相济）；五监区：公正（光鉴日月、善恶明辨）；六监区：包容（随物赋形、海纳百川）；七监区：坚定（坚韧不拔、勇往直前）；八监区：率真（清澈见底、奔流不息）。

以“清音八品”为监区文化塑形。一监区：敬忠楼；二监区：履义楼；三监区：明礼楼；四监区：扬善楼；五监区：勤行楼；六监区：立信楼；七监区：明净楼；八监区：尚和楼。

2. 丰富监区文化内涵。深化“清音涤心”监区文化品牌内涵，在涤心广场常态化开展“清音涤心”监区文化艺术节活动。2017年，在涤心广场举行首届“清音涤心”监区文化艺术节，并确定以后每年举行一届，内容包括小品、相声、快板、舞蹈、歌咏、书画、篮球联赛等。拓展文化阵地，创办《新曙》狱内小报，打造“一舍一亮点”的罪犯监舍主题文化。将升国旗、唱国歌等“六个一政治活动”纳入罪犯基本养成内容。设立罪犯“新翼讲坛”，营造充满正能量的改造氛围。组建管乐队、腰鼓队、舞龙队等兴趣小组，邀请乐山市、峨眉山市文艺专业团队指导培训，在重大节日开展文艺演出，演讲比赛、知识竞赛，篮球、乒乓球、羽毛球、象棋

等竞技活动，丰富罪犯的文化生活。2018 年 1 月，联合北京巴蜀书画艺术院成立“自强书画院雷鸣分院”，搭建社会各界共同参与的“情系高墙、以文化人”帮教平台。建立辐射各监区的电化教育系统，组建监狱文化教育讲师团，制订文化教育培训计划，定期邀请社会教育机构、志愿服务人员来狱开展线上线下教学，将传统分散教学转变为集中授课，实现政治、文化、技术教学时间和内容的统一，提高教学质量。2019 年，创新建立“父、夫、子”主题亲情帮教室，开展亲情帮教活动，年均参与罪犯 1700 余人次。每年举办“治本塑新 · 我们在行动”大型活动、“文艺进高墙 · 励志助新生”公益演出、“亲情相伴助改造 · 政策感召铸新魂”罪犯文艺汇演。与地方部门建立“狱园书社”，成立“书画鉴赏班”“国学文化班”等特殊辅助教育课程，开展主题鲜明、寓教于乐的“监区文化”活动。

3．拓展监区文化外延。送法进高墙，定期为服刑人员开展法治专题讲座，提供法律咨询。与法院、检察院建立地方联席会议机制，就监狱刑罚执法活动疑点、难点、重点问题进行沟通，统一执法标准。编撰《雷马屏监狱制度汇编》电子图书，确保监狱工作标准清晰化、制度文件规范化。定期组织罪犯家属进监区参观，展示罪犯日常工作、学习、生活的场所，打造阳光狱务。2020 年，搭建“青春志愿 · 迷途导航”青年志愿者活动平台，与四川省文联签订“艺润圜土 · 清音涤心”文艺帮教进高墙活动协议，常态化引入社会资源开展帮教帮扶。对罪犯开展法律服务和援助工作，拓展“执法公开平台”功能。积极与其他监狱互相走访，交流学习，共同探索监区文化建设新方向、新路径。每年常态化开展法治主题征文、主题宣讲、知识竞赛系列活动，以考助学，强化法治思维。拓展“学法用法”新内涵，在服刑人员中开展“道德与法”“法在身边”“红色文化促改造”等法治教育系列活动。举办红色电影周、爱国歌曲大合唱等活动，将法治教育与文化教育、职业技能培训有机结合起来。

三、以劳动改造文化为驱动，构筑创新发展园地

从初创时期披荆斩棘、白手起家的“国营雷马屏农场”，到发展时期百业兴旺、生机勃勃的“四川雷马屏茶场”，再到新时期管理规范、制度健全的“四川新雷实业有限公司”，雷马屏监狱劳动改造文化紧紧围绕“山”这个核心元素，铸就“挺拔如峰、不惧险峰、勇攀高峰”的监狱发展精神。

（一）以“挺拔如峰”为着力点，加强劳动改造文化识别

1. 文化理念入脑入心。以“山”文化作为劳动改造文化核心，树立“勇攀高峰”的无畏精神。对标监狱发展蓝图，围绕“一体化管理、集团化运行、多元化经营”管理理念，按照“转观念、抓统筹、强管理、提质效、促融合”的工作思路，将新理念、新举措融合起来，统筹推进各项工作。围绕“人精神、物整洁、事规范”目标，推进制度文化建设，让制度管人管事成为一种常态、一种习惯、一种自觉，从“人盯人”、“制度管人”到“文化管人”。围绕“赎罪、矫正、塑新、回归”的劳动改造文化主题，通过规范化、标准化、精细化管理文化和绿化、美化、亮化方式打造园区文化，营造浓郁的劳动改造文化氛围，最大限度激发管理民警和改造罪犯的内在潜力。制定《劳动改造文化建设实施方案》，在劳动改造车间现场规范化、标准化建设基础上，创建示范车间，严格规范化、标准化管理，打造劳动改造文化阵地。

2. 文化识别外化于行。以“山”文化砥砺“追求卓越、追求极致、超越极限”的优秀品格，做到“向好的学、与强者比、朝高处攀”，不断增强奋进张力，推动监狱高质量发展。对劳动改造的

标识、服装、产品品牌、包装等，进行统一配套管理。深化运用视觉识别系统，使监狱企业文化具体化、形象化。全面深化监狱安全生产规范化、标准化建设，经四川省安全生产监督管理局评审，达到安全生产标准化二级企业要求。启动三体系（环境管理、职业健康安全管理、质量管理）认证达标工作，经四川三峡认证公司审核认证达标。2020 年，启动四川省安全文化建设示范企业创建工作，经四川省应急管理厅组织专家验收，达到省级安全文化建设标准。2021 年 2 月，四川省安全生产委员会办公室授予雷马屏监狱“四川省安全文化建设示范企业”称号。

3. 文化行为推陈出新。将先进的管理理念融入监狱发展，融入行为识别，用以指导民警、职工和罪犯的行为。实行“硬件统一标准、行为统一规范、管理统一制度、形象统一风貌”，建设知行合一的行为文化，将“硬管理”转变为“软建设”，由“要我做”变成“我要做”。以“山”为主题，延伸出“崇”“峥”“峪”“崛”四个方面的行为习惯养成。一学“崇”。学习山“高山景行，山高水长”的勇于担当，做到“见贤思齐”勇于正视自身问题。组织车间开展争做“劳动改造标兵”“勤俭节约标兵”“爱护公物标兵”“助人为乐标兵”竞赛活动，不断增强竞争力。二学“峥”。学习山“独辟蹊径、别具一格、有辨识度”的进取精神，砥砺“不甘平庸、革故鼎新”的优秀品格。在监区完善建立 QC 小组团队，对技术难题重点突破，做到“打破思维定式、路径依赖”并不断增强创新力。三学“峪”。学习山“虚怀若谷、从善如流”的包容精神，砥砺“谦逊谦和、不骄不躁”的优秀品格。在监区建立技能培训教员小组，在平时的教育日培训中灌输细节管理，不断增强涵养力。四学“崛”。学习山“兵贵神速、雷厉风行”的拼搏精神，砥砺“见事早、行动快、先人一步、快人一拍”的优秀品格，建立技术团队，通过外聘技术总监和技术专员，发现问题立即解决，不断增强执行力。

（二）以“不惧险峰”为切入点，加强劳动改造文化传播

1. 弘扬先进文化。践行由领导带头的“四化”工作：会前会中讲文化，工作开展中讲文化，检查督导讲文化，总结计划讲文化。通过“领导带头讲、支部会议学、青年学习悟”等一系列形式，开展劳动改造文化理念培训，提升“学、思、悟、践”能力。以监狱党委、党支部、党员活动日为抓手，以主题文化活动为载体，开展一系列文化活动，使劳动改造文化建设落地落实。

2. 营造文化氛围。通过打造目视化环境，凸显劳动改造文化特色，形成良好的文化氛围。在生产车间内设劳动改造、安全生产、标准化管理等标识标牌。通过监管区、车间等场地，利用展板、板报、挂图、标语、广播、电视、LED屏等手段进行推广，促使罪犯在创造好产品的同时，积极投入改造，高质量回归社会。制作劳动改造文化吉祥物，定制带有劳动改造文化标志的衣服，开设劳动改造文化宣传角，设置文化宣传触屏，开设文化宣传展厅等，使劳动改造文化具体化、具象化，让劳动改造文化可触可感，深入人心。

3. 打造文化品牌。在技术中心设置劳动成果展示室，展示监狱劳动改造历史记忆、主要产业及产品。梳理“新雷”品牌成长史，厘清公司发展的重要事件、重要人物，进行系统总结。发展和培育优势产业。树立品牌文化，发挥品牌优势，着力打造适应社会消费需要的产品。优化产业体系，围绕区域发展定位和产业发展前景，努力融入当地优势产业链。对产品特色、功效、用途、价值等进行综合分析，丰富品牌文化内涵。以新闻传播、文化阵地、文化作品为传播矩阵，聚焦监狱社会责任，升级打造优势产品形象，从品牌包装设计到品牌服务品质，再到品牌推广渠道，进行重点传

播，通过各种方式方法提升监狱综合服务能力和水平。

（三）以“勇攀高峰”为支撑点，加强劳动改造文化融合

1. 构建发展格局。充分整合调度中心、裁剪中心、后整包装中心和设备维修保障中心（四中心）职能作用，建立健全以技术中心为主的综合中心，形成包括生产经营科、综合管理中心、技术团队等部门组织的综合生产管理体系。强化设计打版、质量标准、模具制作、工艺分解、流程优化和工时标定等工作，为生产组织管理提供保障支撑，推动监狱高质量发展。全面推行精益生产管理模式。大力开展以“零伤亡、零返工、零停滞、零废品、零浪费”为目标的精益生产管理。推动劳动改造文化建设与监狱日常管理相互融合，把全面质量管理、流程优化、绩效考核管理、目视化管理等作为文化建设的新路径。

2. 增强创新意识。把创新作为推动监狱发展的动力源泉，形成以监狱党委把方向、业务部门担主体、生产车间抓落地的劳动改造文化建设工作体系，把监狱文化建设与监狱生产经营融为一体。狠抓团队建设，锁定发展目标，紧紧围绕监狱主导的服装项目产业，大力培养服装生产的专业化技术管理人才。把劳动改造文化建设纳入对罪犯改造“合格率”考评体系。借鉴现代企业技工培养方法，创新开展中高级技能工培训和评定。把劳动改造文化和监狱组织的劳动竞赛、劳动专项活动相结合，促使罪犯努力完成各项劳动改造任务。依托基础 IE 体系，充分发挥技术中心专职 LE 和车间 LE 对流水线的持续改善作用，让技术沉淀在生产现场，实现劳动产线配置和劳动力运用的最优化。

3. 强化融合理念。充分发挥“三大改造”的融合发展作用，配合监管改造、教育改造，积极探索劳动改造文化形式，进一步落实“1 +5 +1”管理模式。加强技术等级评定和劳动报酬运用的有

机结合，多元化激励罪犯劳动改造积极性，打造独具雷马屏特色的劳动改造文化氛围。结合《四川省监狱系统劳动改造制度体系》、司法部新计分考核办法和罪犯权益保障方面要求，进一步完善罪犯劳动执法管理等 17 项相关制度，优化考核和奖惩机制，夯实劳动改造制度体系建设。统筹监狱制度体系建设，提升其科学性、精准性和延续性，突出制定部门、执行部门和督导部门的作用，让“与时俱进、兼容互补”的工作体系成为支撑制度文化特色的基础。按照“监狱生产纳入地方规划”的要求，加强与地方的协作，融入地方发展。多元引进新的项目，增加优质项目储备，强化对产业前景、市场趋势、改造需要的科学研判。

雷马屏监狱将紧紧围绕“文化监狱”建设目标，充分发挥文化软实力作用，不断增强监狱核心竞争力，建设更加全面、更加自信、更加自觉的监狱文化，打造内涵更丰富、特色更鲜明、效果更显著的文化品牌，为监狱高质量发展赋能添彩。

陕西省杨凌监狱

监狱文化建设的实践与展望

——以陕西省杨凌监狱为例

陕西省杨凌监狱教育改造科科长　刘　磊

党的十九大报告指出："文化是一个国家、一个民族的灵魂。文化兴国运兴，文化强民族强。没有高度的文化自信，没有文化的繁荣兴盛，就没有中华民族伟大复兴。要坚持中国特色社会主义文化发展道路，激发全民族文化创新创造活力，建设社会主义文化强国。"监狱作为国家机器、国家刑罚执行机关，应主动担当作为，举旗帜、兴文化、促认同、育新人，发挥文化教育的规范、自律、熏陶、导向作用，致力于将罪犯教育改造成为遵纪守法、分清善恶、明辨是非、尚德诚信的守法公民。培育优秀的监狱文化是凝魂聚力的工程，是强基固本的事业。文化就是一个以文"化"人的过程，无论是监狱警察还是罪犯，文化都有点化、训化、教化的特殊功能。从监狱性质和职能来看，加强和创新监狱文化建设是监狱职责所在，更是新时期加强监狱工作的重要举措。发展监狱文化、建设文化监狱是时代的抉择、使命的担当，让先进文化滋润监狱警察的职业情操，把先进文化的基因根植于罪犯的内心世界，从而达到认知向认同转变、自觉向自信转变，进而实现以文化人、以文育人的目的。鉴于此，探讨监狱文化建设，不仅必要而且重要，本文以陕西省杨凌监狱文化建设实践为基础，对监狱文化的价值进行思考，并对监狱文化发展提出构想。

一、监狱文化建设的重要性

监狱作为国家机器，反映国家意志，监狱文化随着国家社会的发展变化而变化。监狱文化是指在监狱这一特定范围内，积累沉淀形成的意识与物质形态的总和。具体来说，监狱文化是指在刑罚执行过程中形成的时代特征较为明显，由刑罚方式、治监理念、群体意识、道德观念、行为规范、制度设施等共同构成的精神文化与物质文化的集合。监狱文化的重要性体现在以下三个方面。

（一）是贯彻落实习近平新时代中国特色社会主义思想的重要体现

习近平总书记指出："坚定中国特色社会主义道路自信、理论自信、制度自信，说到底是要坚定文化自信。"司法部也提出，要使罪犯改造效果持续有效，除了思想感化和行为养成，很重要的一点就是要发挥文化的规范、自律、熏陶、导向作用，通过文化教育潜移默化地、持久地影响罪犯，实现以文化人、以文塑人、以文育人。监狱文化是一种悄无声息的沉淀，更是一种潜移默化的渗透，健康向上的、独特的文化氛围能够约束人的负面思想行为，具有激励、传承、辐射及凝聚作用。全国监狱布局调整的相继完成、配套基础设施的不断完善为监狱文化建设奠定了必要的物质基础。随着社会主义文化大繁荣大发展和司法体制改革的不断深入，监狱事业迎来了改革发展的大好时机，监狱文化建设前景广阔。

（二）是促进社会主义民主法治建设的必然要求

党的二十大报告提出："深化司法体制综合配套改革，全面准确落实司法责任制，加快建设公正高效权威的社会主义司法制度，努力让人民群众在每一个司法案件中感受到公平正义。”从法律属性上讲，监狱是刑罚执行机关，以法治的名义，或者说以法治的方式，监狱依法“惩罚和改造罪犯”的所有行为，应当始终坚持法律面前人人平等的法治文化。坚持做到法定职责必须为、法无授权不可为，坚决杜绝和纠正执法不作为、乱作为等现象。从这个意义上讲，监狱组织开展罪犯离监探亲等系列狱务公开活动是严格公正文明执法的体现，是坚持以人民为中心的发展思想、不断提升人民群众获得感幸福感安全感和贯彻落实总体国家安全观的体现。在和谐社会之中，公平公正则是重要的价值理念，监狱文化将公平公正、和谐公开的文化内涵以最直观、最科学的方式表达出来。

（三）是提升罪犯改造质量的重要途径

多年来，随着社会的发展进步，监狱体制的深化改革，在司法部的坚强领导、在全体监狱警察职工的不懈努力下，监狱工作整体水平不断提升。随着人民群众对美好生活期待向往的增加，对罪犯跑不了、改造好的期望值越来越高。在新形势下，仅以“不跑人”作为监狱的安全底线、红线，显然是无法满足社会期待的，必须确保罪犯改造质量日渐提高、罪犯重新违法犯罪率持续降低，将罪犯改造成为守法公民，不再危害社会，由此实现以改造罪犯为核心、提升改造质量的目的。提升罪犯改造质量，要发挥文化的攻心治本作用，通过文化教育的规范、自律、熏陶、导向作用，使罪犯真心认罪悔罪。罪犯改造的过程也是先进文化与落后文化博弈的过程，使罪犯的改造态度从“要我改”到“我要改”发生转变的过程。

二、杨凌监狱文化建设实践及成效

杨凌监狱前身为红石岩监狱，建于1968年，在延安市黄陵县店头镇境内。根据押犯规模，是一所中度戒备监狱，主要承担原判刑期在15年以下罪犯的刑罚执行职责，监狱由陕西省监狱管理局垂直管理。近年来，杨凌监狱非常重视监狱文化建设，监狱文化建设工作呈现出如火如荼的发展态势。杨凌监狱在打造特色文化监狱的过程中，不仅坚持抓制度、建机制，致力形成“以文化人、以文育人”的长效机制，而且注重抓支点、破难点，努力营造“理论指导、理念引领”的支撑效应。

（一）初步形成了“以文化人、以文育人”的长效机制

1. “善、德、和”主题教育常态化

建立完善了“日行一善、以善养德”长效机制，培育形成了大教育、大改造格局，实现了“以文化为引领、向教育要安全、向教育要质量、向教育要发展”的目标。

2. 警察人文教育成绩斐然

监狱充分利用首批“全国十大监狱文化建设先进单位”的影响力和感召力，不断完善“崇德尚法、公正文明”的警营文化。以文化人、以文育警，注重人文建设和传承，旨在增强警察职工的单位归属感、职业认同感、工作责任感。通过“两学一做”常态化制度化，开展“不忘初心、牢记使命”与技能大比武等活动，进一步坚定理想信念，磨炼警察意志品质，积极树立和培养学习典范，教育引导警察创先争优、干事创业。注重人文关怀，从优待警。监狱成立陕西监狱系统首家警察心理健康指导中心，为警察提供日常心理咨询服务；邀请心理专家围绕警察减压、情绪疏导、处理工作和家庭关系等方面开办心理讲座，引导警察用积极的心态去面对挫折困难、学会自我调适，快乐工作、健康生活，为警察心理健康保驾护航。监狱党委积极落实“以人为本、从优待警”，设立杨凌监狱“金秋助学”基金，对警察职工子女考取高等院校的，按照录取批

次给予一定补助，进一步减轻警察职工生活负担，增强了警察职业荣誉感、归属感。新录用警察入警宣誓、警察光荣退休欢送仪式常态化，新老警察相互学习交流，接续奋斗，薪火相传，警察队伍整体凝聚力得到了增强，战斗力得到了提升。近年来，监狱先后有500余名警察受到上级单位表彰奖励，道德模范、最美警察、五好家庭屡见不鲜。2017年11月，杨凌监狱被中国监狱工作协会授予“全国十大监狱文化建设先进单位”称号；2006年、2007年、2018年、2019年分别被陕西省委政法委授予“人民满意的政法单位”称号；2019年2月被司法部党组授予“全国监狱工作先进集体”称号；2021年被杨凌示范区授予“精神文明建设先进单位”称号。

3. 初步形成了“监狱、科室、监区”三级文化建设工作网络

监狱领导包联科室，科室领导包联监区，责任传导层层落实。监狱将监狱文化建设任务细化分解，明确任务内容、责任单位、完成时限和考核标准，责任落实到人，确保活动不走过场，切实取得实效。以监区为单位，包联科室跟进督导，通过开展传统文化、感恩文化、悔罪文化、法治文化教育，在罪犯中形成了“自尊自爱、悔过自新、守法向善”的文化氛围。创新悔罪文化教育方式，开展忏悔书信、犯罪危害专题教育活动，唤醒罪犯的悔罪意识。因为了解才有理解，持续推进“监狱开放、走进高墙”常态化，以监狱长接见日活动为契机，持续深化狱务公开，让罪犯家属进一步了解罪犯的日常改造及监狱的管理教育手段，增进理解。以监狱开放日、警示教育等社会帮教活动为抓手，用社会资源进一步帮教罪犯认罪悔罪，积极改造，重塑自我。

（二）打造了以“善”“德”“和”为特质的文化品牌

在监狱文化建设过程中，打造了以“善”“德”“和”为特质的文化品牌。杨凌监狱搬迁之前地处陕西省延安市黄陵县境内，黄

陵因轩辕黄帝而得名，是全球华人同根同源、民族精神的发祥地。2015 年习近平总书记在陕西考察调研时指出，黄帝陵是中华文明的精神标识，对历史文化要注重发掘和利用，溯到源、找到根、寻到魂，找到历史和现实的结合点，深入挖掘历史文化中的价值观念、道德规范、治国智慧。习近平总书记的重要讲话，为监狱在文化建设中发掘和利用黄帝陵祭祀文化的历史价值提供了精神指引和践行路径。监狱紧密结合黄陵地域特点、时代精神特征和传统文化特质，经过充分论证和积极探索，逐步形成了以中华优秀传统文化为主线，以“善”“德”“和”三大元素为特质的内涵鲜明、具象相融、和谐共生的监狱特色文化品牌。

1. 秉承“以善养德”

杨凌监狱始终坚持“以善养德、立德树人、和谐共生”的理念，立足实际，与时俱进，吸收中华优秀传统文化的精髓，充分挖掘利用地域文化的价值内涵，培育警察“忠诚、担当、团结、奋进”的价值取向，教化罪犯“明善、向善、从善、行善”的行为养成，系统整合文化资源，从而达到开启心智、塑造人格、推进工作的目的。以“以善养德”主题教育活动为抓手，依托传统文化的基础教育，以善养德、育德树人的品质教育，以“触发善念、激发善行、重塑灵魂”为目标，通过“春风化雨、润物无声、潜移默化、久久为功”的教育，培育罪犯的价值认同，激发他们自我改造的内生动能，全方位多角度引导罪犯生善念、明善意、扬善行，促使罪犯自觉做到常修善德、常怀善念、常行善举，从“心”“善”变，从而构建了以“明善、向善、从善、行善”为核心主题的罪犯改造文化体系。

2. 坚持“立德树人”

监狱紧紧围绕坚持社会主义核心价值观，积极深入中华民族历久弥新的精神世界，汲取中华优秀传统文化和中华龙乡文化的精髓，坚持立德树人，教育引导广大警察职工紧紧围绕社会主义核心价值观，修身明德、敬畏法律、公正执法、忠诚履职，不断铸就警察职工忠诚、为民、担当、奉献的优秀品格，从而构建以“崇德、敬业”为主题的杨凌监狱警察文化体系。建设“德”文化，让矫正体系彰显“以德为本”。监狱将监舍楼命名为“明德楼”“至善楼”，突出打造彰显“立德树人”矫正体系与教化功能的明德文化。紧紧围绕“与圣贤为友，与经典同行”的文化创意，通过建设以“厚德载物”为主题，彰显“德化人生”矫正体系与教化功能的“德”文化教育阵地，不仅使教育手段得以丰富，文化活力得以激发，而且可弘扬德化人生的精神正气，陶冶罪犯的思想情操，净化监管改造的环境氛围，发挥出了文化矫正的巨大引领作用和持续推动作用。

3. 致力“和谐共生”

致力于“和”，积极营造“和谐共生、和善相容”绿色人文的环境文化。罪犯的文化程度决定监狱文化建设要以浅显的道理来诠释人与环境的“和谐”，这也为我们营造特色监狱环境提供了遵循。实践中，我们对监狱环境进行整体规划，主要是在监狱院内丰富园艺景观标识、提升监区改造文化氛围、实现一监舍一特色的立体式、无断点、全覆盖的文化浸润，达到人和改造环境的统一。

（三）提升了罪犯教育改造质量

具体实践中，杨凌监狱以弘扬“善”文化为切入点，着力搭建固化“声”、活化“形”、物化“悟”、强化“践”等载体，提高了罪犯“善”的养成。杨凌监狱坚持探索创新，营造浓厚文化氛围，发挥教育改造攻心治本作用，积极推进监狱文化建设工作落实落细。

1. 促进了监狱文化建设的落地生根

向文化借力，通过不断学习、感悟、实践，从而使监狱文化得到了弘扬。监狱以罪犯对优秀传统文化的认知感受力为突破口，着力进行认知教育，使其感受到中华优秀传统文化的博大精深。根据监狱建设新形势新要求，监狱充分调研、统筹推进中华优秀传统文化落地生根。监狱坚持“走出去，引进来”相结合，利用省民盟优质资源，邀请专家学者授课，对警察进行业务培训指导，筛选教材、完善授课体系，警察业务素质、文化素养得到提高。监区警察按照教学计划，由浅入深向罪犯讲解国学经典、传统美德、民族英雄等内容。罪犯在朗读背诵的基础上逐渐理解作者的内心世界和其表达的情感，用文化的力量、英雄的事迹教育引导罪犯学会换位思考、进而学会包容理解他人，学会感恩党和政府、感恩社会、感恩亲人，逐步提高罪犯辨别是非曲直、鉴别善恶美丑的能力。帮助罪犯自我反省、真诚认罪悔罪、自我更新、重塑人生。以孝道、仁爱、诚信、礼仪等内容教育引导罪犯知善行善，陶冶了罪犯情操。

在广泛征求监区警察、罪犯意见的前提下，整合各监区图书资源，推行“中华经典化流动书柜”，内容包括传统美德、国学经典、民族精神等内容，结合教学计划及罪犯需求，及时调整，引导罪犯养成多读书、读好书的良好阅读习惯。书香弥漫监院，闲聊的人少了，看书的人多了，向家人打电话写家书汇报改造情况的人多了。

知善行善，久久为功，润物无声，推行“善行”周记，按照学习书写、批阅讲评、观摩评比、改编展演、考核表彰五个环节开展，持续激发罪犯自我改造的内省动力。监区警察通过认真批阅，帮助罪犯提高书写能力和水平，并从中发现和及时解决问题，罪犯从每周的被动书写到主动与他人交流读书收获改造心得。监狱教育科政治教研室自主采编的《晨钟报》，设立“日行一善，从我做起”专栏，对罪犯的点滴善行及时跟踪捕捉报道，罪犯投稿踊跃，分享学习改造心得体会，看一本优秀传统文化书籍、写一篇善行周记，知善行善扬善的氛围日渐浓厚。

2. 有助于罪犯改恶从善、悔过自新

监狱文化建设过程中，监狱紧盯中华传统节日等时间节点，适时组织系列文化活动，目的是使罪犯在有形的活动当中，实时感受到传统文化无形的熏陶。激励他们改恶从善、悔过自新。清明节举办“缅怀逝者、弃恶扬善”的专题活动，用孝道的力量帮助罪犯改过自新；中秋节开展“中秋月圆话改造”系列活动，监狱警察与罪犯一起制作月饼，并通过谈心谈话让身处高墙的罪犯感受到管教警察的关心与温情。

3. 给予罪犯强烈而持久的熏陶

环境对罪犯改造，尤其是对罪犯日常行为养成有不可低估的作用。氛围浓厚、环境优美、格调典雅、错落有致的监狱环境对促进罪犯改造能够产生深刻而又积极的影响。在监狱这个相对封闭的环境中，要教育管理好罪犯，营造一个有利于罪犯改造的环境氛围十分重要。监狱秉承“以文化人、以文育人”理念，结合杨凌地域特征，对罪犯的学习、生活、劳动的教学楼、监舍楼、罪犯食堂、劳动车间等场所进行统筹规划设计。如将狱内监舍楼分别命名为知善楼、行善楼、扬善楼、明德楼、和谐楼，将教学楼命名为劝学楼，打造“以善养德”主题雕塑群、“善”文化主题广场，陶冶了罪犯思想情操、净化了罪犯心灵，给罪犯以强烈而持久的文化熏陶。将《弟子规》《三字经》等以竹简形式镶嵌在监舍楼醒目位置，同时在监院主干道和各监区楼道两侧悬挂励志标语等，让罪犯在日常改造生活中抬头仰目之际感受到传统文化的力量。

（四）借助多媒体平台，促进了教育改造工作向纵深发展

杨凌监狱在新媒体时代下，充分利用狱内电视台、数字电视、

狱内广播、心理干预电话、亲情电话、罪犯大课系统、域内专网等传播平台，占据监狱文化传播的主阵地，不断丰富拓展监狱文化建设内涵。

1. “善行”电视台

监狱打造“善行”电视台，充分发挥其功效，通过播放一些反映我国社会改革和建设取得的新成就、党和政府的一系列好政策、爱国主义影片、法治教育以及融法、理、情为一体的多种电视节目，提高罪犯改造的积极性。与此同时，对狱内有积极意义的事件及各种活动及时进行宣传报道，通过身边一件事，教育一片人。

2. “改造生活”微电影

“改造生活”微电影，这种新型的艺术表现形式进入高墙，缩短了社会与监狱之间的距离，监狱以微电影为载体，突出教育改造工作的针对性和实效性，学会注意收集积极改造、与人为善、知善行善的行为，广泛收集正能量题材。监狱以访谈、座谈、现身说法等形式对在改造过程中一些典型的人和事及时进行挖掘整理，并利用融媒体拍摄微电影《善行》，微电影引起了罪犯的共鸣，受到了上级部门的肯定。

3. “细雨之声”广播

监狱充分发挥广播传播范围广、传播速度快、不受环境和罪犯文化程度限制、人人能听到、人人能听懂的优势和特点，创新节目内容，更新栏目板块，对罪犯进行思想、文化、法律和道德知识教育。同时，通过开展多种互动活动，强化狱内广播的感染力。目前“细雨之声”广播已经达到狱内全覆盖，并实现了定向播放，被罪犯称为“自己的广播”。监狱成立百人威风锣鼓队、文艺表演队，组建合唱团，演唱红色经典曲目，让罪犯的情绪得到舒缓、压力得到释放、心理得到慰藉。监狱积极探索创新教育改造手段，同时融入新的时尚元素，使教育改造工作不断向纵深发展。

4. “秦心”心理援助热线

设立“秦心”心理援助电话。监狱高度重视罪犯在防疫期间的心理状况，主动出击，科学防治，精准施策。在全监范围内摸排有咨询经验或心理学专业背景的警察作为心理热线咨询员，积极构建心理危机干预热线平台，做好罪犯心理疏导与危机干预工作。各监区及时组织本单位警察职工、罪犯熟悉热线相关流程及心理干预相关要求，积极开展好罪犯心理援助工作。监狱积极配合省局做好线上培训工作，强化训练心理疏导技能，确保“秦心”心理援助电话正常使用。对罪犯的心理、行为、思想方面的异常情况和表现再次进行全面、细致摸排，重点关注。为确保各监区亲情电话正常使用，监狱积极联系电信公司对电话系统进行检查维护，稳定罪犯情绪，帮其树立改造信心，让罪犯和家属彼此安心，积极发挥教育改造治本功能，切实提高罪犯改造质量。

三、杨凌监狱文化建设展望

（一）提升警察队伍整体素质

警察队伍素质在很大程度上决定了监狱文化建设工作是否得以顺利开展。要加强警察规范化管理，强化警察岗位职责标准化建设、警察执法制度建设，逐步规范警察管理工作。教育引导广大警察将个人愿景与监狱工作目标相契合，增强职业认同感和归属感，创造良好的积极向上的工作氛围；引导警察借助现代传媒更新自身的知识体系、打破传统观念的约束、树立良性竞争思维，从而构建一支可推动监狱工作长足健康发展的专业队伍；建立行之有效的绩效考核机制，在个人与集体的绩效考核中把监狱文化建设成效作为主要评价标准之一，通过日常考评与年度考核调动警察参与监狱文化建设工作的积极性、主动性。

1. 发挥优秀文化优势，增进职业认同

优秀传统文化具有很强的浸润、熏陶作用。为不断提升警察职工自身修养和道德水平，应该每年在全单位范围内组织评选“最美警察”“最美职工”“道德模范”“文明家庭”，致力于树立崇德向善、和谐共生的风向标；经常性举办青年警察读书会、家风传承座谈会，举办传统文化大讲堂、立功创模宣讲会，建立图书室，拓宽学习教育方式，组织党史、新中国史和监狱发展史的交流、讨论，不断增强守初心、担使命的思想和行动自觉，促进优秀传统文化的学习传承；利用新媒体和自媒体，发挥“两微一端”，重点推送警察职工中典型的人和事及良好家风传承，用“一点一滴”的“小事”串起普通警察走到“台前”的“阶梯”，以优秀传统文化拓宽和引领道德风尚、增强归属感、增进职业认同。

2. 传承红色文化基因，弘扬核心价值

陕西监狱红色基因发源于延安清凉山。“陕甘宁边区高等法院看守所”是中国共产党 1937 年 7 月在延安创建的最早监狱，奠定了我国现行监狱制度的基石，涌现出了以模范典狱长党鸿魁为代表的一大批监狱警察先驱，铸就了跳动着时代脉搏的红色基因。“传承红色文化基因，用革命传统精神建设现代文化监狱”将成为新时代监狱人探索前行的支撑。立足实际，每年分批次组织领导干部、优秀警察职工、业务骨干前往延安学习实践，从根植于内心的红色基因中接受洗礼，从熔铸于血脉的革命传统中汲取力量，培固精神之“根”，熔铸理想之“魂”，牢固树立社会主义核心价值观。

3. 丰富文化活动载体，营造浓厚氛围

进一步健全完善新警入警宣誓，增强职业仪式感、荣誉感；形成警察光荣退休欢送制度，让致敬和传承薪火相传；抓住“五四”青年节等时间节点，开展畅谈理想人生座谈交流，增强警察职工职业归属感、荣誉感。监狱定期邀请道德模范、先进人物、专家宣讲团作报告，用先进人物事迹、浓厚的文化氛围，创造“健康向上、奋发有为”的工作环境，激励警察职工履职尽责、忠诚担当。监狱定期组织开展户外拓展、球类比赛、歌咏比赛、主题征文演讲、文化论坛、书画摄影等内容丰富、形式多样的文体活动，培育警察积极健康向上的工作生活态度，助推警察队伍整体素质提升。

（二）加强文化设施建设

遵循资源融合与共享的理念，做好优化文化环境、加强文化设施建设。

1. 保障经费充足、强化物质环境建设

监狱必须结合自身的现状，合理加大监狱文化建设力度，在每年的预算中纳入监狱文化建设这项经费，确保该工作的开展有足够的经费支撑。应当在基础设施完善的基础上，逐年加大资金投入，保持监狱特色。结合驻地元素和改造罪犯实际需要，强化物质环境建设工作，尽量确保警察职工工作生活及罪犯改造的文化需求与时代发展同步，通过有保障的文化设施投入和改善，为警察职工、罪犯改造创造良好文化氛围和环境基础。

2. 强化媒体宣传，引入和谐共生理念

在新形势下，强化媒体宣传建设工作，可采用建立监狱网站、开办监狱频道、自创联办新闻节目等方式，创设良好的文化学习交流平台，有效融合监狱的精神文化与设施文化两项建设内容，注重社会主义核心价值观等内容的结合，从而有效激活监狱的环境、建筑、绿化等要素，更好地体现警察管理、罪犯改造、人文环境的浑然一体。

3. 加强社会沟通，调动整合优质资源

在监狱文化建设时应当与驻地政府部门、大学、社会团体积极密切合作，调动整合优质资源，让监狱更加开放、自信。监狱文化不是一个独立的个体，更应得到驻地政府的支持和帮助，积极探索与高等院校、社会文化团体等社会组织的合作共建，丰富监狱文化建设内容，借助优质的社会资源提升监狱警察职工综合素质，争取社会力量参与帮教，增强罪犯改造的自觉性、主动性。

（三）健全运行机制

健全的文化建设运行机制反映监狱改革发展状态，伴随监狱文化建设的落地生根、开花结果，运行机制在实践中发展并不断完善。

1. 构建统一协调的工作机制

监狱要切实做好监狱文化建设的顶层设计，成立组织机构，制定长期工作规划，颁布文化教育实施纲要，特别要明确优秀传统文化教育的工作目标、工作内容、实施部门、保障措施、奖惩激励机制，使之规范有序、上下结合、运行高效。

2. 制定科学规范的工作标准

要根据犯罪类型、刑期长短、改造阶段，分类制定科学规范的工作方法，形成以具体优秀传统文化内容为标准的改造目标，特别要制定科学缜密的操作程序，以提升文化的改造效果。

3. 建立完善到位的工作体系

首先要完善组织体系，解决好人的问题；其次要完善目标体系，做好长期规划和短期安排；再次要完善考核评价体系，解决好奖惩激励的问题；复次要完善保障体系，解决好项目资金的问题；最后必须要完善责任体系，解决好落地落实的问题。

四、结语

面对社会快速发展的大背景，近年来，执法环境持续变化、押犯结构不断改变，监管改造局势日趋严峻。监狱文化作为一种新的管理思想和理念，为监狱事业的创新发展提供了一个很好的探索。丰富和促进监狱文化建设就必须从思想方面、组织方面、行为方面着手，使之与监狱文化接轨，并坚持监狱实践。

走进新时代，监狱文化建设以解决警察队伍中存在的问题为依归、从本源上去除罪犯的认识问题，已成为监狱实现安定、有序、和谐的不二选择。推动监狱文化建设，创建文化监狱，虽困难重重但前途光明，机遇与挑战并存。在新时代干事创业的大好环境下，以新时代、新使命呼唤新担当、新作为，以新监狱、新纪元呼唤新成绩、新发展，还要把握好警察以及罪犯在精神文化方面的新期望，更要积极地去汇集方方面面的文化创造，这样才能够实现文化发展的新超越。

总之，新时代加强监狱文化建设，需要我们在实践中探索，在探索中完善，在完善中前进，进而推动监狱工作的全面发展。

广西壮族自治区桂林监狱

续写忠诚铸警魂　情系山水守平安

广西壮族自治区桂林监狱

一、桂林监狱概况

巍巍"雷劈山"，"驼峰"迎宾来。位于桂林市高新七星区毗邻漓江、"雷劈山"脚下的桂林监狱井然坐落。这里群山环绕，翠绿满园，历经七十余载的发展巨变，这所占地近两千亩的监狱，坚持以科学管理保平安，以阳光公正树形象，续写了"情系山水　守望平安"的忠诚誓言，默默地守护着一方的安宁，犹如广西监狱事业的一颗明珠，闪耀在八桂大地。

近年来，桂林监狱坚持以习近平新时代中国特色社会主义思想为指导，树牢"四个意识"，坚定"四个自信"，坚决做到"两个维护"；在自治区党委政府、司法部、自治区司法厅、监狱管理局党委的正确领导下，在全体警察职工共同努力下，坚守安全底线，践行改造宗旨，各项工作取得了较好成绩，实现了监狱事业的持续健康发展，主要表现在"六个新"：政治建设取得新进步，党对监狱工作的领导进一步加强；平安建设取得新成效，连续 18 年实现监管工作"四无"目标，疫情防控持续实现"三防一安全"；法治建设取得新突破，执法问题得到全面纠正，警察执法水平得到有效提升；暖警惠警实现新提升，行政后勤保障能力进一步加强；队伍建设实现新发展，文化引领作用持续凸显，选人用人导向进一步明确，队伍士气得到较大提振；全面从严管党治警进入新常态，清廉监狱建设初显成效，风清气正的政治生态进一步稳固。

桂林监狱高度重视文化监狱建设，致力于“建文明之园，铸文明之魂”，经过全体警察职工的不懈努力，2015 年创成“全国文明单位”，成为广西监狱系统首家获此荣誉的单位，2017 年、2020 年复检合格，保留“全国文明单位”荣誉。2015 年，被中华全国总工会授予“模范职工之家”荣誉称号。监狱先后获得国家级节约型机关、广西卫生先进单位、2021 年公共机构节水型单位等荣誉称号。

监狱注重发挥文化在监狱工作中的引导、激励、感化作用，立足警营文化和监区文化两大文化阵地，将“情系山水　守望平安”的警营文化建设理念和“以文化人　感召育人　正心树德”的监区文化建设理念相结合，着力打造桂林监狱铸魂文化、召唤文化、平安文化、山水文化、幸福文化“五大文化”品牌。监狱喜获 2018 年度全国监狱文化建设先进经验重点推荐单位，文化建设方面走在广西监狱系统前列，对广西监狱系统的文化建设形成了有力的推进。

二、桂林监狱发展历程

追随中国监狱事业的光辉足迹，桂林监狱几经变迁，和桂林这座山水名城结下深厚的情结。

新中国成立后，位于桂林东郊的横塘农场逐渐成为惩治和改造罪犯的场所，20 世纪 50 年代初，横塘农场承担起大规模改造反革命犯罪分子的职能，从横塘农场开始，桂林监狱拥有了发展壮大的坚实根基。

“文革”开始后，一大批劳改农场被撤销。1969 年，为了转移生产力量，桂林监狱搬迁到了桂林市灵川县海洋乡，成立海洋监狱，组织罪犯开采铁矿。大山深处，干部们一边解决基本的生活保障问题，一边带领犯人开始了紧张的开采作业。海洋监狱岁月里有酸甜苦辣也有欢歌笑语，广大干警既是战友也是家人，分享着温暖，共担着艰难，牢牢地团结在一起，共同守护着这份安宁。

20 世纪 70 年代末，桂林监狱搬迁回横塘农场地界“雷劈山”脚下，继续对罪犯实施惩罚和改造。当时干警的工作不仅要管教好犯人，还要在生产的发展上下足功夫。在信息不通、科技人员匮乏的年代，监狱的生产发展，全凭劳改干部带领技术骨干，怀着一腔热情摸索。从产品开发到技术革新，从实验操作到成品出炉，大伙个个干劲十足，通过不懈努力，研发出一批批新产品，监狱的发展焕发出新的活力。

1986 年，告别了近 20 年的“海洋”名号，海洋监狱更名为“广西壮族自治区第三监狱”。监狱地理优势和市场前景得到了上级的普遍认可，为接纳更大的工业发展奠定了良好的基础。

1988 年，上级决定将位于柳州市鹿寨县的英山柴油机厂柴油机部分迁往广西第三监狱，组建广西壮族自治区英山柴油机厂。1990 年，英山柴油机厂成功建成 135 系列柴油机三千台生产线，为监狱的发展注入了强大动力。到 1993 年，英山柴油机厂实现了产值、销售首次突破亿元大关，步入全区机械工业系统 19 个产值、销售超亿元的行列，被自治区机械厅授予“振兴贡献奖”。在上级党委的正确领导下，全体干警职工强化监管改造责任，瞄准市场经济目标，取得了物质文明和精神文明建设的新辉煌。

1995 年 1 月 15 日，广西壮族自治区第三监狱更名为“广西壮族自治区桂林监狱”。沐浴着 90 年代的改革春风，“桂林监狱”这个响亮的名字从此与这个拥有半个世纪非凡历程的监狱紧紧相连。2006 年，监企改革，成立了广西华盛集团桂林英才机械有限责任公司。

交汇融合，兼容并进。一代代桂林监狱人克难攻坚，锐意进取，推动监狱实现了队伍建设、廉洁执法、监管稳定、小区建设的全面发展和整体提升。

峥嵘岁月，春华秋实。一批批桂林监狱事业的开拓者、建设者、奋斗者，忠于使命、默默耕耘，成功改造了大批罪犯，为维护社会稳定、促进社会发展作出了积极贡献。

三、桂林监狱文化建设成效

多年来，桂林监狱始终坚持充分发挥传统文化在监狱工作中的引导、激励作用，依托桂林这座千年历史名城及旅游胜地的“山水文化”和“历史人文”有利条件，结合地方特色，以“情系山水　守望平安”为文化建设理念，立足警营文化和监管文化两大文化阵地，不断丰富“铸魂文化、感召文化、平安文化、幸福文化、山水文化”五大文化品牌的内涵。

（一）铸魂文化——政治引领、凝心聚力、铸魂强基，着力打造忠诚、干净、担当的“铸魂文化”

桂林监狱把践行社会主义核心价值观与广西监狱人民警察精神有机结合起来，在“忠诚、干净、担当”上下功夫，在文化硬件和软件上加大投入，着力打造政治引领、凝心聚力、铸魂强基的铸魂文化。

1. 坚持传承历史，再展英姿

进入监狱小区，映入眼帘的首先是大型的“开拓未来”雕塑，寓意着“全体警察职工团结一致，齐心协力向未来”。

走进桂林监狱陈列馆，桂林监狱的发展历史在这里呈现。横塘记忆、海洋岁月、英才风采……监狱的发展历史在此交汇融合；监管改造、队伍建设、行政后勤、经济发展……每个板块的讲述将监狱砥砺发展的脚步在这里展现；海洋乡铁矿石、6135 型号柴油机、机械量具……一个个老物件述说着当年的故事……在不到 400 平方米的桂林监狱陈列馆展厅里，沉淀着桂林监狱发展的历史，记录着桂林监狱发展的历程，展示着监狱的发展成果。

在文化建设上，桂林监狱注重铭记历史、开拓未来。让警察职工牢记一代代桂林监狱人克难攻坚、干事创业的荣光，牢记一批批监狱开拓者挥洒青春、艰苦创业的风采。在新征程上继续不忘初心、砥砺前行，为监狱发展继续团结奋斗，再创佳绩。

2. 坚持政治引领，党建先行

进入桂林监狱办公大楼，“对党忠诚、服务人民、执法公正、纪律严明”（该要求是习近平总书记在会见全国公安系统英雄模范立功集体表彰大会代表时所提出的）的醒目大字展现眼前。打造一支“忠诚、干净、担当”的监狱铁军是监狱一直以来坚定坚持的目标。监狱坚持铸魂强基，深入学习贯彻习近平新时代中国特色社会主义思想，坚持政治引领，理论先行，加强基层党建工作，不断筑牢思想根基。一是强化政治引领。深入开展“不忘初心、牢记使命”主题教育、学习贯彻习近平新时代中国特色社会主义思想主题教育、政法队伍教育整顿等，切实把广大警察职工的思想统一到自治区监狱管理局党委提出的“4435”发展目标上来，广大警察对监狱工作面临的新形势、新任务、新要求有了更清醒的认识，工作的信心和动力更加强劲。二是丰富学习载体。通过新时代文明实践的建设，带动警察职工掀起学习新热潮。深入推进“两学一做”学习教育、党史学习教育常态化制度化，每年各党支部开展政治理论集中学习 800 余次，党员警察积极开展“学习强国”App 的学习，学习参与积极性高，学习积分排名处于监狱系统前列，广大警察职工“四个意识”进一步树牢，“四个自信”进一步坚定。三是加强基层党建工作。加强基层规范化党支部建设，强化党组织的先锋模范作用，目前监狱党支部全部建成全区监狱系统规范化党支部。落实“三会一课”，积极开展各类主题党日活动，丰富党员生活。以党建工作为引领，创新开展三大党建工作交流平台建设，搭建了“支部书记面对面”“支部工作大家谈”“支部党课我来讲”三大平台，并作为全区监狱系统“创特色、立标杆、促发展”项目推进，积极开展党建强基品牌建设，激活基层党建“一池春水”。

3. 坚持文化励人，凝心聚力

监狱办公楼楼层的文化墙建设，聚焦监狱主责主业，结合各楼层的职能特点，并与地域山水文化相结合，打造有独特风格的楼层特色文化，成了监狱独具特色的警营文化风格。同时监狱也注重楼道文化建设，左侧楼道打造了清廉文化走廊，发挥文化的警示作用；右侧楼道打造书画文走廊，警察职工的作品展示其中，发挥文化励人的作用。通过文化墙的打造，提升监狱文化的品位和发挥文化励人的作用。

在文化软实力建设上，监狱不断完善队伍建设“育强 + 选优 + 管好”工作机制，优化选人用人导向，大力选拔任用敢于善于担当作为的干部，队伍士气不断提振。大力开展“英才工程”，80 余名青年警察逐步成长为各自岗位上的业务骨干。不断加大警察职工培训力度、培训广度，抓思想、重业务，多形式、多层次开展培训业务，扎实开展岗位大练兵，提升队伍整体素质。深入推进队伍教育整顿，梳理问题背后成因和制度短板，完善制度机制。深入开展“肃清流毒影响　筑牢忠诚警魂　净化政治生态”警示教育，推进“五查五整顿”专项行动，推进“系统促治”等，大力推动清廉监狱建设，开展清廉科室、清廉分监区选树活动，宣传教育科、特警队获得全区监狱系统“清廉科室”称号，开展廉政教育和家庭助廉等活动，把廉政文化向多样化、深层次延伸，大力营造风清气正的政治生态。注重发挥榜样的模范带头作用，从 2016 年起，监狱每季度开展“十佳岗位标兵”评选活动，以身边的先进典型，影响和带动广大警察职工，推动监狱工作发展。截至 2023 年 9 月，桂林监狱共评选出 240 人次“十佳岗位标兵”，其中 50 多人走上了监狱中层领导岗位。近三年来，监狱涌现出谭盛等全国监狱工作先进个人，获厅局级表彰 540 人；积极开展道德讲堂、事迹报告会等活动，以身边人说身边事，岗位人讲岗位事的形式，让警察职工从身边人、身边事中受到启发、感染，营造崇德向善的浓厚氛围；常态化开展岗位练兵活动，每季度进行考核验收，以提升警察的警体技能水平，在全区监狱系统第一届、第二届广西监狱特警队反恐防暴技能比武竞赛均获得各类好名次，大大提高警体技能和履职能力，同时也提升了队伍的战斗力、凝聚力。在宣传工作上，立足正面鼓劲，多篇作品在“学习强国”、民主与法治网、法治网、广西新闻网等媒体发布。单位获 2020 年度、2021 年度全区司法行政系统新闻宣传先进单位、全区监狱系统新闻宣传先进单位，2022 年度全区监狱系统新闻宣传工作表现突出集体。

（二）召唤文化——“以文化人、感召育人、正心树德”，着力打造彰显教化功能的“召唤文化”

监狱坚持“以文化人、感召育人、正心树德”的监区文化建设理念，抓实文化教育，彰显教化功能，使文化成为服刑人员改造的内驱力；打造“一监狱一品牌，一监区一特色”，以“召唤”文化为主题，打造召唤石、召唤广场、《召唤》小报、召唤画室、“召唤之声”广播等，“真诚感召唤醒失足囚子走回正道”。

1. 创办《召唤》小报，真诚感化

《召唤》小报由名扬中外的已故著名书法家伍纯道亲笔题词，自 1992 年创刊，至 2023 年已有 31 年的历史。《召唤》小报宣传狱内改造典型，弘扬励志文化，唱响新生，由服刑人员写稿，警察审稿，坚持每月出版 3 期，至 2023 年保持长达 30 余年不变。《召唤》小报题材来自服刑人员，受到了服刑人员普遍热爱，成了服刑人员改造的良师益友。

2. 建设召唤画室，润物无声

召唤画室成立于 1997 年，是全区首创的服刑人员习艺项目，融教育、职业技能培训、习艺改造于一身。召唤画室始终依托桂林山水的特色精华，以山水为重点，辅以梅、兰、竹、菊等创作题材，形成了独具特色的文化产业。在发展的历程中，召唤画室始终坚持走特色发展之路，浓墨淡彩间，让服刑人员把刑期当学期，不但引导迷途浪子积极改造重回正道，更让他们掌握了一技之长，为将来自食其力打下基础。

3. 打造召唤文化，召唤新生

监狱坚持积极探索“用先进的文化教育人”的方法，培养积极向上的听觉文化，“召唤之声”如约而至，听广播，去杂念，陶情操，成为服刑人员每天学习和陶冶情操的载体；坚持“一监区一特色”，各监区的特色文化有：一监区的励志文化、三监区的诚信文化、四监区的阳光文化、五监区的快乐文化、六监区的孝悌文化、七监区的安全文化、八监区的美德文化、十监区的律己文化等。同时，结合服刑人员思想教育工作形势，在服刑人员中开展中华文化传统教育，为其新生注入了正能量，将文化的内涵、文化的活力、文化的美好融入改造生活，用文化的力量召唤新生的光明。

作为全区监狱系统教育专网建设试点单位，桂林监狱发挥教育专网的学习、宣传阵地作用，通过教育专网对罪犯开展思想教育、文化教育、励志宣传等，极大地提高了教育改造罪犯的质量，促进了狱内稳定。

“召唤”文化深入服刑人员心间，以其朴实的文风，正确的导航方向，唤醒一批批服刑人员悔过自新走向新生。

（三）平安文化——阳光公正、规范管理、以文化人，着力打造管理规范的“平安文化”

监狱坚持以维护监狱安全稳定为己任，筑牢安全底线，持续深入推进“五安全一稳定”工作，全面深化平安监狱建设，引导迷途浪子积极改造、重回正道，努力实现监狱工作从“管得住、不跑人”到“改造好、不再犯”的全面提升。

1. 阳光公正树形象

监狱以“情系山水、守望平安”为理念，努力打造平安监狱。将依法依规管理贯穿监狱整个执法过程，监狱严格依法执法，以政法队伍教育整顿为契机，全面规范执法司法各个环节，将监狱各项执法工作纳入法治轨道，努力让每一起减假暂案件办理经得起历史的检验。开设监狱长信箱、检察长信箱，畅通司法援助渠道。完善狱内法庭、远程网络法庭制度，让服刑人员切实感受到公平正义。推行狱务公开、政务公开、警务公开，通过举办监狱长接待日活动、监狱开放日活动，加强狱内外沟通，实现监管透明、执法透明，让高墙内的执法接受社会力量的监督，让社会各界感受高墙内的文明，让阳光执法照亮前行的路。从严把关服刑人员的生活卫生工作，实现基本医疗有保障。

2. 规范管理促改造

以规范监区创建工作为契机，深入推进规范化、精细化管理，以警察日工作流程和服刑人员日改造规范两条主线为切入点，以规范管理促改造。开展规范监区创建活动，提升监管改造工作整体水平。在罪犯中积极开展强化罪犯身份意识的“五比五好”“五比五看”竞赛，以竞赛促规范，以竞赛促改造秩序的提升。深化“三共八联”，强化三警联动，不断完善应急处突预案。开展隐患排查，确保监管改造持续安全稳定。在监狱服刑人员心理健康指导中心，通过个体咨询、团体辅导等，不断发挥教育矫治功能。落实安全生产防范责任和教育培训，连续保持安全生产无事故，与桂林市消防救援支队结成“共联共建”合作单位，进一步夯实安全生产基础。

3. 春风送暖化坚冰

桂林监狱充分利用社会力量和文化资源，建立与社会企事业单位、文化体育部门协会、学校以及帮教志愿者、服刑人员亲属等广泛、稳固的帮教联系，通过送图书、文体用品，提供法律援助、文化辅导，开展感恩教育、亲情帮教等形式的帮教活动，每年举行监狱开放日亲情帮教活动，邀请社会团体、服刑人员亲属进监狱参观，大力宣传监狱的良好形象，扩大了影响力。作为文化共享工程的基层服务点，将优秀读物引进监狱，开展读书系列活动，丰富了服刑人员的精神世界。加强与地方政府、社会各界联系，推动联合开展常态化的帮教和关爱活动，使人间亲情穿越高墙电网的阻隔，用爱心援手温暖心灵。桂林监狱通过狱内广播、电视、教育专网、服刑人员讲评等方式，宣传党的监狱工作方针政策，弘扬狱内正气，使服刑人员在潜移默化中受到文化教育的熏陶。加强对罪犯的思想、文化、职业技能等的教育，特别是积极引进社会资源和社会力量，开设打油茶等特色职业技能培训，促进罪犯劳动改造项目多元化，提升罪犯职业教育的实用性，让服刑人员掌握一技之长，为回归社会打下基础。

4. 文化载体促发展

桂林监狱利用开展各项有益的监区文化活动使服刑人员愉悦精神，陶冶情操，提高素质，达到对服刑人员进行有效文化教育改造的目的。如组建服刑人员文艺队进行巡演活动，开展书法绘画比赛、演讲比赛、篮球联赛等。成立监区篮球队、醒狮队、乐队、书法绘画等各类兴趣小组，通过开展文艺演出、诵读经典活动、演讲比赛、歌唱大赛等文体活动，使服刑人员在潜移默化中受到文化教育的熏陶。

（四）幸福文化——关注民生、关切民意、暖警爱警，提升幸福指数，着力打造爱岗爱家的“幸福文化”

桂林监狱秉持“快乐工作、幸福生活”理念，坚持把警察职工的幸福生活作为永恒的价值追求，通过立体施策，精心布局，精心描绘一幅有色彩、有温度、有情怀的幸福画卷，不断增强获得感、幸福感。

1. 深化环境创建，孕育特色文化

桂林监狱以山水为依托，积极推进幸福和谐小区建设，努力将自身打造成为一所花园式的监狱。在生活区有桃树林、桂花林、松树林和紫荆花树，整个生活区四季盎然，温馨如画。每年春暖花开时，桃花美名更是名满全城，被网友亲切称为“全国最美监狱”。文化活动、警体运动、休闲娱乐中心，功能齐全、设施完善、环境优美。生活小区“三供一业”全部完成移交，日常管理实现“物业＋业委会”管理模式。“乱种乱养”现象得到整治，和谐美丽文明小区建设成效明显，获授予广西壮族自治区2020年—2022年“卫生先进单位”荣誉称号，2021年度创建成节水型单位。

2. 抓好民生工程，建设幸福家园

加大人力、财力、物力投入，突出功能定位，不断完善基础设施建设，形成了办公区、监管区、生活区布局科学合理的环境新格局，工作区、生活区域紧密相连，警察职工的工作效率和监狱安全稳定系数不断提升。完成住房改造项目，451户警察职工住进了新居。加快监狱基础设施建设，各项工程稳步推进。公共设施维修、工作餐及接待服务管理工作得到进一步加强。聚焦监狱工作智能化、信息化发展目标，智慧监狱建设持续提升。

3. 丰富文体活动，培育健康理念

近年来，监狱利用文化资源和基础设施优势，依托倾心打造的软、硬文化优势，积极开展职工全面健身、气排球比赛、篮球比赛、足球比赛、大合唱比赛、文艺晚会、演讲比赛等文体活动，先后承办了多项全区监狱系统大型文体活动，不断提升监狱文化的影响力。监狱组建了各类协会，如舞蹈协会、声乐协会、摄影协会、书法绘画协会、骑行协会、乒乓球协会、羽毛球协会、气排球协会、篮球协会等。协会活动的开展极大地丰富了警察职工的业余文化生活。监狱成立了“山海棠”读书会（读书会命名“山海棠”，源于桂林监狱是由英山、海洋和横塘三部分组成的，更有海纳百川、有容乃大的寓意），读书会引导广大警察职工爱读书、读好书，营造了浓厚的学习氛围。监狱职工书屋建设成了“中华全国总工会职工书屋”。监狱关心老同志的生活，创建自治区示范老干部活动中心。每年桃花盛开时，监狱会在桃花林中开展学习雷锋志愿活动，让小区居民和往来赏花游客在欣赏美景的同时感受到暖心服务；举办以“墨舞花韵”书画比赛、“采撷花影”摄影比赛、“聆听花语”诗会等为主题的桃花艺术节系列活动，面向广大警察职工、人民群众，打造富有桂林监狱特色的文化品牌。近年来，监狱自编自导自演了《平凡》《心愿》《救赎》《初心》《这一年》《盼》等多部微电影，在比赛中均获得较好成绩。监狱的警察职工们享受着幸福的文化生活，爱岗爱家的幸福生活理念已成为广大警察职工的共识。

4. 加强暖警爱警，营造暖心氛围

在新冠疫情防控模式下，监狱为工作、家庭生活方面存在困难的警察职工建立信息台账，发挥志愿者服务队的作用，开展顾送物品、关怀解困等有针对性的暖警爱警工作。优化备勤执勤环境和条件，开展除夕送饺子、端午送粽子及中秋送月饼等节庆活动，成立青年志愿服务队，协调解决执勤备勤导致的日常生活不便问题，大力营造暖心氛围，让警察职工有归属感、荣誉感、幸福感。

（五）山水文化——依山托水、激励斗志、助力发展，着力打造具有独特地域特色的“山水文化”

桂林是国际旅游胜地，自然风光秀丽，文化底蕴深厚，人文气息浓郁，抗战时期更是成为著名的进步文化中心。桂林监狱秉承地方先进文化传承，厚植蕴含在奇山秀水间的优秀文化底蕴，不断提升监狱文化建设水平。

桂林监狱围绕“情系山水、守望平安”理念，将山水情愫与神圣使命相融合，传播爱岗敬业、守土有责的精气神，成为扎根在桂林漓江之畔的一颗明珠。

1. 用“山水”传播能量，激励队伍干事创业

监狱充分利用独有的桂林山水区位优势，将秀美的环境和山水元素融入监狱文化建设，用山水文化助推发展。近年来，监狱开展了多种以“山水”为主题内容的文化活动。山水书画展、山水旗袍秀、山水文化艺术节，精彩纷呈，山水文化的艺术内涵得以不断丰富和拓宽。落实一系列队伍管理新举措，把从严队伍管理与落实关怀激励政策紧密相连，讲好与桂林山水历史相关的廉政故事，着力营造风清气正的政治生态，队伍干事创业的动力持续提升。

2. 用“山水”净化思想，重塑罪犯新生灵魂

桂林山美水美，更要通过文化教育彰显心灵美，重塑罪犯美丽人生。监狱结合桂林山水特色，监管区环境坚持“以山为楼，以水为路”的理念，监内监舍楼、教学楼、道路均以山水命名，榕湖路、桂湖路、象山楼、七星楼、秀峰楼、漓江大道等，融入了桂林山水文化的元素，表示“水柔容万物，山刚负千峰”，寓意“楼稳路活”。召唤画室以山水画为主，用山水文化熏陶罪犯灵魂，净化

罪犯心灵，山水文化的艺术创作，不断丰富教育改造罪犯的形式和载体，提升教育改造质量。

3. 用“山水”描绘蓝图，助力监狱稳定发展

特色的地域文化，犹如监狱文化建设的车之轮、鸟之翼，助力监狱工作发展，地域文化与监狱文化的高度、有效融合，对坚定自身文化自信、锤炼警察队伍、提高教育改造质量、推进监狱事业发展具有重要的现实意义。桂林监狱坚持“情系山水，守望平安”的思路，把对山水的眷恋之情化作维护监狱安全稳定的坚定信心，不断增强守土有责的职业使命感，借“山水”之力，讲好桂林监狱故事，增添监狱改革发展新动力。

放眼新征程，前途光明，任重道远，桂林监狱在习近平新时代中国特色社会主义思想的指引下，在司法部、自治区司法厅、自治区监狱管理局党委的领导下，坚决贯彻党的监狱工作方针，在总结往年监狱文化建设成果的同时，继续以树立文化品牌为载体，努力营造积极向上、健康浓厚的文化监狱氛围，积极发挥文化育人、文化铸魂、文化兴监的作用，勇担时代赋予的新使命新任务，砥砺奋进、勇毅前行，不断续写文化建设的新篇章，为建设社会主义壮美广西贡献力量。

广东省梅州监狱

融合客家文化　打造特色监狱文化品牌

——广东省梅州监狱文化建设的实践探索

广东省梅州监狱

广东省梅州监狱利用地处客家核心区的地缘优势，将客家优秀传统文化与监狱文化有机融合起来，挖掘客家优秀传统文化中的现代人文精神，将其融入监狱文化内核，打造出具有鲜明客家特色的监狱文化品牌。2019 年 5 月，中国监狱工作协会监狱文化专业委员会组成专家组，对梅州监狱文化建设工作进行了复评。梅州监狱以文化建设的系统性、特色性、引领性、创新性，得到专家组充分肯定，获评为“全国监狱文化建设先进经验重点推荐单位”。

一、梅州监狱文化建设的历史进程

梅州古称嘉应州，是历史上客家民系的最终形成地、聚居地和繁衍地，是国家历史文化名城，被誉为“世界客都”，也是中国的文化之乡。在客家先民迁徙开拓和繁衍生息的浩瀚历史长河中，梅州孕育出堪称古汉文化“活化石”的客家文化，成为世界客家人的精神家园。

广东省梅州监狱始建于 1951 年，地处梅州江北老城区。扎根世界客都，“梅监人”深挖地域文化特色，注重将客家优秀传统文化运用于警队建设和教育改造等方面，营造出方行气正、德高启魂的监狱人文环境，打造具有鲜明客家文化特质的监狱文化品牌。

纵观梅州监狱70多年的光辉历程，文化建设贯穿始终，监狱警队核心价值和文化样态在曲折中继承，在继承中创新，在创新中发展，成为引领监狱发展的强大精神动力。梅州监狱曾是广东为数不多的城市监狱，也是老工业单位。优越的地理位置、浓厚的人文环境和颇具规模的监狱企业，为监狱文化的孕育和发展创造了良好条件；老一辈“梅监人”艰苦创业、砥砺奋进的精神品质和优良革命传统，在守护平安、教化育人的神圣使命中，孕育出璀璨的警营文化、矫治文化、企业文化，结出了丰硕成果。即便是在物质条件较为匮乏的艰苦年代，监狱各类兴趣小组、团队活动、体育竞赛仍然丰富多彩，各类文化交流、理论研讨、文学创作仍然蓬勃发展。20世纪80年代，央视主持人赵忠祥、艺术家殷秀梅、侯耀华等都曾到梅州监狱进行慰问演出，文化建设一直是梅州监狱引以为傲的响亮名片。

党的十八大以来，中国特色社会主义进入新时代，以习近平同志为核心的党中央把文化建设提高到前所未有的高度，明确提出了文化自信的时代命题，鲜明地把文化自信提升到坚定“四个自信”的高度。梅州监狱地处客家核心区，深知客家优秀传统人文精神在教化育人方面的重要作用，也深刻认识到需要将监狱文化与地域文化结合起来，打造具有客家特色的监狱文化品牌，不仅有助于监狱文化建设焕发新的生机活力，亦能产生情感认同和行为自觉。2015年监狱党委深入贯彻党和国家关于文化发展的重要战略部署，在总结监狱文化建设经验基础上，立足监狱文化的长远发展，制定实施《广东省梅州监狱文化建设实施意见》，从“建什么、如何建、为啥建”三个维度，厘清关于监狱文化建设的底层逻辑，首次提出“打造客家特色监狱文化品牌”的监狱文化建设目标，并将监狱文化建设规划为“基础建设、融合推进、深化发展”三个阶段，明确提出未来十年加强特色文化建设时间表、路线图和任务书，开启了“文化兴监”崭新篇章，奏响了文化发展的激昂旋律，推动监狱文化建设进入快速发展期。一是监狱文化的基础建设阶段（2015年—2018年）。聚焦监狱文化“建什么”，重点解决监狱文化体系构建的基础建设问题。2015年3月，梅州监狱首次召开监狱文化建设专题会议，拉开了梅州监狱文化建设“十年三步走”发展规划的序幕。这四年，监狱着力在总体规划、方案制定、价值理念提炼、文化展示平台搭建、文化标识符号设计、文化设施建设等方面下功夫，基本完成监狱文化体系的构建，为监狱文化的推进发展奠定坚实基础。二是监狱文化的融合推进阶段（2019年—2021年）。聚焦监狱文化“如何建”，重点解决监狱文化如何落地落实的问题。监狱着力在文化培植、文化融合、文艺创作、文化惠警等方面下功夫，通过文化宣传、行为约束、机制建设等，潜移默化地将监狱文化理念融入执法管理和日常行为中，避免形式内容“两张皮”、文化虚化幻化，让文化理念真正内化于心、外化于行、固化于制，成为警察职工的文化自觉。三是监狱文化的深化发展阶段（2022年—2024年）。聚焦监狱文化“为啥建”，重点解决监狱文化创新发展和服务发展的问题。监狱着力在文化人才培育、文化合作交流、文化精品打造、文化理念创新等方面下功夫，积极探索客家地域特色文化在监狱文化建设中的创造性转化，不断优化提升监狱文化内涵，不断健全监狱文化创新机制，全面建成具有客家特色的监狱文化品牌。

2018年5月，梅州监狱经广东省监狱学会推荐，作为广东监狱的选派代表，参评全国监狱文化建设先进单位。2019年4月，中国监狱工作协会监狱文化专委会在广西桂林召开评审会，专家组对各参评单位经验申报材料进行了初步评审，广东省梅州监狱等10个单位通过初评。2019年5月，中国监狱工作协会监狱文化建设专业委员会实地复评梅州监狱文化建设工作，充分肯定了梅州监狱文化建设工作所取得的成绩，梅州监狱获评“全国监狱文化建设先进经验重点推荐单位”。之后，梅州监狱站在新的历史起点，坚定文化自信，树立文化引领新发展的鲜明导向，全面实施“文化融合、文化固本、文化惠警、文化提质、文化交流”五大工程，增强文化软实力，提升文化影响力，开启监狱特色文化品牌建设的新征程。

二、梅州监狱的文化内核：方、正、圆、融

习近平总书记指出，中华优秀传统文化是中华民族的文化根脉，其蕴含的思想观念、人文精神、道德规范，不仅是我们中国人思想和精神的内核，对解决人类问题也有重要价值。要把优秀传统文化的精神标识提炼出来、展示出来，把优秀传统文化中具有当代价值、世界意义的文化精髓提炼出来、展示出来。

地处客家人文核心区，“梅监人”将客家地区最具代表性的“围龙精神”作为监狱文化的根脉，将其“方正圆融”的精神特质融入监狱工作的方方面面。通过深度提炼总结，将“方正圆融”的精神内涵形象化、具体化、监狱化，上升为梅监文化的精神标识和文化精髓，形成独具客家特色的监狱文化内核。

（一）监狱将“方”定义为警队精神的价值表达

“方”为做人之本，更应是为警之魂。梅州监狱充分理解客家人文中“方”所蕴含的精神气质，将客家人“为人方正、知行合一”精神特质引入警队核心价值教育，引导队伍严守规矩、本分做人、忠诚奉献，全力打造过硬队伍。监狱将“方”定义为警队的核心价值表达，蕴含“梅监人”讲规矩、守忠义的人文特质，通过营造讲廉洁、铸忠诚、比奉献的文化氛围，将“方”的核心价值理念

根植于警察职工内心。一是秉承“安分守己”的优秀品质。将客家地区大量弘扬勤政廉政、严守规矩的客家家训和客家谚语，运用于党风廉政教育。采取客家廉政漫画展、征集优秀家风家训、制作廉政微视频、每周推送廉政警句、签订廉政承诺书等形式，在潜移默化中引导警察知敬畏、讲规矩、守底线，构建起风清气正的廉政文化氛围。二是秉承“爱国爱家”的红色基因。利用客家地区丰富的红色文化资源，大力弘扬黄遵宪、丘逢甲、叶剑英、田家炳、曾宪梓等客家名人“誓死报效国家、致富不忘家乡”的崇高精神。通过开展瞻仰革命纪念园、重温从警誓词、升国旗唱国歌、慰问抗战老兵、唱响红歌等活动形式，营造忠于党、忠于监狱事业的浓厚政治氛围。三是秉承无私奉献的“木棉精神”。木棉树在客家地区广泛种植，被称为“英雄树”，被视为客家人坚忍不拔、默默奉献的精神化身。把见证梅州监狱发展变迁的两棵高大木棉树，视为监狱警察的精神化身，每年举办“木棉精神”主题研讨会、朗读会，每年开展“寻找无名英雄”活动，通过解读木棉精神，推选“木棉英雄”典型人物，弘扬执着追求、乐于奉献的精神品质。

（二）监狱将“正”定义为公正执法的理念表达

正者无私。公平正义是监狱法治文明的价值追求，也是监狱警察应有的职业操守。客家人具有追求文明、崇尚法治的优秀品质，遵从“正直、守正”的处事原则。监狱将“正”定义为监狱执法管理的理念表达，蕴含着“梅监人”讲文明、尚法治的价值追求，通过教育引导警察正人先正己、气正肃旧恶，营造文明、规范、公正的执法环境，打造阳光狱园。一是秉承客家人“文明谦让”的优秀品质。将文明的理念贯穿于队伍外在形象和执法管理环节，通过培育警察职工的现代公民意识，制定实施《梅州监狱人民警察文明公约》，创建职工文明之家，开展献血、义诊、困难帮扶等志愿活动等，努力打造文明警队。通过制定实施《警察一日执勤规范》《警察执法管理十大基本制度》，推行现场定置化管理，强化警务督查，积极营造文明规范执法环境。二是秉承客家人“公道正派”的优良传统。客家先民有崇拜“獬豸”的文化传统，如客家地区的“冠豸山”弘扬的“豸”文化、獬豸造型的“公正在”雕塑，是客家人“以豸为镜、以法为律”的尚法精神体现。而獬豸也是监狱公正执法的精神图腾，利用这一文化关联，监狱积极推广“獬豸”文化，弘扬法治精神，通过举办宪法宣誓、禁毒宣传、法律援助、开放日活动等，营造浓厚的法治文化氛围。

（三）监狱将“圆”定义为矫正罪犯的使命表达

客家人具有讲仁爱、善教化、促圆满的优良传统。“梅监人”融会贯通，将“圆”定义为监狱教育改造罪犯的使命表达，将改造好每一名罪犯形象地比喻为画好每一个“圆”。为画好每一个“圆”，监狱积极营造孝悌仁爱、与人为善的矫治环境，将“圆”的核心价值理念融入教化育人工作中。一是坚持以“家文化”教育罪犯树立仁爱思想。在罪犯中大力宣传“孝悌仁爱、礼教家序”等客家传统观念，通过开展写家书、读家信、讲家史活动，传统节日亲情帮教活动，高墙团圆饭活动等，教育引导服刑人员学会感恩、懂得报恩，发挥好“家文化”的情感维系和约束功能，使监管改造变得更有家的温情、更有法的温度。二是坚持以“善文化”教育罪犯弃恶向善。通过邀请社会名家讲授客家人与人为善的典故，组织学习《客家歇后语》《客家家训》等，阐明“善有善报、恶有恶报”的因果关系，开展“向受害人忏悔”、“月行一善”、以劳动报酬抵交罚金活动等，启迪罪犯弃恶从善、改过自新。

（四）监狱将“融”定义为团队建设的理念表达

运圆以守方，持方以融圆，这是梅州监狱对客家围龙精神的认识升华，强调监狱工作融合协调发展，坚持以客家人尚中贵和、精诚团结的人文特质，积极倡导和谐“家文化”，强化同呼吸、共命运的“梅监人”集体意识，凝聚人心，汇聚力量，促进监狱和谐发展。监狱将“融”定义为团队建设的理念表达，蕴含“梅监人”尚和睦、促和谐的优良传统，通过营造同呼吸、共命运的“梅监人”集体意识，将“融”的核心价值理念融入团队建设。一是秉承好客家人“尚中贵和”的团队观念。大力倡导“大家庭”观念，以“家和万事兴、吵斗散人心”“大河有水小河满、大河无水小河干”等客家训语，教育引导警察职工把个人愿望与监狱发展前景紧密结合起来，珍惜共事共处的机缘，当好“梅监人”、讲好梅监话、办实梅监事，树立同呼吸、共命运的“梅监人”集体意识。二是积极倡导“快乐工作、幸福生活”理念。只有快乐工作、幸福生活，将工作和生活有机融合，才能真正实现其乐融融。监狱党委积极引导警察从履行岗位职责、公正文明执法、挽救迷途囚子、廉洁自律等方面收获幸福、获得快乐，引导警察职工树立正确的职业观和幸福观。

三、梅州监狱文化建设的实现路径

文化源于实践，更要运用于实践。为提升监狱文化建设质量，梅州监狱着眼于文化形态的外在展现，以实施文化发展规划为主线，以标识设计、健全机制、搭建平台、营造环境为抓手，多维度打造监狱文化建设的实现路径。

（一）抓好文化发展规划

监狱着眼文化的可持续发展，制定了《广东省梅州监狱文化建设实施意见》，明确了2015—2024年监狱文化发展战略，确定了26项重点文化建设任务，构建了文化发展的组织保障机制，为监狱全面推进文化建设提供了行动指南和基本遵循。在监狱文化景观规划布局上，将监狱整体文化布局划分为五大板块，赋予不同的文化展示主题，其中行政区为党建文化和警队核心价值文化展示区；监管区规划如下：生产车间片区规划为企业文化展示区、狱内中心广场规划为法治文化展示区、教育广场规划为矫治文化展示区、监舍区规划为传统文化展示区。

（二）开发监狱视觉识别系统

2016年，梅州监狱在广泛收集警察职工意见建议基础上，与广州美术学院合作研发了《广东省梅州监狱文化与视觉识别系统》，将文化的内在本质以辨识度极高的识别系统进行生动表达，形成具有鲜明客家文化元素的100多项标志、标识，其中的监狱logo由围龙屋、五彩凤凰、梅花（梅州市花）等文化元素构成，很好地阐释了监狱地域属性和目标使命。目前，以logo为标志的视觉识别系统广泛运用于监狱出版物、办公家具、办公用品、门牌、指示牌、宣传栏等100多种标识物，让警察职工产生了强烈的文化认同感，成为监狱重要的文化标识。

（三）提炼监狱核心价值体系

文化的内在根植，须有符合自身特质的核心理念作为支撑。立足于核心价值体系的培育，梅州监狱提炼出了监狱愿景、使命和警队核心价值观。监狱把打造“平安法治、文明廉洁、智慧绿色”的现代监狱作为监狱发展愿景，鼓舞队伍咬定目标、奋发有为；把“气正肃旧恶　德高启新魂”作为监狱使命，要求队伍以己正人、以文化人；把“忠诚尚法、务实包容、爱岗奉献、奋发有为”作为警队核心价值观，以此激励队伍不忘初心、牢记使命。监狱通过广泛深入宣传运用核心价值理念，以文培元、以文立心、以文铸魂，形成以愿景引领人、以使命激励人、以情怀感染人的浓厚氛围。

（四）建成客家特色人文景观

监狱联合嘉应学院客家研究院，对监狱建筑布局和狱内环境进行优化及美化，打造出更具客家特色的人文景观。2017 年完成了狱内绿化景观提升改造工程，改建了以升旗台为主景的狱内活动广场，布置了文化石雕、客家宫灯、梅花绿植造型，使整个广场更具客家特色。在监管区则按“一区一特色”要求，分别修建了客家精神文化墙、客家谚语文化长廊、客家名人堂、明理亭、客家楹联等人文景观，打造出具有客家风格的狱内环境。建成了具有围屋特色的职工食堂，让警察职工更有“回家吃饭”的感觉。在教学楼建成了围龙屋造型的心理健康指导中心，完成了所有生产车间、监舍区的改造，实行了定置化管理，而其中客家文化元素的大量运用，更让服刑人员产生地域认同，发挥环境改造的重要作用。监狱还加大文体设施的投入，相继建成了篮球场、羽毛球馆、乒乓球馆、健身房、阅览室、音舞室、书画创作室等活动场所，为各类兴趣小组开展活动创造有利条件。

（五）构建监地文化合作机制

监狱充分认识到，要打造具有客家地域特色的文化监狱，必须依托地方优势文化资源，建立文化合作机制，实现文化共赢。一是聘请深研客家文化的知名专家学者担任监狱文化顾问，指导监狱开展文化建设，并通过共建文化培植基地的形式，与嘉应学院实现校监文化建设的优势互补、协作共赢。二是与梅州市作家协会、梅州市“客家讲坛”、嘉应文学网、客家博物馆、梅州电视台等文化单位建立了良好的合作关系，定期开展“文化进狱园”活动，有效带动监狱文化建设提档升级。

（六）搭建监狱文化展示平台

为适应监狱文化发展需要，梅州监狱搭建起了多元文化展示平台。一是办好“两个讲坛”提升文化层次。办好“毓新讲堂”和“科长论坛”，“毓新讲堂”面向服刑人员，每年邀请社会知名专家学者走上讲堂，传授客家传统文化，同时安排服刑人员走上讲堂分享学习客家文化的感悟，成为狱内推广客家文化的重要平台。“科长论坛”则面向警察职工，每季度安排科长、监区长介绍经验、分享感受、探讨理论，讲好梅监故事，传播监狱正能量。二是办好“三大媒介”讲好梅监故事。2016 年，监狱内部刊物《客都监狱》创刊出版，并成立了杂志编辑部，聘用对客家文化深有研究的房学嘉、曾令存、张志祥等为文化顾问。《客都监狱》、“梅州监狱微信公众号”、“梅州监狱信息网”成为梅州监狱传播客家文化、承载监狱文明、弘扬监狱法治的重要载体，受到广泛好评，成为警察职工的重要精神家园。三是办好“两台春晚”展示文化成果。坚持在春节前举办“职工文化建设汇报演出”和“服刑人员文艺汇演”。“两台春晚”已经成为展示警队文化成果和监区文化成果，搭建交流平台的重要文化活动，成为监狱文化建设的特色品牌。四是办好“兴趣协会”激发警队活力。监狱倡导“快乐工作、幸福生活”的团队理念，成立了 14 个兴趣小组，每年举办 60 多场团队兴趣活动，培养了兴趣，陶冶了情操，有效激发了队伍活力，发挥起凝聚人心的重要作用。五是坚持“一区一品”活跃改造氛围。注重强化监区文化品牌，成立了潮客锣鼓队、街舞队、竹板歌队、客家山歌队等文艺团体。

四、打造客家特色监狱文化的经验及发展效应

梅州监狱作为一个即将整体搬迁的老旧监狱，在监狱内部空间狭小、硬件设施老旧的情况下，监狱文化建设仍能脱颖而出，取得丰硕发展成果。成绩来之不易，归结起来主要有以下几方面经验：一是坚持党对文化工作的领导。切实加强党对监狱文化工作领导，坚定文化自信与文化自觉，明确文化建设在监狱改革发展中的地位和作用，遵循文化发展的客观规律，确保监狱文化发展沿着正确方向不断迈进。二是坚持守正创新。注重将客家文化基因融入队伍血脉，将客家文化精髓运用于罪犯灵魂改造，将优良革命传统根植于警队核心价值观，坚守文化之魂，形成深厚的文化积淀。坚持文化发展理念的创新，着力推进客家人文精神在监狱文化建设上的创造性转化，既做好监狱文化的“客家表达”，也做好客家文化的“监狱表达”，使之更具情感认同。三是坚持特色品牌建设。监狱从客家地区丰厚的人文精神中，注重挖掘和利用符合监狱文化本质内涵的文化元素，以及适用教育人、影响人、引领人的文化精髓，打造颇具特色的组织文化品牌、队建文化品牌、矫治文化品牌，打造具有客家特色的监狱文化品牌。四是坚持文化服务发展。始终坚持监狱文化为监狱发展服务的使命和导向，以促进监狱高质量发展为价值彰显，服务内容的广泛性、服务方式的多样性、服务形态的丰富性、服务成效的实在性成为推动监狱发展的最基本、最持久的重要力量。

文化无形，载物有道。监狱文化的蓬勃发展，激发出精神动力，为梅州监狱的高质量发展注入活力，带动了监狱工作的全面发展。

（一）激发了团队活力

人创造文化，文化也改造人。客家文化的融入，增强了文化认同，形成了以文化视野解决发展难题、以法治温情教育改造罪犯、以人文情怀提升自我的文化共识，队伍归属感、自豪感和凝聚力不断加强。文化自信提升了发展自信，警察职工要发展、谋发展、快发展的意识明显增强，有效激发了团队活力。

（二）打造了文化精品

文化发展激发起了警察职工乃至服刑人员的文化创作热情，涌现出一大批文化精品。拍摄的专题片《我们是高墙守护者》在梅州电视台《围龙故事》栏目播放，引起了观众热评；拍摄的监狱文化宣传片《方正圆融》、建监七十周年纪实片《七秩·梅之韵》，受到来访兄弟单位的好评；策划的《木棉精神系列文学作品》被梅江区文联公众号连续刊发，收获几万阅读量；采写的《高墙里的年味》《高墙里收获职业认同》等20多篇纪实报道，被新浪网、搜狐网、《南方日报》、《羊城晚报》等社会主流媒体争相报道，好评如潮。服刑人员原创歌曲《心灵的园丁》《国学耀中华》《回家》，改编的客家歌曲《崖系客家人》、《月光光》、客家歌剧《自新的一天》等，均成为囚子的传唱经典。

（三）提升了改造质量

通过学习践行客家优秀传统文化，发挥了文化的润物无声教化作用，服刑人员的身份意识、行为规范、礼节礼貌、劳动态度都有了质的改变，有效降低了罪犯违纪率，实现了教育改造质量的有效提升，近年还涌现出多起假释人员见义勇为的先进事迹，如梅州监狱假释人员游潮双勇救落水儿童、假释人员陈建新舍身救火等先进事迹。

（四）推动了工作创新

文化的发展推动了工作创新，监狱探索的专职谈话教育模式、重点罪犯管理模式、“互监联号”管理模式、假释公开听证制度、传统文化教育模式、现场定置化管理模式、罪犯职业技能培训模式、劳动工具目视化管理、综合执勤平台等，均得到了省监狱局的充分肯定，生产现场星级评价活动还被省司法厅评为创新创先项目。

（五）扩大了社会影响

文化的繁荣发展，提升了监狱知名度和影响力。近年来，梅州监狱先后成功举办粤港澳监狱惩教工作论坛、全国监狱陈列馆研讨会、全省监狱羽毛球比赛等大型活动，多次承办梅州市党风廉政建设警示教育活动，更多社会专家学者和文化名人走进监狱，监狱工作多次得到《南方日报》、《羊城晚报》、梅州电视台、《梅州日报》等媒体的关注和报道。监狱积极推动讲述梅监好故事，唱响梅监好声音，展示梅监好形象，有效提升了监狱的社会影响力和认可度。

2016 年，梅州监狱立足于监狱的长远发展，作出整体易地搬迁的决定。目前，梅州监狱迁建项目主体工程已全面封顶，一座颇具客家建筑风格的现代监狱悄然成形。站在新的历史起点，梅州监狱将深入贯彻习近平总书记在文化传承发展座谈会上的重要讲话精神，增强文化自觉，坚定文化自信，传承客家文脉，积极推动客家文化在监狱文化建设上实现创造性转化和创新性发展，让监狱文化绽放出更加绚烂的时代华彩，书写出更加辉煌的历史篇章，为梅州监狱的高质量发展提供思想和精神动力。

陕西省富平监狱

传承红色基因　用革命传统精神建设富平监狱

——陕西省富平监狱红色法治主题文化创建纪实

陕西省富平监狱

中国革命历史是最好的营养剂。陕西省富平监狱是中国共产党创建并一直延续下来的最早的监狱，前身是陕甘宁边区高等法院看守所。近年来，监狱依托厚重的红色文化资源，以革命传统精神滋养初心、淬炼灵魂，在打造红色法治主题文化监狱方面进行了积极探索和实践，获评“全国监狱文化建设先进经验重点推荐单位”。现就主题文化监狱创建过程、做法进行梳理，以便总结经验，进一步提升监狱文化建设水平。

一、准确把握监狱红色法治文化特征

珍视历史，敬畏文化。1935 年 10 月，中央红军主力长征到达陕北。1937 年，根据国共两党合作协议，中国共产党将陕甘苏区改名为陕甘宁边区，并成立了边区政府，这里也成为中国共产党局部执政的“试验田”。同年，陕甘宁边区高等法院看守所在延安清凉山创建，它的许多治狱理念、改造方法、工作经验为新中国监狱事业的发展奠定了理论基础，开辟了崭新道路。对于这一时期监狱红色法治实践的特征，我们可以从“理论发展的源头性、工作实践

的开创性、历史地位的独特性、队伍建设的革命性”四个方面去总结。

（一）理论发展的源头性

在陕甘宁边区时期，中国共产党就把马克思主义的人权观落实到改造罪犯的工作中，由此，翻开了中国监狱史上最革命、最先进、最文明的新篇章。在当时执法者的言论或工作报告中，我们可以看到这些先进治狱理念形成及完善的过程。

1. “把犯人当人看”，这是陕甘宁边区监狱红色法治实践的思想坐标。“把犯人当人看，是一件很重要的思想问题。”这是当时陕甘宁边区高等法院院长马锡五的重要观点。而这样的观点，正是来自边区政府的执政理念。1941 年 5 月，陕甘宁边区政府主席林伯渠在工作报告中指出：“犯人之所以甘为犯人，主要是由于社会不把他当人，要恢复他的人格，必自尊重他是一个‘人’始。”1945 年 10 月召开的第二届司法会议上，高等法院院长王子宣指出：“要解决对犯人的观点。什么叫犯人？就是普通人犯了法，但‘犯’字下面还是个‘人’字，因此说，犯人也是人，我们司法工作者……要以治病救人的态度，把人家头上戴的那个‘犯’字帽子脱掉，经过教育改造以后，能在社会上做一个有用的人，我们的责任就算尽到了。”中国共产党在创建监狱之初，就前所未有地提出“把犯人当人看”的思想观念，这在监狱管理的指导思想上具有划时代的意义。同时，陕甘宁边区监狱的实践，也是毛泽东改造罪犯思想形成的活水之源，从 1937 年开始，毛主席在其著作、批示、谈话中先后 27 次涉及监狱工作，提出了人是可以改造的，就是政策和方法要正确才行等许多开创性的改造罪犯的观点，奠定了中国监狱改造罪犯的理论基石。

2. “咱们边区的监狱就是学校”，这是陕甘宁边区监狱红色法治实践的崭新定位。“边区的监狱就是学校”，这句话是当时陕甘宁边区监狱典狱长党鸿魁说的，他认为，刑期只不过是一个学习和改造的过程，在这期间要让犯人学会各种生产技能，认识共产党救世救人的政策。1945 年 1 月 6 日《解放日报》刊登了一篇名为《高等法院监狱犯人生活》的报道，文中说，犯人进监狱，虽然被限制了自由，但就他们所过的教育生活来说，入监就是入学。一进监，首先是个别谈话，问他们对法庭判决有无意见。随即告诉其监狱的守法规则，然后编号编组，接受生活教育、政治教育和文化教育三大课程的学习，在这基础上还可以参加犯人俱乐部的活动，办墙报、下棋、打扑克、拉胡琴等等。这种“特殊学校”给予犯人的教育环境和教育感化已经超越了任何时代，在延安，中国共产党赋予监狱光明、人道、救赎的崭新定位。

3. “对犯人进行劳动改造”，这是陕甘宁边区监狱红色法治实践的开创之举。马克思说，体力劳动是防止一切社会病毒的伟大的消毒剂。对犯人进行劳动改造，是改造犯人最有效的方法之一。这句话摘自《1949 年下半年边区监狱工作总结》，陕甘宁边区监狱开创劳动改造理念的先河。1941 年，边区政府主席林伯渠指出：边区犯人参加生产，第一，可以练习技能，使释放后自谋生活；第二，可以锻炼意志；第三，可以改善犯人生活。在这一思想指引下，监所工作人员与罪犯共同劳动，亲手传授技艺。烟毒犯薛某，在参加生产劳动后说：“从前吃大烟，身上没力气，现在犯法坐监，学会种庄稼，活着也有劲了。”这一时期，还有成功改造匪犯张某和二流子罪犯王某等典型案例。塔斯社记者凡·加尔门在参观边区监狱后说：“延安的监狱简直不像监狱，这是个劳动公社。”我们看到边区监狱的劳动改造，既不同于中国古代监狱单纯的劳役惩罚，也不同于西方国家采取的不强调不强制主义，犯人参加生产劳动，被认为“只不过是一个学习和改造的过程”，正是在这一时期，具有中国特色的劳动改造罪犯的理念不断发展完善。

4. “对犯人绝对不能打骂用刑”，这是陕甘宁边区监狱红色法治实践的底线坚守。“对犯人绝对不能打骂用刑和施用严格的处罚，要从思想上教育他们”，这是时任陕甘宁边区高等法院院长雷经天的司法主张。要实现这一目的，他认为在措施上要有保障：要尊重犯人的人格，“犯人虽然犯了错误，既不是死刑，我们则希望他好好改正错误，将来成为一个完善的公民，因此就要尊重他的人格，从逮捕一直到释放，我们随时都要注意这一点。在特殊情形之下，例如现行犯逮捕时可加捆绑，但须尽快地送到司法机关”。“坚决地禁止对犯人打骂虐待的行为，反对对犯人惩罚报复的手段。”在《陕甘宁边区施政纲领》中，也明确规定“坚决废止肉刑”。可以说，陕甘宁边区监狱“对犯人绝对不能打骂用刑”的司法主张，彰显着人道主义的光芒，体现了新民主主义的司法思想。1938 年 7 月，世界学联代表团的傅路得，在参观边区监狱后说：“边区司法系统中无可怕的威风，只充满了平等与正义的精神，在对犯人合理待遇的问题上，它是全世界的一个模范。”

（二）工作实践的开创性

目前，我国监狱许多现行的管理制度和工作方法，都可以在这一时期找到发端、源头和基石。

1. 这里引领了中国特色监狱制度的创建。1939 年以来，陕甘宁边区高等法院先后制定、颁布《监狱管理规则》《守法规则》《犯人服役奖惩办法》《犯人财物保管规则》《犯人保外服役暂行办法》等监所规章，初步构建了与国民党政府法系完全不同的新型立法体系。当然，开创之路必然艰辛难走，当时的法律制颁过程基本上是根据实际需要，边实践边修订的。对此，时任陕甘宁边区高等法院院长的谢觉哉认为：“和群众结合的司法，条文不是第一，第一是群众的实际；经验不是第一，第一是到实际中获得新经验；形式不是第一，第一是能解决问题。”这些辩证、务实、管用的立法观念及其成果，铸就了社会主义法制建设的重要基座，为1954年颁布的《劳动改造条例》和1994年颁布的《监狱法》提供了最初的法制蓝本。

2. 这里开始了监狱“三课”教育的最初探索。《陕甘宁边区高等法院对各县司法工作的指示》规定犯人每天必须认字、读报及听课，要组织罪犯开展“生活教育、政治教育、文化教育”，三门课程的主要内容分别是学习生活技能、纠正不良行为；讲授边区法令、分析犯罪原因、提出改正方向；教识字、学算术、读书报等。1960年，在接见美国记者斯诺时，毛泽东提出：“我们的监狱不是过去的监狱，我们的监狱其实是学校，也是工厂，或者是农场。”1981年“八劳会议”明确要求“把劳改场所办成改造罪犯的特殊学校”，开展对罪犯正规化的政治、文化、技术教育。特殊学校的建立，为罪犯改造提供了更好的条件。

3. 这里可以找到监狱“三分”制度的源头。1939年，陕甘宁边区监所收押程序逐步完善，规定三年以下徒刑的罪犯由各县看守所收押；三年以上徒刑的罪犯由高等法院看守所收押。1941年5月，陕甘宁边区高等法院进一步明确，对已决犯和未决犯、同一案件的犯人，以及恶性的犯人，都要分开关押。而这一制度，也成了今天监狱分押、分管、分教“三分”制度的源头。

4. 这里有着罪犯计分考核与劳动报酬制度的前身。1942年9月，高等法院颁布《监狱管理规则》，规定对犯人的学习和生产，好的要常表扬，先后实行奖金制度和分红制度，这些制度，成为今天罪犯计分考核与劳动报酬制度的前身。

5. 这里可以找到社区矫正及暂予监外执行制度的雏形。1942年9月，陕甘宁边区高等法院颁布《监狱犯人保外服役办法》，对犯人家中严重缺乏劳动力的，农忙时放回，忙后回监改造，刑期向后顺延。这种以人为本“回乡改造”的理念，正是今天社区矫正及暂予监外执行制度的雏形。我们今天的社区矫正是一种非监禁的刑罚执行方式，主要对象是：被判处管制、宣告缓刑、假释或者暂予监外执行的罪犯。

（三）历史地位的独特性

中国共产党领导的政权建立的监狱，最早可溯源于1932年的中华苏维埃第一劳动感化院，位于现在的江西瑞金，后因南方根据地的丧失，监狱未能延续下来。而位于陕西延安的陕甘宁边区高等法院看守所创建于1937年7月，1938年因日寇飞机轰炸，迁至安塞李家沟；1947年因胡宗南部队进犯，迁至山西离石；1948年，延安光复后，迁回龙湾山；1949年2月更名为陕甘宁边区监狱；1949年5月迁往西安，接管国民党第一监狱；1950年更名为陕西省监狱；1956年更名为陕西省第一监狱；1966年迁往富平庄里；1995年更名为陕西省富平监狱。我们看到80多年来，从延安到西安，从西安到富平，陕甘宁边区监狱虽几经迁徙、几易其名，但其单位建制一脉相承、红色基因从未中断，从这个意义上说，这里有着共产党领导的新中国监狱不能忘的根、不能丢的魂。

（四）队伍建设的革命性

政治路线确定之后，干部就是决定的因素。毛泽东指出，劳改工作的干部不能太弱，你一样都不行，怎么改造别人。在陕甘宁边区时期，制定了严格的选调司法干部的标准，开展了大规模的培训。

1943年，党鸿魁同志担任陕甘宁边区监狱的典狱长，在长期的狱政实践中，他开创了一整套“人格上尊重，生活上关怀；转化思想为主，教育惩戒为辅；要求上严格，落实上细致”的“党鸿魁工作法”。在他的管理下，甚至发生逃跑的犯人又跑回来的奇迹。原因是犯人逃跑途中，忽然想到自己生病时，党鸿魁不时来看望，还用当时稀缺的白面做了拌汤给自己吃的场景。平日里典狱长对自己和同犯是那么好，这一跑，党鸿魁怎么办？会不会被追究责任？想起这碗拌汤，犯人觉得，怎么也不能做对不起党鸿魁的事，于是又跑了回去。对此，时任高等法院副院长乔松山批示：“这真是典型。历史上哪有跑了的犯人又跑回来的。”1944 年 12 月，党鸿魁被评为陕甘宁边区特等劳模，成为中国共产党监狱工作史上第一代模范典狱长。革命先辈们那种以人为本的管理理念，把握思想“总开关”的教育办法，对于我们今天落实“改造人”的宗旨，进一步做好改造工作仍然有着重要的启迪作用。

二、主题文化监狱创建探索与实践

习近平总书记高度重视红色资源的保护、管理和运用，反复强调要把红色资源利用好、把红色传统发扬好、把红色基因传承好，为新时代用好红色资源指明了前进方向、提供了根本遵循。我们在认真学习、研究四川省雷马屏监狱、上海市提篮桥监狱等兄弟单位在监狱文化建设方面成功经验的基础上，深入讨论研究红色法治文化的内涵，研究明晰文化建设的路径。

（一）广泛深入调研

为了准确理解、全面挖掘监狱的红色基因与革命文化，富平监狱党委成立创建红色法治文化监狱领导小组，制定了详细的创建规划，开展了文化建设工作。监狱抽调精兵强将，列出了具体的工作清单，兵分七路，深入陕西省图书馆、档案馆、延安市中级人民法院、延安大学等地，查阅档案、资料、文件，拜访有关学者、专家、老同志及其后人，搜寻实物、线索，梳理监狱历史脉络，行程2000多公里。其间，再上延安法院山，探访监狱旧址，与相关人员座谈。

（二）确定创建主题

在明晰了监狱红色法治文化独特属性的基础上，监狱召开多场次理论研讨会，邀请西北政法大学博士生导师、校长助理汪世荣等相关院校教授、业内专家、地方法学会、监狱老领导、老同志及相关人员对富平监狱的文化内涵多维度解析，多层次认知，最终确定了“传承红色基因，用革命传统精神建设富平监狱”的文化监狱创建主题。

（三）提出创建思路

结合历史发展，监狱以扎根本土、深植时代为基础，按照“总体规划、分步实施、逐步完善”的思路，提出了“12345”红色法治文化监狱建设架构，即聚焦“传承红色基因，用革命传统精神建设富平监狱”这一创建主题；围绕管理文化和改造文化这两个二元文化核心；建成“陈列馆、画册、专题片”三个文化载体；打造物态文化、制度文化、行为文化、心态文化四个板块；诠释“对党忠诚的坚定信仰，公平正义的价值取向，敢为人先的开创精神，执法为民的百姓情怀，维护平安的职业操守”五个文化内涵。

（四）构建文化体系

在物态文化方面，把红色作为监狱文化建设的主基调，一是与西北政法大学团队合作研究《共和国监狱制度的雏形》，该课题被省教育厅列入2021年度科研计划项目，目前该课题成果已由陕西省人民出版社出版。二是与社会文化策划公司合作，建起监狱红色法治文化历史陈列馆，制作了一本画册和一张宣传专题片。陈列馆包括“旗帜、领航、探索、奋进、跨越”五个篇章，画册《出发》以“源头、根脉、基石”为脉络，专题片《不忘初心》共分“追溯理论之源、奠定制度之基、筑牢队伍之魂、高擎信仰之炬”四个主题，这些翔实的文献、珍贵的图片，展示了富平监狱红色历史，也从一个侧面展示了新中国监狱发展历程、罪犯教育改造理念、制度和法治变迁。三是在监狱机关办公楼，主要通过展牌、导语牌、文化走廊等形式，展示监狱精神、警察核心价值观、安全工作理念、执法管理理念、教育改造理念等内容，体现监狱警察责任、制度、执行、廉洁等文化特色；警体中心完善健身设施，营造运动氛围，突出“认真工作、快乐生活”理念；会见文化长廊突出刑罚执行政策法律宣传和热情服务理念。四是在狱内醒目位置设置“人是可以改造的”“让他们在劳动中改造自己、成为新人”等毛泽东改造罪犯思想标语，设置习近平总书记论“三观”展板和党的光辉历程主题墙，在每个监舍张贴国旗国徽国歌宣传画，让随处可见的红色文化入目入脑入心；注重发挥当代先进文化的道德引领作用，设置文化长廊，讲述道德模范及“共和国勋章”获得者的故事，引导罪犯牢固树立社会主义核心价值观；注重运用中国传统文化“以文化人”，按照“一监区一特色”开展监区文化建设，如示范监区的“尚礼”，伙房监区的“尚俭”，医疗防疫站的“尚仁”等，以此引导罪犯“知善、行善”。同时，通过路灯文化牌、标语展牌、景观造型等展现劳动改造文化、5SA 现场管理文化、劳动操作过程、劳动考核奖惩等内容，发挥潜移默化、熏陶引导等教育改造作用。监狱每一座建筑、每一个文化景观、每一个宣传栏、每一片花草，都成为思想的传递、文化的传达，使监狱的文化内涵得以挖掘，文化特质得以彰显，文化活力得以激发，文化魅力得以提升。

在制度文化方面，以法治立根，不断探索建立更加科学规范的监狱治理体制机制。编制完成并印发了《陕西省富平监狱制度汇编》，共4册169项，其中监管改造类63项，企业生产类32项，政工纪检类36项，综合工作类38项。同时，对标对表上级制度规定，对监狱制度执行情况进行“回头看”，进一步修订完善制度规定，编印岗位职责手册，制定、修订《关于加强对“一把手”领导班子监督的实施办法》《问题隐患排查整改工作机制》《干部轮岗交流工作实施办法》等制度19项，不断探索优化体制机制。

在行为文化方面，坚持发扬革命传统创新文化载体。一是研发智慧学习平台，寓教于乐开展教育活动。二是与陕西省图书馆合作，开设富平监狱分馆，始终保证有3000余册红色图书供罪犯借阅，营造了浓厚的书香氛围。三是完善狱内电视系统，集中播放《平“语”近人》《必由之路》等影片，让罪犯的学习与社会接轨，与时代同步。四是设立“善德”广播站，开设“国学经典、红歌传唱”等栏目，丰富改造内容。五是同时成立“彼岸”多媒体工作室，由罪犯自采自编狱内新闻及改造歌曲MV等，调动文化教育积极性。这些新载体，抓住了改造罪犯思想的“总开关”，引导罪犯从扣好“第一粒扣子”入手，积极改造、重塑人生。六是以“智慧监狱”建设为牵引，推行“一切工作标准化、一切行为规范化、一切管理精细化”工作理念，营造安全文化氛围。

在心态文化方面，经过充分讨论、提炼，形成共同的价值追求，并逐渐内化为监狱工作和监狱警察的价值认可。提炼了“忠诚、奉献、崇法、鼎新”的富平监狱精神，“忠诚、奉献”是对警察信仰层面的要求，“崇法、鼎新”是对警察职业层面的要求，其中的“鼎”字，一方面凸显了黄帝在富平铸鼎的地域特色；另一方面蕴含“法乃国之重器”的法治思想。一代代富平监狱人，始终坚持党对监狱工作的绝对领导，始终坚持对延安精神的传承与坚守，践行、传承着这种监狱精神，而这也正是富平监狱“魂”之所在。

设计了富平监狱文化标识 logo（见图4），这个标识从三个时间维度阐释历史、解读当下、规划未来。用宝塔山的剪影，阐释历史，讲我们从哪里来；画面中一本打开的书，也像一颗新芽，左边的三，代表我们走过的三个地方，延安、西安与富平；右边的三，代表我们改造罪犯的三大手段，监管、教育与劳动；书的底下，有一颗心形，代表我们通过三大改造手段，让罪犯从心底长出新芽，萌发新的生命。画面中的三个鸽子，代表我们未来要建设法治、平安、文明的中国式现代化监狱。画面中的1937，代表富平监狱的创立时间。

图4　陕西省富平监狱文化标识 logo

三、主题文化监狱创建的时代价值

习近平总书记说，共和国是红色的，不能淡化这个颜色。依托陕甘宁边区监狱的红色法治实践，打造主题文化监狱，对于今天新时代的监狱工作而言，具有穿越时空、历久弥新的时代价值。这种时代价值体现在五个方面。

（一）对党忠诚的坚定信仰

陕甘宁边区监狱的实践，给我们监狱人民警察队伍注入了赓续不断的红色基因，锻造了我们对党忠诚的坚定信仰。近年来，监狱坚持政治统领、党建先行，推行“六学联动”“党课三讲”“支部三建”等工作机制，运用红色基因锻造过硬队伍，推动队伍凝聚力、战斗力、向心力进一步提升。年轻警察培养机制逐步完善，“青蓝工程”实施方案被全省监狱系统推广应用。队伍梯队建设间题得到有效解决，以更大气魄、更大力度发现、使用、配置、培养年轻干部。在三年的疫情防控工作中，富平监狱实行了1000多天的封闭管理，在这期间，一些即将退休的老干警也坚守岗位，有时在监狱一封闭就是三四十天。他们把信仰化作行动，把信念化作信心，像牛一样劳动，像土地一样奉献。队伍政治忠诚的根基更加坚实，淬炼出了一支特别能战斗、特别能吃苦、特别能奉献的纪律部队。

（二）执法为民的百姓情怀

监狱坚持把屁股端端地坐在老百姓的这一面。聚焦“改造人”这个宗旨，监狱成立改造教研室，编写罪犯特色教材；大力开展党支部书记和业务骨干为罪犯上教育大课，创设“讲、看、谈、唱”四步教学法，增强教育大课的吸引力；制定完善工作考评体系和罪犯考核体系；对罪犯落实“四严”惩戒新措施；大力开展书写思想认同书、认罪悔罪书、检举揭批书和改造计划书活动；制度化、常态化组织罪犯举行升国旗仪式、读红书心得交流、唱红歌合唱比赛以及各类宣誓活动。这些贴近实际、触动内心的红色教育，使监狱对罪犯的改造能够落实、落细、落小，助力罪犯刑满释放后成为守法公民。我们用实实在在的行动回应着人民群众对法治、平安、文明的更高要求。

（三）公平正义的价值取向

党的二十大报告强调：“努力让人民群众在每一个司法案件中感受到公平正义”。近年来，监狱参与完成了陕西省减刑假释“智慧办案”平台研发、测试、运行任务，将大数据、人工智能等科技手段与监狱执法深度融合，杜绝人为干扰，确保执法“零差错、零失误、零干扰、零追究”，促进执法工作在法治轨道上高效运行，得到了部、厅、局领导和同行高度认可；建成了监狱远程视频法庭，有效推进了刑罚执行工作与信息化建设的深度融合，切实提升了执法办案效率。

（四）革故鼎新的开创精神

从陕甘宁边区出发的新中国的监狱，无论在理论还是实践层面，都开辟了一条极具中国特色、具有时代先进性的监狱治理体系。在富平监狱，因为历史原因，监狱硬件设施相对落后，甚至没有专门的教学场所。监狱不因场所简陋降低工作要求，不以硬件落后滞后工作理念，发扬艰苦奋斗的延安精神，发挥主观能动性，创设了一系列文化建设的新载体和管理新模式。如搭建了简单的绿幕演播厅，推出了品质优良的“思政微课堂”系列课程，在罪犯中广受好评；建立健全“干警日排查、各单位周排查、整改办月汇总”等问题隐患动态排查整改工作机制。

（五）维护平安的职业操守

近年来，监狱进一步解放思想、革故鼎新，站在落实总体国家安全观的高度，坚持运用红色精神推进安全管理能力现代化。强势推进规范化与精细化管理，着力打造上情、狱情、警情、犯情、舆情“五情”清晰，常态轮巡、动态跟巡、场景点巡、挂屏驻巡、周界环巡“五巡”到位，上联厅局、下联监区、外联武警、内联特警、贯联机关“五联”通畅的指挥调度体系，从形势分析、隐患排查、问题响应、力量组织、指挥处置等多维度系统化推进监狱安全治理，维护了监狱持续安全稳定。随着“智慧监狱”建设，监狱的安防体系也不断升级，目前我们已逐步构建起“人防、物防、技防、联防”四防一体化的安全防范体系，实现了连续 16 年无罪犯脱逃，2020 年被省司法厅记集体二等功。

四、主题文化监狱创建展望

主题文化监狱创建以来，部、省、厅、局领导多次来监调研指导，为监狱进一步推进监狱文化建设注入了强大动力。监狱先后被陕西省监狱管理局确定为“全省监狱系统革命传统教育基地”，被西北政法大学确定为“校外教学实践基地”。新华社、《法治日报》等媒体和司法部犯罪研究所、陕西省法学会等理论研究部门来监调研，目前累计接待外来参观学习人员 260 余批共计 2400 余人次，有效提升了监狱的影响力、知名度。

下一步，监狱将以习近平新时代中国特色社会主义思想为指引，围绕监狱管理现代化这个目标，与相关科研院校开展进一步合作，争取重大课题项目，继续深入研究、整理陕甘宁边区监狱的发展史，编撰、出版相关图书、画册，持续推进红色法治文化研究的不断深入。进一步挖掘红色基因的丰富内涵，找准红色文化与队伍建设、与罪犯改造的切入点，真正发挥监狱文化建设的作用。升级改造监狱红色法治文化陈列馆，把原监狱陈列馆中 230 平方米的会议区全部扩建为展示区，形成 500 多平方米的展示面积，融合声、光、电、油画、蜡像、虚拟现实多种表现形式，丰富展示内容，力争使监狱陈列馆成为“全国监狱系统革命传统精神教育基地、警察理想信念教育基地、法治警示教育基地、监狱理论传承创新基地”，助推西部标志性监狱建设。依托红色资源，努力建设集“前瞻性、研究性、时代性、实践性、专业性、示范性”于一体的新时代现代化文明监狱，力争做到既有红色底蕴，又有时代气息，既功能齐全，又特色鲜明。一是必须坚持人民至上，突出前瞻性。积极回应人民群众对法治、平安、文明的更高要求，努力建设一支可堪当高质量发展重任的高素质警察队伍，打造更高起点、更高水平的平安监狱、法治监狱。二是必须坚持自信自立，突出研究性。在中华优秀传统文化中汲取养分，将“观其脉证，知犯何逆，随证治之”等中医理论运用到罪犯改造之中，探索具有中国特色的改造罪犯路径。三是必须坚持守正创新，突出时代性。运用国家精准扶贫等先进治理理念，将源自陕甘宁边区监所的“分押分管分教”工作方法，升级为依托心理测评、危险性分析、大数据研判等科技手段的精准矫治。四是必须坚持问题导向，突出实践性。针对困扰监狱工作的诸多难题，如罪犯医疗保障、死亡处理、限制减刑罪犯的改造、罪犯财产性判项执行、假释工作推进等，开展专家式会诊，召开法、检、狱三方联席会议，进行前瞻性探索，形成政策性建议。五是必须坚持系统观念，突出专业性。推进物联网、云计算、大数据、人工智能等新一代信息技术与监狱业务深度融合，完善“智慧监狱”建设的顶层设计，实现数据互通、资源共享、运行高效的智慧运行模式。六是必须坚持胸怀天下，突出示范性。借鉴吸收人类一切优秀文明成果，集国内外监狱实践之大成，以“一监区一特色”为载体，持续研究罪犯矫正的先进理念，推动不同文明交流互鉴，形成可复制、可推广的具有中国特色的现代化矫治模式。

参天之木，必有其根；怀山之水，必有其源。牢记习近平总书记“我们永远不能忘记自己是从哪里走来的，永远都要从革命的历史中汲取智慧和力量”的教导，在新时代新征程上，陕西省富平监狱传承红色基因，强化文化建设，坚守安全底线，践行改造宗旨，不断推进监狱管理现代化。

四川省女子监狱

在守正创新中谱写四川女监文化自信华章

四川省女子监狱

中国式现代化是物质文明和精神文明相协调的现代化。习近平总书记在文化传承发展座谈会上指出，在新的起点上继续推动文化繁荣、建设文化强国、建设中华民族现代文明，是我们在新时代新的文化使命。同时发出号召：共同努力创造属于我们这个时代的新文化，建设中华民族现代文明。随着中国式现代化的不断推进深化，人们的精神文明需求也随之不断发展变化，文化的内涵始终在被动态赋予。

四川省女子监狱（以下简称四川女监）自 1998 年成立以来，始终致力深耕监狱特有的文化传承，坚持文化兴监之道，前置文化育人功效，契合时代文化特质，历经由自发到自信的二十五年发展，铺就以文化人的新途，深刻地影响着女囚、女警、女监，形成了独具女性特色和行业印记的四川女监文化。2008 年起，我狱系统化推进实施“三个五年文化建设纲要”；2019 年，我狱文化建设被中国监狱工作协会监狱文化专业委员会评为“全国十大文化建设优秀案例”；此后五年，我们始终以守正创新的态度不断赋予女监文化以新的时代内涵，不断为文化呈现寻找新的载体，让女监文化建设发展的步伐更深刻地契合新时代发展规律，更精准地对接现代文明进程，形成了具有鲜明时代特色的女监文化新风貌。

一、历久弥新，守女监文化渊源

女监文化始于自发，延绵贯穿于女监建设发展始终，并在系统内最早有意识地进行文化体系建设，形成了既有深厚积淀，又有鲜明特征的女监文化渊源。

（一）积流成海，传承文化发展根脉

自 1998 年改建为四川省女子监狱以来，女监文化从杂芜到繁荣、从自发到自信、从一枝独秀到百花齐放，经历了四个发展阶段。

1. 新绿品牌萌芽，文化原生环境形成（1998 年—2007 年）

四川女监改建初期，女性罪犯群体亟须媒介承载情感表达，寓意新生的“新绿”罪犯改造文化在四川女监破土萌芽。2000 年，罪犯新绿艺术团组建成立，创作、推广了一大批优秀的文化艺术作品，成为展示女犯改造生活、抒发思亲悔悟情怀的重要阵地。之后，新绿小报、新绿广播站、新绿艺术节等一系列文化载体以燎原之势相继诞生，展现出巨大的原生活力，为女监文化后续壮大积累了充足能量。“新绿”一词成为女监一张独特的名片，在系统内外引起强烈反响。

2. 组织文化凝练，文化体系建设觉醒（2008 年—2012 年）

历经十年旺盛生发期，女监文化呈现单元化繁荣的局面，文化形态发展陷入瓶颈。明晰文化建设主线、形成纲要提挈成为文化建设的迫切任务。2008 年，四川女监制定了文化建设“一五规划”，率先启动了组织文化建设工程。在总结多年实践经验的基础上，编印了省女监《组织文化手册》《监狱视觉文化设计标准》《监狱景观设计方案》，提出了理念文化，初步规范了制度文化、行为文化

和物质环境文化。此后几年，组织文化不断内化、深化，积累沉淀为女监的精神家园和核心竞争力。

3. “韧·嫿”体系成型，文化实践成效突显（2013年—2017年）

进入第二个五年发展期，文化载体日趋多样，文化景观慢慢成形，文化成果持续丰富，文化成效不断显现，呈现千姿百态多维发展格局，监狱文化开始走向繁荣。从组织文化笼统概之，到警察文化和改造文化渐渐明晰，“警营文化、廉政文化、监区文化、企业文化”四大版块逐渐丰满。2017年，深度契合四川女监精神和气质的“韧·嫿”木兰文化内核应运而生，“一体两极四维”的文化体系已现雏形。

4. 文化体系升级，文化成果双向辐射（2018年—2023年）

第三个五年发展期，“一体两级四维”文化体系作用力快速彰显，共同的文化记忆、共同的文化生活、共同的文化精神构筑起发诸所有女监人心灵深处的“文化共同体”。在此基础上，四川女监始终坚持党的领导，以马克思主义基本原理指导监狱文化建设，党建“红蓝文化”因时而兴，引领监狱文化建设方向，成为文化力的不竭源泉；形神一体的“韧·嫿”文化内核则乘势而变，在发挥其凝心聚力、教化度人的功能时，又被民警深化内涵、拓展外延。自此，以“党建引领，聚焦两极，四维竞发”的新布局浑然而成。

（二）去芜存菁，铸就文化体系筋骨

四川女监在新五年文化发展建设中，紧扣时代之需，以“一体两极四维”文化体系总体框架为基础，融入传承红色基因的党建文化，完善形成“一引领、两聚焦、四维度”的文化体系，铸就了新时期文化发展脉络下的体系筋骨。

1. 党建引领，红蓝文化凝心铸魂

文化是意识形态的外在表达方式，任何文化体系都必须首先解

决举旗定向的问题，必须坚持和加强党的全面领导、牢牢掌握党对意识形态工作领导权。监狱是国家刑罚执行机关，监狱民警是忠于党、忠于国家、忠于人民、忠于法律的政法铁军，对党忠诚，必然是这支队伍所有文化的核心和根本。撷取党旗初心红和警旗忠诚蓝而成的“红蓝”文化，是女监党建文化底色；“党建+队伍”“党建+执法”“党建+服务”“党建+治理”“党建+文化”的五大“党建+”阵地，是女监党建文化载体；以党建文化引领监狱文化建设，以此实现汇聚功能、集聚精神、凝聚人心之效，进一步推动女监文化全领域建强、全区域提升。

2. 聚焦两极，韧嬗文化润泽新生

民警和罪犯，是监狱文化构成主体的正负两极，四川女监聚焦两极，提出“韧在木兰　嬗度新绿”，以“韧”“嬗”二字达意，一喻女监人刚柔并济、百折不挠之品质，二喻服刑者破邪立正、蜕变新生之历程。以“木兰”“新绿”象形，以辛夷（木兰的别称）入药去疾除苛喻民警教化冥顽、引航新生的价值追求，以枯木逢“新绿”喻服刑者知错能改、向善趋美的灵魂重塑，二者形意相通，对女监文化之精髓作出高度概括。

3. 四维竞发，推动女监文化建设纵深发展

四川女监以“韧在木兰”领衔警营文化和廉政文化，以“嬗度新绿”引领监区文化和企业文化，搭建了监狱文化建设四维发展的基本构架。四个维度竞相发力，形成互相促进、互为补充的态势，推动四川女监文化建设向纵深发展。

（三）大浪淘沙，沉淀文化核心理念

在二十五年的文化发展历程中，四川女监在每一次前进方向的选择和文化成果的沉淀中，不断撷英集萃，大浪淘沙，完成了从关注文化载体到关注文化共识的升华，形成了被广泛认可、相对稳固

的文化核心理念。

1. 文化传承发展的活力来自守正创新

中华优秀传统文化是中国人民长期生产生活中积累的宇宙观、天下观、社会观、道德观的重要体现，蕴含丰富的国家和社会治理智慧，同科学社会主义价值观主张具有高度契合性。女监文化正是因为传承了中华优秀传统文化，才获得了文化发展的动力根基。面对新形势新变革，四川女监保持创新锐气，坚持正确创作导向，坚持思想性、艺术性有机统一，融诗词歌赋之形、借新闻热点之机，充分利用文学作品的原创力、文化研究的吸引力、文化载体的影响力，寻找最合适、最具吸引力的方式把女监理念和精神传递给民警、服刑人员以及社会公众，不断增加文化传播的穿透力。

2. 文化认同的凝聚源于自发自主的实践

四川女监文化根植于监狱工作实践，凝聚职业认同，建狱近七十年虽然四易其名，三次更换关押对象，但女监人在风雨沧桑中铸就的忠诚担当、坚韧不拔，早已成为镌刻进血脉里的精神基因，而在工作实践中形成的“不抛弃、不放弃、不嫌弃”教育改造观更是得到全狱深刻认同，并在改造中发挥巨大作用。四川女监文化滋长于女监沃土，凝聚历史认同，从具象的文化载体到抽象的文化体系，从内到外，从过去到现在，一物一字，均由女监人自己创造、实践、总结、提炼，具有鲜明的女监标记。相比于无中生有、生搬硬套、空中楼阁式的“人造”文化、舶来文化，这种自主自为、源于实践的文化，能快速引发共鸣，有利于文化的根植和传承。四川女监文化着眼于女监特色，凝聚群体认同，女监文化以女性特色为切入，“纳百家之言，行特色之道”，秉持“不迎合、不强势、不盲从”的原则，坚持以特色之美引人入胜，用真情实感打动人心，以其在实践中展现出的旺盛生命力和感染力取得外界的由衷认可，在系统内外形成了一定的文化影响力、软实力，文化的获得感进一步提升了女监人的文化认同感。

3. 文化的延续发展必须强化目标引领

文化的形成是一种价值观的抉择，文化目标决定着群体价值观的走向。四川女监的文化发展在初生、成长、升华各阶段都着力于目标引领。初生阶段，重点着力于文化载体的寻找。这一阶段的文化建设处于原生萌芽状态，文化表达的需求具有旺盛生命力，也积累了深厚的文化沃土。因此，这一时期的文化目标在于在勃发的文化形式中，寻找最能承载女监表达的载体，播下文化之树的种子。成长阶段，重点着力于文化体系的探索。这一阶段文化发展的动力更加强劲，文化载体、文化表现更加丰富，文化思考更加成熟，文化影响逐渐增强，需要以一种归纳性、体系化的文化概括来总结过去、指导当下、规划未来。因此，文化体系建设成为这一时期的主要目标。升华阶段，重点着力于文化的内化交融。文化的高阶作用是对群体价值体系的造就，以及对时代发展的回应。切中时代脉搏，中国式现代化进程中中华文化自信自强，以及总体国家观下以人民为中心的发展理念，都引导我们将建设支撑时代之需、回答时代之问的监狱文化，反哺新型现代文明监狱实际工作作为这一阶段的文化发展目标，升华文化体系内涵，着力于文化发展与监狱工作高度融合，水乳交融。

二、因时就势，筑女监文化风骨

相比于文化形式，文化风骨更是一个群体精神和气节的重要彰显。省女子监狱萃取二十五年文化发展精髓，契合行业特性、女监特色、时代特点，构筑了独特的文化内核，自成女监风骨。

（一）以“红蓝初心”党建文化培根铸魂

建设社会主义文化强国，首要是必须坚持马克思主义在意识形态领域的指导地位、必须坚持以社会主义核心价值观为引领。文化工作要培根铸魂，所谓的“根”和“魂”，就是马克思主义和社会主义核心价值观。四川女监在文化建设新时期，充分融入党的红色元素，因时而谋，打造“党建引航站”，以“红蓝铸警魂 使命践初心”为主题，撷取党旗红、警察蓝而成的“红蓝”底色，成为女监人党建文化之底色；以初心堂、初心墙、初心路、初心楼、初心广场等党建场所建设，为党建文化表形；以党课擂台、“战疫”出征、尖刀出击、抗洪抢险等行动，为党建文化表意，时刻让党旗高高飘扬在攻坚克难第一线，让党的文化传统时刻浸润到每一位党员民警，团结带领女监人奋发勇为、能拼善赢，彰显女监人党建文化之力量。

（二）以“清风雅韵”廉政文化正本清源

加强廉洁文化建设始终是我党一体推进不敢腐、不能腐、不想腐的基础性工程，是全党勇于自我革命，永葆党的先进性和纯洁性的动力来源。四川女监在新时代廉洁文化建设中，以传统文化中的“清廉正气”“清雅高洁”为底蕴，谱写新时代“廉洁风雅颂”篇章。通过“三领六进”营造风清气正之风气，倡导志趣高雅之行为，颂扬淳善正直之家风。通过“八上九景”建设，实现软件“上会、上台、上网、上心”，硬件“上墙、上道、上桌、上书”，精心雕琢廉政主题展区，建成了“硬件有形、软件有魂”的全省廉政文化示范点监狱；结合时代热点、民警年龄结构特点，通过漫画说廉、动漫讲廉、电话铃声助廉等方式，将最新廉政风险点及要求以民警最易接受的方式进行传达，制作的《红色家书》在省司法厅比赛中获得三等奖，监狱连续多年被评为“党风廉政建设和反腐败工作”先进单位。

（三）以“巾帼木兰”警营文化固本培元

四川女监以“女监精气神”为主题，围绕队伍“四化”建设，以担当铸魂，在投身抗疫防灾、参与援藏援疆任务、助力乡村振兴、推动地方经济社会发展等急难险重任务中，女监人始终发扬敢于冲锋、敢于迎战、不畏艰险、永不却步的顽强精神和勇毅作风，诠释“巾帼木兰”不屈警魂；以实战练兵，坚持教学练战一体推进，常态开展练兵比武，打造“木兰书院大学堂”“木兰论坛大讲堂”“木兰魔学院大校场”“木兰精学堂大比武”，在技能比武、攻坚克难等校场上，打响“木兰军团”金字招牌；以创新提能，通过匠心论坛、女监大讲堂、木兰书院等形式打造思辨平台，开启全员线上到线下（O2O）读书模式；以艺术聚力，创作《木兰赋》，打造歌曲《木兰花》、木兰卡通形象、木兰表情包等多形式的民警艺术作品，以艺术感染力凝聚队伍精神合力；以传承继力，实施“三青”工程，按照“一年定心、三年定性、五年定型”工作思路，搭建“机关+监区”双导师制的民警成长体系，推出“青行”主题系列《四川省女子监狱135青苗计划新警成长手册》，形成“青松挺立、青蓝相继、青苗茁壮”的生动局面；以争优扬志，每年开展“木兰先锋、木兰卫士、木兰新锐、木兰功勋”等先进典型选树，创新开展“女监二十年功勋评选”“光荣在党三十年”“三牛人物评选”等评选表彰和荣誉仪式，在创先争优中弘扬女监奋斗进取精神；以关爱共情，制定暖警惠警“40条”硬核举措，启动备勤安居工程，增加民警育儿假和老年护理假，创新推行双警夫妻错时团聚、警宝夏令营、暑期带娃备勤等保障机制，开创解决民警职工养育困局新路径，以《爱在一起》民警心理健康专栏为载体，创新推出民警自我关爱觉醒手记——《木兰行》，全面提升民警职工心理健康素养，通过做实事、解实困，达成关爱互助、情满女监。

（四）以“新绿载道”监区文化启迪灵魂

四川女监致力于文化教育的教化作用，将“办学”理念与“育人”宗旨深度融合，创办“一苇女校”，以“新绿载道、以文化人”为办学理念，以“洗心革面、日新其德”办学目标，以“悟律知行”为校训，自创校歌《新绿歌》和新绿校徽 logo，形成以一苇女校为中心，以“一苇＋联名课堂”及狱地联动帮教体系为两翼的“一心两翼”监区文化建设基础体系。以一区一特色引领监区文化特质化发展，分别打造以“芊”“蕤”“蔚”“苒”“芃”“蕙”“苿”“蓁”“荑”“茳”“葭”为主题的“一苇＋联名课堂”。与狱地协作社会帮教体系深入嵌合，成立“嬗生工作室”，开发“嬗”系列教学课程，打造创业实践回归课堂，搭建内容丰富、切合需求的监区文化内容体系；将教育改造目标与传统文化相结合，以德润心，开办嬗雅国学班，与非物质文化传承人、著名蜀绣大师郚学强工作室协同成立嬗巧蜀绣坊，制作嬗美七礼三字经，通过主题教育、专题讲座、论坛交流的形式，使罪犯正思想、端品行，助力罪犯重塑新生、回归家庭、适应社会、减少再犯罪率，推动实现罪犯“无缝隙”回归。

（五）以“明法致嬗”企业文化矫正塑新

劳动改造是我国改造罪犯的一大特色。企业文化建设能够助推劳动改造的功能回归，助力罪犯实现“再社会化”。四川女监以“守法律行、习艺矫枉”为企业文化主题，以“十大活动”为抓手，通过劳动改造中心标志雕塑、“嬗度之路”人行通道、主题文化楼道和精细化管理车间，分篇章展示劳动改造的“法定性”“强制性”“习艺性”“矫正性”，着力将“明法致嬗”的基本理念，辐射到罪犯劳动观教育、劳动考核、劳动竞赛、技能培训等活动中，练就自我救赎的劳动情怀。

三、知行合一，展女监文化成效

文化是人类在社会历史发展过程中所创造的物质财富和精神财富的总和。同时，优秀的文化也能凝聚强大的精神力量，并转化为促进发展的物质力量，推动着我们稳步走向更远的目标。四川女监在以文化建设为牵引的不断发展中，将润物无声的文化感染力转化为众志成城的目标驱动力，创造了巨大的精神财富和丰硕的物态成果。

（一）精神文化凝聚新张力

女监人在多年的拼搏奋进中凝聚起的文化精神内核，是在困难面前刚柔相济的沉稳特质，是在每次大考中毫不犹豫的担当勇为。疫情期间全体女监人喊出“若有战召必回”“来之能战战之能胜”的口号，党员骨干冲锋在前，成立“尖刀班”“突击队”，57 名民警递交火线入党申请书，5 名民警千里出征援鄂，6 名民警万里征途援疆，1 人驻守凉山州贫困山区 3 年硕果累累；沱江汛情女监人闻“汛”而动，全力迎战防汛抗洪大考，面对基础设施老旧出现堡坎垮塌和超规模关押难题时，女监人勠力同心、迎难而上、共渡难关；在上级举办的各项体育竞赛、文艺演出和练兵大比武中女监人锐意进取、大放异彩、斩获佳绩。女监先后获得抗击新冠疫情表现突出集体、“同心抗疫”最美女职工集体、全省“司法行政系统先进集体”等荣誉称号。

（二）改造文化孕育新成果

以文化人，以“嫿”为引，将“忏悔、守法、感恩、自新”

监区文化理念与教育改造融合，扶春禾以秋实、润新绿获新生。共开设思想教育课258次，年均569课时；扫盲班14期，320名服刑人员脱盲；开展技能培训14期，667名服刑人员获得技能证书；开展招聘会5次，再犯罪率保持低位运行。服刑人员制作的手工艺品多次在系统内外创意设计大赛中获得一等奖、十佳作品奖；民警在教育改造工作中成绩突出，先后百余人次获得“教育转化工作先进个人”，1名同志被司法部聘为邪教转化专家，监狱获得全国监狱戒毒系统教育质量年通报表扬。以法度行，按照“守法律行、习技矫枉”的基本思路，将“明法致嬗”的理念辐射到罪犯劳动观教育、劳动考核、劳动竞赛、技能培训等活动中，引导罪犯重塑正确劳动观念；以新绿讲坛为载体，开办法治学堂、警官说法、法治讲座、普法园地、法治图书角，不断增强罪犯尊法学法守法意识，以行为法度约束人、矫正人。

（三）制度文化开启新篇章

紧跟四川监狱标准化建设步调，以《四川监狱管理规范》地方标准为蓝本，在全国率先编制首个监狱层面的标准化管理《工作实务》，将666项执法管理事项全部流程化、口诀化、图表化，执法管理更加科学精准，形成凡事“有规可循，有范可依”的制度文化成果；以数字发展理念建成信息模块统一集成的监狱级资源信息库和数据仓库，采用扁平化审签管理模式，落实网上办、电子办、移动办等便民减负措施，在全省率先与东部新区签订县域级协作机制15项，与驻地公安建立40余组数据共享和“一体化”警情、狱情、舆情监测防控机制，成为首批通过司法部“智慧监狱”综合评估验收的监狱，在全省率先实现全业务全时空网上办理，率先将监狱治理纳入县域治理体系，现代科技、智慧管理、区域治理对监狱服务支撑作用更加凸显。

（四）行为文化展现新气象

文化功能是牵引个人行为、支撑监狱高质量发展的有力形态。在精神文化的指引和制度文化的匡正下，我们刚直不阿，持正守一，养成了以“刚正”为特点的行为风格。

民警队伍百炼成钢。四川女监以“韧在木兰”为主题，大力弘扬女监精神，以人才建设为文化建设第一战略，深度打造“木兰军团”，组建“女子国旗班”“女子特警队”“木兰宣讲团”三支队伍，彰显女监人文韬武略、勇拼善战风采；以品牌效应助力文化发展新成效，持续打造线下“木兰姐姐志愿者”、线上“木兰姐姐说法”品牌，进一步赋能文化核心新内涵，形成文化牵引新功效，打造文化发展新成果，形成文化建设高质量发展引擎。近五年来，2名同志获全国司法行政系统先进个人、4名同志获全国监狱工作先进个人、1名同志获四川五一劳动奖章；监狱先后荣立司法部集体一等功、获得全国五一巾帼示范岗、全国三八红旗集体、全国监狱劳教工作先进集体、全省管理规范监狱等荣誉称号。

执法形象公正文明。坚持“依法治监、法德兼治”理念，在全省监狱系统率先建成使用“减假暂”办案中心，深化案件办理“四查五审六监督”标准，完善线上线下、门户窗口等各级公开平台，执法工作更加公开透明；率先建成“公共法律服务中心”，畅通罪犯紧急送医“绿色通道”，全面应用视频会见系统，升级改造亲情电话、亲情短信系统，持续发挥执法监督员、监狱长接待日作用，监狱执法公信力不断提升。

政治生态正气充盈。坚持全面从严管党治警，全面落实“两个责任”清单，创新开展廉政警示教育，以零容忍态度持之以恒正风肃纪，严肃党内政治生活，严明党的纪律，违法违纪案件多年保持低位运行，监狱连续多年被评为系统党风廉政建设先进单位，监狱主要领导多次被评为党风廉政建设先进个人，监狱民警撰写的党风廉政文化建设相关论文、创编的党风廉政文化建设相关作品多次被司法部、司法厅以及监狱管理局表彰、转发与采用。

（五）物态文化奠定新基石

修于内而形于外，这是文化的表达形式。我们坚持让文化渗透、沁润到每件物、每处景，着力文化的使用功能、审美功能、教育功能和感官的有机结合。

视觉感官一目了然。精心打造“伴手文化”，选定藏蓝色和桃红色为基本色调，以警徽和托举的双手为基本要素，设计监狱形象标识，绘制“韧在木兰”的“韧”文化和“嬗度新绿”的“嬗”文化 logo，统一定制水杯、雨伞、提包、U 盘、餐具、纸巾等民警日常工作生活用品，在罪犯改造领域嵌入文化元素，增强文化印刻效应，实现视觉感官“触目即得”。

触觉感官引人入胜。行政楼庄重大方，按照“一层一主题、一楼一篇章”的思路，精心设计打造了“廉、忠、悌、信、义”和“发展篇、拼搏篇、卓越篇、创新篇、展望篇”的楼廊文化，让每一层楼会发声，让每一面墙会说话；综合楼功能完备，相继建成集餐厅、书画院、健身房、瑜伽室、展演厅等于一体的文化功能综合体；环境风貌主题突出，打造了“清风园、上雅林、风荷廊、水华印象”等廉政生态品牌，营造出“天地之清风，人物共廉香”的氛围。建立了“初心堂、初心墙、初心路、初心楼、初心广场”等红色主题阵地；以“守法律行、习艺矫枉”为主线，打造了“主体雕塑”、“嬗度之路”、“嬗思楼”、“嬗行楼”和“8 个精细化管理车间”，以文化之力沁润罪犯树立正确的劳动改造观，走向新生之路，实现了文化从线上到线下、从形态到实体的新常态、新风潮。

知觉感官深入人心。我们通过文化景观打造、文化成果展示、文化专题教育、文化活动实践等一系列活动，让罪犯能耳濡目染、学思践悟、学以致用。自2000年开始打造新绿文化以来，已打造出集新绿艺术团、新绿广播、新绿电台、《新绿苑》小报、一苇女校、一苇丛书、智慧教室为一体的新绿阵地，开展以国学教育、女德教育等为主的文化主题教育，辅以《方寸间——觉行手记》探新绿心声，“嬗度新绿”被省局确定为教育改造十大品牌之一。

（六）文化输出形成新格局

文化的影响力在于向内浸润，也在于向外传播。四川女监文化品牌经过多年打造、凝练，其传播力、引导力、影响力、公信力均有大幅提升。

讲好女监故事，让文化的警示价值更具渗透力。根据罪犯真实案例高水平打造完成6个《高墙故事》在四川卫视“法治四川行”栏目播出；清明节期间罪犯离监探亲故事被中央电视台跟踪报道；在微信公众号开设“木兰姐姐说法”栏目以案普法，均获得良好的社会反响。充分运用新绿艺术团这一表现载体，精心打造《女儿的呼唤》《妈妈我错了》《迷·雾》等70多个精品法治教育节目，积极对接在蓉及驻地党政机关和国企开展警示教育，持续带动普法工作和廉政教育产生辐射效应。

传递女监声音，让文化的导向价值更具吸引力。借助新绿艺术节品牌影响力平台，吸纳四川省双元双向人才培养研究中心、成都市女知识分子联合会、“同天同善”特殊教育公益组织、成都大慈寺、巴蜀书画院等政府机构和社会团体来狱开展帮教活动，先后与中国政法大学、四川师范大学签订战略共建协议，在罪犯科学矫正、分类教育、民警教师教学水平提升、警示教育职能发挥等方向实现深化合作、协同发展，不断拓展“狱地协作”、“狱校协作”、

“狱会协作”和“狱所协作”帮教“朋友圈”影响力。

展现女监形象，让文化的普世价值更具影响力。深入推进“助力新生、历练警营、深蓝行动、与法同行”四大特色志愿服务项目，女监“木兰姐姐”志愿服务团队在四川电视新闻频道、四川监狱公众号主流平台打出品牌，依托微信公众号、企业微信、微博号、短视频、门户网站五个媒体平台形成宣传矩阵，联合四川监狱、四川公安、网络大V拍摄的禁毒短视频进入抖音平台社会榜单前10名，产生巨大社会效能。首例暂予监外执行公开听证案例“四方同堂”，分别被司法部、中央电视台、省委政法委采编转载，走上中央级舞台，女监文化理念成为省内外单位学习典范。

文以载道，文以化人。四川女监历经从自发到自信，从自信到自强的文化之路，女监人在文以载道、文以化人的道路上，谱写出了灵动的音符，生动的旋律。然而，文化虽然是价值观稳固的传承，但也绝非抱残守缺故步自封，只有被时代的发展不断赋予新的内涵，文化才能流水不腐、充满鲜活生命力。未来，地处成都“东进”发展战略中心地带的女监，文化建设契合时代之需、发展之势，必将朝着“国之大者”的方向迈进。四川女监将深入剖析女监队伍年轻化趋势及特点，探索“青春藏蓝”元素在女监文化建设进程中的“化学反应”，以此为切入口，为女监文化发展注入新能量；乘“川渝经济圈”发展之势，结合成都东部新区发展规划，探索狱地共建地方特色监狱文化，集成女监管理特色，形成全省女监文化样本；紧扣中华文化和时代发展脉络，传承中华优秀传统文化、弘扬社会主义核心价值观，点染新时代女监文化符号。

我们将传承大爱情怀，继续扬“韧·嫱”之帆，化木兰为舟，借文化东风，劲吹桴鼓，迈向新的征程！

北京市女子监狱

核心·引领·融合

——北京市女子监狱文化建设之探索与实践

北京市女子监狱

北京市女子监狱（以下简称女子监狱）成立于1999年10月，位于北京市大兴区天堂河地区，占地258.92亩，是集中关押北京籍女性罪犯的综合性监狱，女民警占民警职工总人数的84%。多年来，在司法部及北京市委、市政府、北京市司法局、北京市监狱（戒毒）管理局党组的坚强领导下，女子监狱坚持将“法安天下 德润人心”作为监狱文化建设的总方针，聚焦于女警特点和女性罪犯教育改造需求，提出了“核心·引领·融合”——党建“融”文化；“凝心·塑警·铸魂”——警营“家”文化；“润心·育人·更生”——改造“润”文化建设理念，逐渐形成了独具首都女监特色的文化脉络体系和丰富精神内核，凝心聚力、服务推动中心工作蓬勃发展，先后获得全国司法行政系统先进单位、全国监狱工作先进集体、全国巾帼文明示范岗、全国三八红旗集体、全国模范职工之家、司法部首批“智慧监狱示范单位”、北京市三八红旗集体、首都文明单位标兵、司法行政系统“政治引领 党建先行”基层示范党组织、京津冀司法行政党建工作第一批教学示范基地、北京市抗击新冠疫情先进集体等40余项荣誉称号，队伍中涌现出新时代最美法律服务人、双百政法英模、北京市人民满意的政法干警陈熹微，全国监狱戒毒先进个人、北京市人民满意的政法干警、首都最美巾帼奋斗者刘丽丽等一大批先进典型人物，在推动监狱工作现代化高质量发展中发挥了先锋模范作用。

一、“核心·引领·融合”——党建“融”文化

女子监狱始终坚持党对监狱工作的绝对领导，牢牢把握新时代监狱工作的政治方向，坚定拥护“两个确立”，坚决做到“两个维护”，在党建大引擎的推动下，全监干职团结一致、攻坚克难，实现连续23年监管安全稳定，罪犯改造质量不断提升。

（一）党建融通理论

女子监狱党委坚持“政治引领、党建先行”，结合监狱实际，探索建立“一核心双引擎三阵地四平台”的基层党建新模式，完善科学改造新体系，展现新时代新担当新作为。

一是强化“一核心”，即“强化党建核心引领”。强化“抓好党建是最大政绩”的理念，按照队伍建设“五个过硬”要求，牢牢把握监狱工作的政治属性，牢固树立“四个意识”，坚定“四个自信”，确保队伍绝对忠诚、绝对可靠。

二是启动“双引擎”，即“做强基层党建引擎　做优创新项目引擎”。在规范管理上，制作指导手册，规范支部工作，全面推行“一规一表一册一网”，坚持落实延续了20年之久的女监“政治生日谈话”制度；在创新引领上，坚持“一支部一特色，一成果一闪光”，促使党建与业务工作紧密融合。例如，一监区党支部，以五项“keep”为标准赋能党建新活力；七监区党支部，结合青年民警比例较高的实际情况，制订并落实“成长计划”，使支部建设与业务工作精准对接，实现双融合、双促进、双提升。

三是用好“三阵地”，即“基层党支部活动阵地、党建创新项目孵化站和党建文化活动中心”。连续17年开展“红色礼赞”主题党日活动，让红色旗帜始终在监区一线高高飘扬。例如，三监区的“道德讲堂”“党员风采诗”等项目，作为典型案例编入了北京政法系统《党支部工作规范》。党建项目的不断孵化和应用，提高了民警队伍政治站位和政治自觉，队伍管理更加扎实，监管安全更有保障，改造效果更加凸显。

四是建好“四平台”，即“文化平台、创新平台、榜样平台和智慧平台”。建成千米党建文化长廊，涵盖“从严治党、警营文化、青年先锋”等主题，让每面墙壁都成为生动课堂。搭建创新平台，实现集智创新、塑警创优。搭建榜样平台，每月评选宣传“女监榜样”，推出“讲好女监故事　传播法治声音”女监故事集，实现“365天，忠诚故事天天讲述；24小时，责任坚守时时在线”。搭建智慧平台，运用多媒体触摸屏等新技术、新设备推动党建“读悟学研”，为党建插上智慧翅膀。

女子监狱党委以历史和发展眼光重视党建，以“接棒人”的姿态持续发挥党建引领作用，在多年的锻造和打磨中，监狱党建项目已经从思想交流碰撞的“汇智工场”成功转型成为监狱理论实践高度凝练结合的“最强大脑”，凝结了女监推动发展的“最高智慧”，也是推动监狱现代化高质量发展的重要基地。

（二）党建融入宣教

女子监狱以实现全覆盖为目标，打造多种类文化阵地，点线面多维文化阵地潜移默化影响人、塑造人，营造一步一景的文化氛围，逐步形成了以点体现灵活性、以线体现关联性、以空间体现固定性的文化宣教阵地。

点的阵地包括办公楼、备勤楼、监舍楼、车间楼等位置的LED

显示屏，循环播放上级重要精神、工作宣传标语、先进典型事迹、每日一句正能量等内容，体现内容的丰富性与更新的时效性。

线的阵地包括狱内外文化大道、千米文化长廊、走廊文化22观、宣传文化墙、楼体外墙宣传横幅等，通过一步一景的移动阵地，实现文化的熏陶浸润，体现形式的整体性和层次的丰富性。

空间阵地包括监狱党员活动室暨干警之家、各监区党员活动室、监区大厅荣誉墙、狱内外会议室等，通过固定的空间和先进的硬件设施配备，体现载体的固定性和科技的应用性。引进VR技术融入监管工作，打造智慧党建项目，内设150余项课程，让民警“零距离”学习党的百年发展历史，从伟大建党精神、井冈山精神、长征精神、抗美援朝精神、雷锋精神、航天精神、抗疫精神等红色精神谱系中汲取力量。

固定与移动、传统与创新、整体与局部的文化阵地交互作用，将文化宣传覆盖于监狱内外全角度、监狱工作全流程，营造出独具女监特色的浓郁文化氛围。女子监狱根据每个阶段的工作重点对文化宣传主题和内容及时更新，让民警每次走进监舍楼都能感受到文化宣传的新意和工作职责使命的重大，监狱文化的浸润作用有力促进了各项工作开展。

（三）党建融合力量

2020年1月新冠疫情席卷全国，全监干警舍小家为大家，闻“疫”而动、听令而行，勇挑重担、坚守岗位，以巾帼不让须眉的气度、践行使命的忠诚、刚柔并济的力量，坚决落实“四方责任”和常态化防控措施，坚持“高于平时、严于地方”防控标准，历经200余次的轮换，1080天的接续奋斗，2万余人次的接力，圆满完成了北京冬奥会、党的二十大等重大安保任务，确保了监管安全稳定。这些成绩的取得离不开基层党支部战斗堡垒作用的发挥，离不开监狱党委的坚强引领，在大战大考面前，女子监狱坚实的党建文化成了全监最宝贵的精神财富，带领全监干警以党旗所指、红旗所向，为维护更加安全稳定的政治环境保驾护航。

二、“凝心·塑警·铸魂”——警营“家”文化

家是最小国，国有千万家。女子监狱警营“家”文化，不仅局限于民警的“小家”，更是体现在监狱的“大家”上。监狱推出了以“党建文化”为龙头，多个文化品牌共同发展的“家”文化体系，不仅增强了警营文化建设的整合性、系统性和连续性，还发挥了强大的辐射作用，带动了监狱文化建设品质的全面提升，逐步构建形成“家风正、家规严、家心齐、家味浓”的精神家园。

（一）家风正

女子监狱党委始终牢牢把握监狱机关首先是政治机关这一根本属性，着力打造坚强战斗堡垒和过硬党员队伍，推动民警队伍革命化、正规化、专业化、职业化发展，在监狱每个工作阶段中都发挥着重要作用。

一是政治引领正向教育。自 2019 年以来，女子监狱党委坚持将中层领导干部纳入党委会政治学习参会人员范围，组织支部书记加入党委会政治学习“第一议题”专题研讨工作，进一步强化理论武装，筑牢信仰之基、补足精神之钙。党史学习教育期间，女子监狱党委有针对性地提出了“顶层有设计、推进有步骤、培训有指南、学习有成果、实践有特色、业务有深耕”的工作原则，举办“展思论坛”“书香警苑读书会”，创新设计“一十百千万”的线路理念，形成学党史的“路线图”；推出《党史百年天天读》专栏，使党的科学理论、方针政策“声声入耳”“声入人心”，营造了浓厚的党史学习氛围。在学习贯彻习近平新时代中国特色社会主义思

想主题教育工作中，女子监狱党委牢牢把握“学思想　强党性　重实践　建新功”的总要求，带头开展领导班子读书班，坚持不懈用习近平新时代中国特色社会主义思想凝心铸魂，组织班子成员、中层领导干部、民警代表前往“不忘初心、牢记使命”中国共产党历史展览馆参观，举办“百年征程知使命　铭记初心铸忠诚”主题党日暨现场见习活动，在真学真见中回顾党百年征程，在实干实践中共谋监狱发展。

二是特殊时期正向管理。在新冠疫情监狱封闭管理期间，女子监狱党委结合疫情防控工作实际，设立换防日为集中学习日，带领全体备勤干警将备勤期变学期，建立“建三级抓全体”工作体系，组织开展心理调节、警体训练等丰富的警营文化活动，组织召开党的二十大精神学习“第 n 课”系列特色党建活动。

三是树立榜样正向引导。女子监狱党委注重发挥榜样文化的力量，树立靶向目标，注重选优树优弘扬正能量，持续开展“女监榜样”“最美女监集体”评选，通过表彰和宣讲，充分发挥先进典型的引领示范作用。在每月评选“女监榜样”的基础上，每年底评选年度“女监榜样”，并兑现三等功奖励，极大调动了干警工作积极性，培树了“首都监狱卫士”单晓玲等一批先进典型，许多“女监榜样”人物走上了中层领导岗位，成为监狱工作中坚力量。榜样文化将女监人勇于争先、永不服输的精神薪火相传，激励一代又一代女监人在监管改造岗位上燃烧激情与梦想。

（二）家规严

一是构建全面从严体系。严格落实《关于新形势下党内政治生活制度的若干准则》等党内法规制度，发扬自我革命精神，以标准化、规范化建设为抓手，完善落实“三会一课”、民主评议党员、谈心谈话等制度，有力有序推进基层党支部规范化考核、述职评议等工作。按年度制定并调整全面从严治党主体责任落实清单，将全面从严治党工作贯穿到监狱工作的各方面、全过程。党委书记作为党风廉政建设第一责任人，班子成员履行“一岗双责”分管工作责任，党委班子成员带头讲党课、严格执行双重组织生活制度，认真开展批评与自我批评，不断增强党内政治生活的政治性、时代性、原则性、战斗性。

二是全面从严管党治警。坚持推进领导干部能上能下，为想干事、能干事、干成事的优秀民警搭建成长平台，激发干部队伍生机活力。坚持从严管理，修订完善《北京市女子监狱队伍不放心人摸排管控工作规定》，坚持“八小时内”和“八小时外”兼顾，加强对民警针对性教育和群体性教育，持续加强不放心人和重点人管理教育。充分运用四种形态，以“零容忍”的态度推进全面从严治党工作，让“刀把子”牢牢握在党和人民手中。

三是全面从严监督执纪。始终坚持严的措施、严的基调、严的氛围，坚持编发党风廉政教育专刊《警苑清莲》，结合形势时事不断丰富“一台一网一刊”廉政文化内涵，开展“警示教育月”活动，通报学习违纪违法案例，制作《纪法学习制度汇编》，逐人签订《遵纪守法承诺书》，对新入职女警、男性民警、长病人员分类开展警示教育，常态化开展算清“六笔账”，持续深化警示教育效果。

（三）家心齐

一是政治关怀激励警心。女子监狱党委牢固树立“政治关怀是最大的关怀”理念，重视民警在重大风险考验中的突出表现，坚持能上能下用人机制，为想干事、能干事、干成事的人才搭建成长平台，将急难险重任务等作为提升队伍能力素质的“练兵场”“试金石”，在大战大考中不断强化对优秀人才的政治历练、思想淬炼、实践锻炼和专业训练，为监狱事业发展提供不竭动力。

二是能力培养强化警心。建立健全三级培训体系，提高民警专业化能力和素质，帮助民警更有信心和能力服务监管工作。充分发挥专家型干警和工作室的专业引领作用和辐射带动作用，从事业“薪火相传”的战略高度，真正重视民警的教育、培养和使用工作，在质的提升上下功夫，在量的接力上有保障。

三是素质建设塑造警心。始终把提高民警业务能力作为一项长期性、基础性工作，聚焦实战练精兵、强警提效能，走出一条精兵强警之路。坚持“以练为战，以战促练”，紧贴罪犯改造需求，坚持问题导向，创办“展思”论坛，作为经验交流的平台和对罪犯改造急难险重问题合力攻关的载体，通过经验分享、观摩研讨、现场培训三个模块，引导民警在观摩中积极思考，对罪犯改造中的重点、热点、难点问题开展讨论，达到集思广益、凝聚工作智慧、激发工作活力的目的。

（四）家味浓

一是用文化营造家味。女子监狱党委注重结合时代的背景、改造的需要和监狱工作的实际，每两年举办一届文化节，每届艺术节被赋予不同的主题内涵，自 2004 年以来已延续二十年。文化节活动既是女子监狱文化繁荣与发展的生动诠释，更是女子监狱整体发展的见证与缩影。尤其是在 2020 年和 2022 年分别举办了第九届“党建引航、依法治监、科学改造，乘势而上　全面开启监狱发展新征程”和第十届“奋楫扬帆共筑平安女监　赓续前行同启逐梦新程”文化节。在文化节的影响下，监狱家文化理念深入警心，民警的文化素养不断提升，民警及罪犯的文体社团蓬勃发展，罪犯教育改造成果生动展现。

二是用真心凝聚家味。女子监狱党委班子建立了“每周一收集、解基层难题”工作机制，真正把干警的实际困难和急难愁盼的问题放在心上，件件有着落、事事有回音；坚持推行暖心文化，落实一系列暖警聚心的温情之举，例如，贴近监区设立干警之家和民警休闲驿站，方便开展监区文化活动和兴趣小组活动；开设子女暑期托管班，将民警的小家庭融入女监的大家庭，将暖心文化引向深入，将爱警工作做到实处。

三是用细节体现家味。女子监狱工会持续发挥暖心驿站作用，为干警配发食品、生活用品，并在2018年9月获得全国总工会授予的模范职工之家称号；落实“食堂里有政治、饭碗里有警心”要求，强化“战斗力配餐”，持续提高配餐标准，每天花样翻新、营养搭配，让干警吃得营养、吃得健康、吃出战斗力，不断增强干警的亲切感、信赖感、归属感。

三、“润心·育人·更生”——改造“润”文化

近年来，女子监狱深入研究新时期女性罪犯特点，以培育罪犯健康人格、向社会输出合格产品为根本目标，充分发挥“文化育人、润物无声”在熏陶人、塑造人方面独特而深远的作用，建立融“制度文化、环境文化、法治文化、传统文化、创意品牌、智慧平台”建设为一体的“六位一体”、“红心·润心”教育改造体系，“抓紧一点、落实两轴、坚持五向、发展六品”，以文化的力量推动罪犯改造质量提升，努力实现“让走出女监的女性罪犯自尊、自信、自立、自强”的改造愿景。

（一）完善的制度建设，保障文化监狱创新发展

教育改造是一项系统工程，需要制度提供坚实的保障和支撑。女子监狱党委高度重视文化监狱建设，在“文化女监”建设的总体框架下，突出改造主体地位，将系统性、规范性的改造制度建设纳

入发展规划，融入日常管理流程，形成党委会专题研究、相关科室着力推动、监区鲜活实践、全监上下协力推进的方式，确保了教育改造工作有研发、有统筹、有保障，建设过程思路清、措施实、做得活。

（二）优良的环境建设，营造文化育人氛围

女子监狱注重建设优良的改造文化环境，营造文化育人氛围。机翼型监舍楼建筑前低后高，寓意罪犯从严管逐步走向新生；楼顶雕塑框内的两个“线团”延续成锦缎，象征女性罪犯凌乱的思想在民警的教育下得到梳理；宽阔的广场上两排文化宣传栏点明主题，呈现首都监狱改造工作理念、内容和效果；两侧花园内母与子雕塑体现珍爱生命、珍惜未来。监区南北广场的回归园、巾帼园、德润文化园及爱心绿苑与心理健康指导中心、职业技能培训中心、“润心”文化教育中心、出监回归体验中心，构成“四园四中心”建设并不断完善，为罪犯接受文化教育提供了充分的设施保障。完善的硬件、良好的文化环境使女子监狱像一个“润家园”，处处彰显法治、文明、和谐，引领罪犯向上向好。

（三）鲜明的法治文化，强化罪犯正心正行

充分发挥法治文化对罪犯的矫正、激励和改造功能，是女子监狱监区文化建设的重要内容。女子监狱以塑造守法公民为内核，围绕“一狱一品”“一区一品”“一舍一品”开展监区文化长廊建设，以法治文化引领罪犯健康改造。创作狱标展现女监建设和改造工作理念；设计区标、区训为文化标识，展现不同改造功能区文化特色；建立各类特色宣传板，打造“理念先进、主题鲜明、标志突出、内涵丰富”的法治文化宣传阵地。监区广场以“法治”和“改造”为主题，突出“改造理念宣传”和“改造成果展示”两条

主线，全面展示狱内法治文明和女性罪犯改造成果。监舍楼一楼大厅加强党的二十大精神宣传；监区大厅突出时事、政策宣传；监区通道以区标寓意板、功能区特色板、法律生命等十大意识内涵诠释板为主体，展示“学法守法、知行合一、磨砺意志、道德领悟、勤奋进取、感恩珍惜、改造信念”等内容。监区法治文化长廊看得见、读得到，在潜移默化中感染、引导罪犯改造自我。

（四）系统的传统文化，塑造罪犯健全人格

中华传统文化是中华民族宝贵的精神财富，也是对罪犯进行教育改造不竭的力量源泉。女子监狱重视传统文化对女性罪犯的教育引领，通过在周六教育日开设思想政治讲堂、在精品课中融入中华传统美德教育、在“书香女监”中加强国学经典宣讲、在监区推广“朗读者”诵读等方式，加大传统美德渗透，塑造品正行端、知行合一的健康人格，罪犯改造内驱力被激发，改造戏剧社、“灯塔”小组、“党旗下的忏悔”等罪犯教育改造特色团体活动异彩纷呈，传统文化的洗礼促进罪犯更好地常思“改造六问”，改善与家人、亲友、他人的关系，将“四共建设”深入思想和行为，进而深化认罪悔罪、树立正确的改造方向，使改造之路真正成为重塑自我、奔向新生的希望之路。

（五）丰富的品牌活动，提升罪犯人文素养

兴趣小组、节日文化、创意文化活动，丰富了女性罪犯改造生活，提升了女性罪犯人文素养，是女子监狱监区文化活动“三宝”。在兴趣小组活动方面，监狱结合不同改造功能区的特点，指导监区成立罪犯兴趣小组 20 余个，每年对兴趣小组进行评比，通过日常考评、短片演示、实物成果展示评选出优秀兴趣小组，激发罪犯改造积极性。在节日文化活动方面，监狱每两年举办一届文化艺术

节；每年春节举办一届文化庙会；每年举办一届“红歌会”，逢“三八”国际妇女节、“母亲节”等特殊节日开展文化活动，已形成了监狱大型文化活动运行机制。在创意文化活动方面，监狱努力打造文化活动新亮点，在罪犯中开展“国旗下的讲话”、监狱思政讲堂、监区夜讲堂、班组微课堂系列等课堂化教学，以爱国、守法为核心，从教育内容和效果上突出生动、激动、感动、触动，充分发挥狱内文化引领改造风尚、教育罪犯、服务社会的作用。举办趣味运动会、读书沙龙等活动，开展内视观想、经史合参、ACT（接纳承诺改造项目）、愤怒控制等改造项目，改变民警以“灌输”为主的教育模式，以具有感染力、凝聚力的文化活动和科学矫治引领罪犯改造，使罪犯教育更实、更活、更新，促使罪犯通过参与丰富多彩的活动缓解压力，逐渐认识到调整心态适应环境，把握好自己的方向和定位，才是走好改造之路的关键。

（六）科学的智教平台，构建立体智能化教育载体

女子监狱搭建起融各类信息技术和媒介为一体的智慧教育平台，充分利用狱内“光明之声”电视台、狱内报纸《新航报》、监区区刊（报）、狱务公开屏等媒介开展文化信息传播。丰富狱内电视台节目，编排民警授课展播、社会时事大家谈等内容，充实罪犯改造生活；强化《新航报》舆论引导作用，加强习近平新时代中国特色社会主义思想宣传教育，开设红歌背后故事、爱国英雄故事等栏目，强化爱党爱国教育；加强区刊（报）建设，发挥“闲趣中陶冶情操，娱乐中加速改造”的作用，不断丰富“监区新闻”“特色活动”等内容，强化文化宣传引领。自 2023 年以来，监狱不断拓展高效的文化传播途径，广播系统开办有声图书、红色歌曲、“心理瑜伽”等栏目，各类载体共同打造形成“润平台”，促成罪犯产生蓬生麻中、不扶自直的感受并增强育人效果。

新时代、新使命、新征程、新作为，大考尚未停止、接力还在继续，女子监狱党委将继续坚定不移讲政治、守正创新强党建、从严管理塑铁军、持之以恒抓主业，带领广大民警职工以最饱满的热情、最高昂的斗志、最坚定的信心推进“平安、法治、文化、特色、品质、智慧”六型女监建设，在首都监狱事业现代化高质量发展中取得新发展、作出新贡献。

浙江省女子监狱

浙江省女子监狱以文兴监之实践

浙江省女子监狱

浙江省女子监狱是全国政法战线的一面旗帜，监狱文化积淀深厚、内涵丰富、光彩夺目。

监狱在浙江省司法厅、省监狱管理局党委的正确领导下，坚持以习近平新时代中国特色社会主义思想为指导，学习贯彻习近平法治思想和习近平文化思想，始终把加强监狱文化建设放在监狱工作大局中来考虑、来谋划、来推进，将“白玉兰”警营文化融入民警队伍建设，突出精神培育、引领和宣贯，并与“丝绸”矫正文化联动，积极构建以“法、德”为内核的文化理念体系，持续增强文化凝聚“警心”、修炼“囚心”的向心力，走出了一条具有中国特色、体现时代特征、富有浙江地域特点、彰显女子监狱特性的监狱文化建设之路，打响了“浙江女监”的文化品牌，有力推动了监狱治理现代化，监狱治理效能得到显著提升。监狱先后荣立全国司法行政系统集体一等功 1 次、集体二等功 4 次、集体三等功 6 次，荣获全国三八红旗集体、全国五一巾帼标兵岗、全国监狱先进集体、全国十大平安监狱、浙江省人民满意公务员集体等荣誉称号。2024 年 6 月，中央政法委印发《关于学习宣传浙江省女子监狱先进事迹的通知》，号召全国政法机关和全体政法干警要认真学习宣传浙江省女子监狱的先进事迹，大力营造崇尚先进、学习先进、争当先进的良好氛围，向全社会展现新时代政法队伍的时代风采和奋进姿态。

一、监狱文化建设历史脉络

（一）1984 年—2011 年：监狱文化建设“自发”阶段

1984 年，浙江省女子监狱成立。在长期的工作实践中逐步积淀了浓郁丰厚的女监历史和文化底蕴，形成特色鲜明的女监精神风貌和文化追求，为全面推进监狱文化建设提供了宝贵经验和实践基础。

2011 年，党的十七届六中全会部署“文化强国”战略。监狱“以文兴监”的设想应运而生。

（二）2012 年—2022 年：监狱文化建设“自觉”阶段

2012 年，监狱党委正式启动文化建设推进工程，成立文化建设领导小组，构建监狱党委统一领导、分组推进，各部门齐抓共管、共同参与的工作体制和工作格局。

2013 年，出台《浙江省女子监狱文化建设实施纲要（2013 年—2017 年）》（“一五”文化规划）。该纲要全面阐述女监文化建设的目的意义、指导思想、原则、建设目标、职能架构、形式载体、工作任务和要求等，系统谋划 5 年发展思路和实施路径。从 2013 年到 2017 年，分别是文化建设的推动年、推广年、深化年、提升年和总结年。

2018 年，监狱在总结前五年文化建设成绩的基础上，实施“二五”文化规划。“二五”文化规划期间，文化建设项目“一年一推、一年一熟”，文化建设取得突破性进展、标志性成果和示范性经验。

（三）2023年开始：监狱文化建设“深化”阶段

2023年是监狱文化建设“三五”规划的起始年。监狱以更高自觉、更强担当、更高标准，继续深挖驻地积淀深厚的地域文化，积极提炼特色文化元素，加大文化建设的支持保障力度，建立健全监狱文化建设考评体系，创新完善推进监狱文化建设的长效机制，讲好女监故事、唱响女监精神，为监狱现代化建设注入强大精神力量。

二、监狱文化建设特色做法

监狱不断深化对文化建设的规律性认识，循序渐进、持续推进、迭代升级“白玉兰”警营文化与“丝绸”矫正文化，全面展现以文树人、以文化人功能，构建起以人为本、兼容并蓄、鼓励创新、追求卓越、富有特色、体系完备的监狱文化体系，取得了丰富的文化成果，实现了女监的软实力和影响力“双力提升”，具有女监特色的“文化自觉”和“文化自信”全面形成，创新性、创造性地打造新时代监狱文化高地。

（一）“文化+红色资源”，建设文化新高地

监狱立足“红色资源”优势，打造红色文化基地、造就红色文化传人，为文化建设“铸魂领航”、凝聚精神力量，持续不断地激励着监狱民警坚持不懈干在实处、走在前列。

打造红色文化基地。在2021年“法治浙江建设十五周年”之际，倾力打造了集“红色根脉的守护阵地、法治思想的践行平台、社会效应的传播载体和思想教育的引领基地”四大功能于一体的新时代法治思想浙江监狱系统实践教学基地。基地运用图文、视频、

实物资料，辅之以电子翻书、大屏互动、虚拟展厅、沙盘模型等呈现方式，生动展现浙江监狱系统特别是女监矢志不渝深入学习贯彻习近平法治思想所取得的成效。自 2021 年 4 月 26 日基地建成开馆以来，接待了中央政法委、司法部、省委、省政府的领导，省市政法单位、政府部门和社会组织的各类人员共计 3000 余人次，社会影响力不断扩大，已经成为全面展示浙江监狱系统法治建设成果的亮丽窗口和深学笃行习近平法治思想的红色教育高地。

造就红色文化传人。监狱将每年的 2 月 8 日确立为“使命日”，围绕“守好红色根脉、传承红色基因”主题，教育激励全体民警始终牢记殷切嘱托，忠诚践行使命，把“初心”“使命”融入血脉、见诸行动。监狱把基地建设成为民警学习党史、感悟精神、汲取奋进力量、涵育文化自信的新空间，在基地举行预备党员入党宣誓仪式、新警入警宣誓仪式、主题党日等真实可感、亲近可及的红色教育活动，常态化开展党史学习教育，沁警心、铸警魂，引导全体民警铸就忠诚之魂、坚定忠诚之心、提高忠诚之能、笃定忠诚之行、彰显忠诚之效。

（二）“文化 + 队伍建设”，构建文化大格局

监狱从文化的角度积极为民警搭建广阔的施展才华的创业舞台，持续深化青年民警“三个三”培养机制，充分发挥文化建设的引导、净化、凝聚和激励作用，赋予监狱工作更温暖、更富哲理、更具人文的力量。

一是铸牢民警的精神支柱。采取大学习大讨论、专题讲座、集中轮训、主题演讲等形式，融文化于教育，不断提升监狱民警干事创业的能力水平，增强监狱文化软实力。聚焦党史、政治、警示、英模“四项教育”，上好“玉兰大讲堂”“支部微课堂”“学习青年堂”三大精品课，充分发挥两级班子示范引领作用。立足“红色根

脉”资源优势，组织党委理论学习中心组学习、集中宣讲、夜学、专家辅导等活动，开展“百场党课下基层”，举办微党课和知识竞赛。

二是满足民警精神文化需求。针对女民警工作压力大的实际问题，开展“让心灵洒满阳光”心理健康促进工程，邀请专业心理辅导机构，为民警开展睡眠、减压等专业心理团辅、讲座；联合翠苑街道社区卫生服务中心建立驻监医疗健康服务站，举办健康与心理讲座，为民警职工提供医疗咨询、配药、签约家庭医生等服务；创设登山、摄影、篮球、瑜伽、葫芦丝等12个文体协会，丰富民警业余文化生活。

三是激励民警创优争先的精神追求。优化特色品牌“最美白玉兰”的“月—季—年”环线评比机制，实施“三小三大”激励法，奏响“玉兰赞歌”。聚焦“最美白玉兰”小镜头，彰显大情怀，将评比范围框定于普通民警和职工，以“小人物”的大情怀，不断提升先进典型引领的广泛性和渗透力。聚焦“玉兰先锋榜”小周期，见证大提升，以周为单位，开展民警职工个人及团体的推优评先工作。聚焦“玉兰微点赞”小事件，辐射大光芒，精心编制“玉兰微点赞”电子杂志，截至2023年7月底，共计点赞7期，133人次。通过点赞行动，最大限度地发扬同事情、友爱情，营造“警营家园”正能量。

四是严把民警纪律作风关。全面规划清廉监狱建设总方案，以“教育为要、监督为重、制度为本”三个维度，持续深入推进监狱全面从严管党治警工作；组织“玉兰清风、廉润初心”主题微视频（抖音）比赛，制作廉政专题微信公众号文章《节前讲什么》。

（三）“文化+教育改造”，打造文化新品牌

监狱坚定不移地贯彻执行“惩罚与改造相结合，以改造人为宗

旨”的监狱工作方针，立足“社会前端治理功能”定位，认真贯彻落实以政治攻心为引领的罪犯“修心教育”工作要求。结合女性罪犯特点，以地域文化为支持，将丝绸文化融入罪犯修心教育工作中，每年举办丝绸文化艺术节，通过主题突出、形式多样、富有感染力的文化活动，营造积极向上的文化氛围、格调高雅的文化环境、敦行致远的文化气息，使罪犯在文化的渗透和洗礼中发现美、感受美、创造美，逐渐形成了具有女监特色的“柔美坚韧、积极向上”的教育改造文化品牌。

监狱通过“政治攻心、法治正心、道德润心、矫治塑心、情感暖心”，积极破除罪犯“犯罪人格”和“监禁人格”，努力把罪犯改造成人格健康、适应社会的守法公民。罪犯服刑改造、悔罪改过、重塑人格的过程与破茧成蝶、吐丝织绸、刺绣绘新生的演变历程完美契合。

政治攻心。组织罪犯学习习近平新时代中国特色社会主义思想，将思想政治教育贯穿于罪犯改造全领域、全过程，提升罪犯思想政治觉悟，引领罪犯爱党爱国、感激感恩党和政府。建立教育改造实践基地，依托“西湖名师进大墙”，开设“修心教育”融入式、“新时代新思想”开放式教学项目，编撰推出《解码中国之治——中国特色社会主义制度和国家治理体系比较优势》、《党旗下的忏悔》以及百名女性励志故事集《她们创造的力量》等系列教材30余本，持续深化罪犯“五个认同”。

法治正心。把社会主义法治精神融入罪犯教育改造工作中，开展“以案为鉴、学法懂法”“知宪学宪懂宪”“国旗下忏悔”“解读民法典”等主题活动，通过主题征文、现身说法、悔过自新等形式，促使罪犯树牢守法守规意识，让监规纪律和行为养成要求“入心入脑”，不断强化罪犯对法律的敬畏，促使罪犯尊法学法守法用法。

道德润心。坚持以社会主义核心价值观为统领，深入开展世界观、人生观、价值观和传统道德教育，开设“修心教育大讲堂”，经常邀请社会英模、励志人士、专家学者来监帮教，以国学经典为基础广泛开展传统文化教育，培养罪犯感恩、诚信等道德品质，切实发挥道德对罪犯的抑恶扬善和内心感化作用，引导罪犯形成健康人格。

矫治塑心。全面建立心理健康档案，实施心理健康教育，帮助罪犯学会控制情绪和调整心态的方法，对罪犯不良心理、心态、心性进行针对性的矫正，对重点罪犯进行心理危机干预。开设“悦纳读书会”“乐由心声”等团辅项目 8 个，量身打造以“修心悦动操”“修心舒眠操”“修心古法操”为核心的“修心三部曲”，以及“正向成长训练营”等特色矫治项目，培养罪犯阳光心态。

情感暖心。积极构建社会、家庭、监狱三位一体帮教体系，持续开展“六一”亲子团聚会、“双囚鹊桥会”、“同在蓝天下”云团聚会、“亲情彩虹桥”、“拥抱 · 犯属通报会”等系列活动，通过对罪犯的情感干预和情感培养，帮助罪犯建立良好情感品质，增强罪犯情感认同，促使罪犯树立信心，积极追求改造目标，强化本质改造。

（四）“文化 + 法治建设”，营造文化新氛围

监狱贯彻落实依法治监的工作理念，丰富和完善“法治文化沙龙”制度，抓好民警执法能力建设和理论调研工作，广泛开展普法宣传工作，让法治理念更加深入人心，法治精神得到传扬。

一是梳理监狱事业发展的制度体系。高度重视制度的立、改、废、编工作，建立和完善具有较强操作性的管理制度、工作标准和工作流程，实现岗位职责统一、工作标准统一、工作流程统一、管理制度统一、外观标识统一、文书表册统一，构建起科学规范的制

度体系，将法治理念转化为监狱工作制度。

二是夯实监狱事业发展的理论基础。通过整合资源，开展优秀法治论文评选、法治论坛等活动，引导和鼓励民警投入理论研究，并将理论成果运用到实际工作中，切实增强理论研究的针对性、前瞻性。

近年来共开展文化建设相关的研究课题83个，5个课题获得司法部、中国监狱工作协会、司法厅表彰，6个课题获中国监狱工作协会征文一等奖，1个课题被立项为中国监狱工作协会监狱理论研究课题，5个课题报告在《中国司法》《犯罪与改造研究》《中国监狱学刊》等刊物发表，2个课题报告被《刑事法学》等国内权威学术期刊全文转载。此外，监狱教育改造、心理矫治和减刑假释等方面的11例优秀个案被中国司法行政案例库收录。

三是担负起社会普法宣传的责任。制定“一月一主题”普法方案，通过执法培训、法律咨询、普法手册等方式开展法治宣传，与西湖区团委、西湖区志愿服务总队合作，面向青少年开展派单式普法宣讲。

（五）“文化+监管安全”，探索文化新路径

监狱文化建设作为无形的“软实力”对监管安全亦有助益。结合监狱安全警示教育，进一步增强对重点人员、重点物资、重点部位、重点时段和环节的精细化管理，助力监狱安全稳定工作。

创新探索新时代“枫桥经验”，推出罪犯“调解深壹度”项目，成立9个调解工作站，建立女犯矛盾排查预警、甄别诊断、逐级调解、跟踪回访和个案总结等五大工作机制，建构罪犯协助、分管民警主导、监狱督导的“三级调解制”，以理消除、以法疏导、以情融合，做实做细个案调处工作。自2023年年初创建以来，矛盾冲突数量同比下降87.7%。

三、监狱文化建设成效

（一）理念识别系统深入人心

突出精神宣贯，通过核心凝化、教育内化、制度固化、行为外化等方式，发挥精神文化对民警职工的行为方式的深刻影响。在民警荣誉仪式、入警宣誓、入党宣誓、授衔仪式上树立富有人文气息的正面典型，提升民警职工的认同感、归属感。

一是积极拓宽学习资源“大本营”。联合浙大城市学院打造“行走的思政课”教育研学基地；联合浙江警官职业学院打造国家级“双师型”教师培训基地；携手西湖区和省属监狱团委举办2023年“青年学习堂”开班暨青年理论学习联盟活动；组织“90·00”民警宣讲团红色研学，在深学践悟中进一步明晰现代化监狱前进方向。二是持续擦亮基层党建“金名片”。全面实施红色根脉强基工程，构建完善“先锋指数”党建评价体系和“正负清单”队伍考核奖惩机制，扎实推进“双建争先”行动，迭代升级“五星闪耀”“七越”“实干先锋”“光芒”等10个支部党建品牌，推动党建网格与监狱业务深度融合，树立“一支部一品牌、一书记一项目、一党员一风采”示范标杆。

（二）视觉识别系统覆盖推广

一是提升硬件条件，文化设施更加完善。建筑、道路、标志、绿化、环境、设施等按照功能区设置文化形象元素。打造丝绸文化展陈中心、民警文体活动中心、爱心小屋、民警心理咨询赵国秋工作室以及罪犯心理健康指导中心、图书室、阅览室等20余处，设计文化长廊、各类文化墙等10余处。监内的环境布局精致且符合女犯的审美倾向，充分体现文化的深刻内涵——白玉兰树与桑树相邻而植，象征民警用爱帮助女犯蜕变成蝶；众多色彩明丽、内涵丰富的“文化墙”，成为女犯潜移默化的“力量墙”。

二是发挥软件优势，文化阵地更加坚实。在民警层面，深入开展立功创模活动，利用监狱内刊、宣传栏、事迹宣讲等多种形式，借助监狱内网、微信公众号等宣传阵地，大力弘扬身边先进人物事迹。监狱以月度、季度、年度“白玉兰之星”选树活动培育典型、激发活力，以“闪光的白玉兰”图片展和年度十大白玉兰宣讲活动弘扬精神、引领风尚。近年来，涌现出以“全国司法行政系统先进工作者”蔡文光，全国“双百政法英模”“浙江省担当作为好支书”陈军为代表的一批先进典型。在罪犯层面，整合扬帆电视台、扬帆电台、扬帆网、扬帆报等形成“二台、一网、一报”，打造综合性网络媒体平台，丰富罪犯文化生活，提升罪犯改造质量。

（三）行为识别系统确立铺开

文化行为识别系统建设是监狱文化建设最直观、最基础的体现，是推进监狱工作向更精致、更科学、更高效提升的重要手段。在民警层面，坚持以党建为统领的队伍全覆盖网格化管理，以网格管理压实网格长和网格员责任，织密队伍纪律网络。进一步完善工作目标责任制考核机制，压实主体责任，增强目标责任制考核力度。印发《民警一日工作流程》等核心制度，强化警务礼仪、执勤规范、工作流程建设，增强民警执法工作规范化、标准化。在罪犯层面，制定《服刑人员行为规范》，利用入监忏悔、出监宣誓等环节，使罪犯行为养成取得明显进步。近5年，全监违规违纪率呈逐年下降趋势。

（四）女监文化影响力有效提升

一是讲好“女监故事”，生动反映女监工作实践。监狱通过挖掘和提炼先进典型、公正执法、教育改造、安全稳定等方面的工作实践，运用多种艺术手法创作文化精品，各类荣誉纷至沓来，女监在全省乃至全国的知名度显著提升。

根据真实故事改编，讲述女监精神且由女监人自编自演的微电影《传承》（2015 年）获得全国法制动漫电影大赛一等奖；反映队伍面貌的微视频《时光》（2017 年）获得全国第二届平安中国微电影微视频比赛优秀微视频奖。监狱原创的微动漫《团圆》（2018 年）在第三届平安中国“三微”比赛中获十大微动漫奖和优秀微动漫创作奖；反映浙江监狱修心教育特色的微视频《心灵治愈师》（2019 年）荣获第四届平安中国“三微”比赛最佳微视频奖和首届平安浙江“三微”比赛微视频类一等奖。《走近你》（2021 年）、《复相逢》（2022 年）分别获得第三届、第四届平安浙江“三微”比赛微视频类三等奖。

2022 年在司法部“图·视·文”优秀法治文化作品征集评选活动中，歌颂监狱民警忠诚担当、履职尽职奉献精神的 MV《芬芳的白玉兰》获一等奖；反映监狱民警抗疫故事的微视频《考场》和展现监狱罪犯在“修心教育”浸润和“丝绸文化”熏陶下积极改造、走向新生的微视频《盼》均获二等奖。微党课作品《门里与门外，忠诚与担当》获得全省政法系统第二届“永不落幕”微党课十佳微党课奖。

二是体现“女监实力”，创新成果形式丰富多样。监狱民警三年抗疫、三年创作，汇聚成抗疫文集《玉兰花开》，记录民警在特殊时期的奋斗、奉献和情感，诠释着白玉兰凌霜傲立的勇气。

携手文化共建，让关心关爱在高墙内升温。监狱通过各种文化活动与各地妇联、司法所等建立了常沟通、常走动的对接模式，他们纷纷主动来监开展送政策、送温暖、送关爱等前置帮教活动，良好的合作也为后续的刑释对接奠定了基础。

携手文化共建，让非遗在高墙内传承。监狱积极创设平台，开设插花、茶艺、美容、烘焙、动漫、刺绣、旗袍制作等适应女犯自我提高的习艺班，聘请浙江省工艺美术馆等单位的专家来监授课；将非物质文化遗产与罪犯教育改造相结合，先后引进杭绣、剪纸、盘纸、萧山花边等非遗项目；与浙江省文化馆合作建立监内民间艺术教学实验基地，常年引驻专业老师与志愿者线上线下授课；2022年起与临平文化馆合作，引进余杭滚灯操项目。

代表着丝绸工艺顶尖水平、融合刺绣优秀传统文化与现代改造文明的丝绸长卷《春风化雨图》，由罪犯历时一年完成，得到中国丝绸文化博物馆高度评价，认为具有极高的艺术价值；双面杭绣《绣出彩蝶飞》、大型改造舞蹈《蚕梦》等作品在司法部“放飞梦想　重塑新生”文化艺术三项竞赛中荣获 4 项第一、3 项第二、5 项第三，收获满满。

罪犯层面创作完成改造歌曲《春暖花又开》，拍摄完成教育改造微电影《嫁衣》等，编撰《一行向东》《絮语合集》《阳光语录》《园丁颂》等系列文化图书 18 本。文化品牌建设呈现百花竞放的良好局面：“书香墨画坊”借书画墨香化解戾气，“太极功夫扇”增强体魄树立改造信心，“国学社”用传统文化重塑人生信念，还有“灵图”丝绣社、“沁雅”茶艺社、“漫之翾”社（动漫cosplay）等品牌文化团队 12 个。

三是展示“女监形象”，得到社会各界高度评价。监狱作为全国首批对外开放监狱，先后接待联合国及五大洲 20 余个国家和地区的 1000 余名各界人士参观访问，得到国际同行广泛赞誉，成为展示中国特色社会主义司法制度优越性的重要窗口。

与社会联动反响佳。2015 年，著名作家、诗人黄亚洲先生来监参加第三届丝绸文化艺术节后，创作诗歌《高墙外，丝绸敲门》，并题词“红旗集体白玉兰　春暖花开大墙情”赠予监狱，丝绸文化得到了高度认同。监狱每年开展丝绸文化艺术节，邀请社会各界人士及多家新闻媒体来监参加开放日活动。2021 年 10 月，浙江省民间艺术志愿服务成果展在西湖文化广场程允贤雕塑馆拉开帷幕，监狱借助省文化馆的优质、高能资源，将“丝路绣心”文化成果（160 余件文化艺术作品）第一次通过布展的形式面向社会公开展出，获得良好的执法公信效果。

四、监狱文化体系

监狱找准队伍建设切入点，贴近民警的情感需求，全力打造白玉兰文化，用奋发向上的精神辐射能量；找准改造功能契合点，贴近女犯的改造特质，着力打造丝绸文化品牌，用柔性化的力量逐步渗透。

（一）logo 设计及理念阐释

监狱 logo（见图 5）包含“盾形、白玉兰图案、火苗、交会的双手、奋进的翅膀”五个层次，借喻女监精神内涵。

中英文标志的基本型　　英文标志的基本型

图 5　浙江省女子监狱 logo

图形中包含以下寓意：盾形，体现监狱执法特性，寓意着女监民警队伍清正廉洁、坚不可摧、永放光芒的战斗精神；白玉兰图案，展示了高雅、圣洁、清新的监狱文化形象；火苗，体现希望之光，诠释着监狱工作人性化管理的理念；交会的双手，犹如女监民警交会的双手，将无私的关爱传递给罪犯，体现仁爱；奋进的翅膀，蕴涵女监民警对生命、对事业的热爱，激情澎湃、追求梦想、实现女监梦的壮志豪情。

（二）精神象征物

白玉兰。白玉兰是一种高雅之花。她美丽纯真，寓意女监人积极进取、爱岗奉献、坚强勇敢；她从容高雅，寓意女监人坚毅和勇往直前；她高洁芬芳，寓意女监人清正廉洁；她花香清新，沁人心脾，给罪犯带去温暖和关爱。

（三）品牌目标

目标如下：达到全监民警职工对女监文化“共识、共建、共享、共荣”的成效，进一步增强民警的荣誉感与责任感，做到鼓舞士气、汇聚力量。

（四）品牌衍生文化产品

品牌标识在监狱内随处可见，大到监狱主要建筑物，如 logo 装扮的监狱大门、办公楼、会见中心，小到民警平常使用的笔记本、笔、水杯等物品。

（五）文化宣传矩阵

制作监狱形象宣传片《春·绽放》、自编女监民警之歌《芬芳的白玉兰》；每年举办丝绸文化艺术节，罪犯的《春暖花又开》成为历届艺术节的主题歌；建设丝绸文化展陈中心，创作丝绸文化主题微电影，多维立体展示监狱教育改造、民警队伍建设等方面的成果，形成了文化的宣传阵营。

上海市五角场监狱

高墙内文化涌动　淬火中灵魂重生

——上海市五角场监狱文化建设的探索与实践

上海市五角场监狱

“国民之魂，文以化之；国家之神，文以铸之”，一个国家、一个民族的强盛，总是以文化兴盛为支撑的。监狱文化的发展成为现代文明监狱重要体现之一，有助于提升监狱良好的外部形象、丰富罪犯改造过程中的文化生活、拓展培育人文精神的途径，以文化来教育改造罪犯，已经成为现代监狱新的行刑“亮点”。

上海市五角场监狱始建于1949年7月，是一所与共和国同龄的老监狱，历史上曾称上海市第一劳改支队、上海市劳动机械厂等。自2011年以来，根据上海监狱系统布局调整和“新收、常押、出监”改造三段论的要求，监狱被定位为全市唯一一家出监监狱，监狱党委审时度势地提出“打造全国一流的功能性出监监狱、争当全国出监监狱的排头兵先行者”的发展总目标，坚持以“以文化人、以文育人、以文塑人”的总体文化建设理念为指引，紧紧围绕警营文化与监禁文化共建共促，实现“文化建设一流”的工作目标，努力打造形成“文化孕育之场”的监狱特色文化品牌，取得了较好的实践效果。

一、弘扬正气、完善激励，勠力凝聚民警干事创业磅礴力量

风雨兼程，不断攀高，作为与共和国同龄的监狱，五角场监狱有着自己独特的历史传承和深厚的经验积蓄。迈入新时代，五角场监狱摒弃故步自封，坚持紧跟时代要求、紧盯发展目标、紧贴民警需求，着力打造警营文化新气象，不断凝聚起干事创业的磅礴力量。

（一）坚定理想信念，加强价值文化建设

理想信念是干事创业为人的精神灵魂，是力量之源，是前进道路上的指路灯塔。监狱现任党委班子自成立以来，坚持以目标凝聚人心，在广泛调研的基础上，确立了监狱中长期的发展目标，即坚持以习近平新时代中国特色社会主义思想为指导，坚持稳中求进工作总基调，继续咬定“打造全国一流功能性出监监狱”发展总目标，全面推动“平安、法治、清廉、现代”监狱建设。着力将监狱打造成为“六个气场”（正气汇聚之场、文化孕育之场、育人改造之场、安全合围之场、才能竞技之场、团结和谐之场）、“六个一流”（监狱硬件设施一流、特色教育改造一流、现代警务管理一流、民警队伍建设一流、后勤服务保障一流、监狱文化建设一流）和“六个化”（标准化、规范化、信息化、集约化、精细化、实战化）的功能性监狱和部级现代化文明监狱，以此点亮了监狱转型发展的引航之灯，成了鼓舞全监上下追求新突破、创造新业绩、实现新发展的动力源泉。通过锻造“六星蓝盾”标志（logo），有效地提升了出监品牌的辨识度。通过致力提炼“四致精神”（明法致公、矫正致新、尚德致远、勤业致精），有效凝聚了民警不断向上的精神力量。

监狱坚持深入开展社会主义核心价值观和政法干警核心价值观

教育，高度重视上海监狱“红烛精神”和监狱“扳头精神”的传承与发扬，组织监狱青年民警采访老一辈监狱民警在监狱发展历程中的“红烛故事”和“扳头事迹”，还原“红烛精神”“扳头精神”在监狱发展各个时间段闪耀的瞬间，并整理编辑成故事翔实感人的回忆文集，彰显一代又一代五角场人无私奉献、艰苦创业的良好品质和精神内核，引导民警学习传承艰苦奋斗、甘于奉献的“红烛”品质和务实笃行、精益求精的“扳头”品格。大力宣传与弘扬司法部二级英模朱惠国同志精神和全国先进工作者许冬工匠精神，积极选树好星级党员、党员示范岗、青年先锋岗等典型示范，加强对队伍里先进人物的挖掘和宣传力度，营造“人人学先进，人人争先进”的浓厚氛围，激发民警的自豪感和荣誉感，向社会展示新时代监狱民警的风采，提升民警的身份认同感和职业自信心。

（二）提高队伍素质，加强团队文化建设

干事创业，关键在人，人的发展离不开集体，脱不了团队，加强专业团队建设既是监狱工作的需要，也是民警自身发展的需要。监狱通过牢牢抓住党建这一“伟大工程”，切实强化党委主体责任、党委书记“第一责任”和党委班子成员“一岗双责”，健全党委中心组联学共建机制，不断提升监狱党委把方向、抓大事、谋全局的能力。全面推进学习贯彻习近平新时代中国特色社会主义思想主题教育，充分发挥党委理论学习中心组领学促学作用，扎实制定学习方案，严格落实学习计划，不断强化“晨学”“午读”“季考”，打造党建廉政百分百文化长廊、支部党建活动中心，党建活动和载体深入人心。积极推进党支部建设“红黄绿”动态管理，切实发挥“先进带后进”，实现“后进变先进，先进向前进”的目标，着力打造“忠诚可靠、堡垒坚强、生态纯正、安全托底”的基层党支部。

坚持“事业为上、人岗相适、人事相宜”原则，加强年轻干部队伍建设，开展监狱青年干部岗位实践锻炼，落实优秀年轻干部“选育管用”工作，同时开展全员岗位练兵比武和实务培训，注重考核机制建设，大力提高民警综合素质和工作能力，锻造良好职业风范、过硬基本功夫和规范执法意识。通过专业矫治团队、临释罪犯管理团队、短期犯教育研究团队、监狱外宣工作团队、青年志愿者服务团队等监狱“五大实战团队”的选树与建设，凝聚力量、创新精神，不断发扬“精益求精、爱岗敬业、持续专注、守正出新”的“工匠精神”，打造“想干事的人有舞台”“能干事的人有机会”“干成事的人有地位”的人才孵化机制，为监狱的长足发展积蓄人才力量。其中临释罪犯管理团队荣获局首届“十佳红烛团队”，“东冬工作室”心理矫治团队荣获局“劳模工作室”和“上海市技师创新工作室”称号。

（三）丰富业余生活，加强群众文化建设

在当前社会文化日益多元、社会治安形势复杂多变、监狱民警工作压力不断增大的背景下，丰富民警业余生活，开展监狱群众文化建设显得尤为必要和迫切。监狱采用“请进来，走出去”的方式，设立钓鱼、摄影、乒羽、篮球、足球、桌球、电竞、书法、桌游、茶艺、瑜伽、读书和跑步等十多个兴趣协会，用心、用劲、用情地开展适应监狱干警的文化活动，不断契合民警精神文化生活需求。连续举办文化周活动，完善相关竞赛评比和作品奖励机制，鼓励文艺创作、文化创新，提升审美能力，倡导高雅生活情趣。每年举办民警小型运动会、民警歌唱比赛、春节联欢晚会，为民警紧张的日常工作注入新的活力和动力，同时建立监狱文化活动人才库。先后布建“职工之家”、篮球场、民警体训中心、读书角等文娱活动场所。内设职工书屋、健身器械运动专区、球类活动专区，配备

多台跑步机、椭圆机、划船机、桌球、乒乓球、飞镖机等各类健身运动器械；同时专门设置咖啡吧台休息区域，大力提升活动场所硬件水平。秉持用足用好的理念，满足民警的活动需求，使民警能得到充分的休闲和放松。

加大群众科研文化氛围营造，形成“监狱领导亲自参加、各部门具体指导、广大民警积极参与”的科研模式，不断加强组织领导、制度建设、骨干培养、课题研究，让作为“短板”的理论科研工作硕果累累。近年来，以出监罪犯和短期犯研究为重点的多篇课题论文在全国、华东地区和局系统获奖，监狱理论科研工作曾荣获全局集体三等奖，有力彰显了具有功能特色的监狱群众文化和品牌文化。

（四）优化执法环境，加强环境文化建设

无形的文化，有形的承载。监狱打造汇聚池（寓意汇聚全监力量，围绕打造全国一流的功能性出监监狱目标而努力奋斗）、砥柱石（寓意监狱党委切实发挥核心引领和中流砥柱作用，率领全监上下众志成城，保障监狱安全坚如磐石，稳如泰山）、腾飞足（象征对监狱安全的时刻关注和五角场监狱“开眼看世界”的创新精神，同时寓意监狱工作脚踏实地，仰望星空，跨前一步，迈向腾飞）、新生路（寓意罪犯新生之路道阻且长，通往自由的最后50米，离不开监狱教育改造与社会接纳包容，唯有踏实迈动悔罪向善步伐，方能开启自由大门）、棋盘场（象征着监狱对教育改造罪犯的专注，同时警醒着在押的每一名罪犯走好改造每一步）等景观，以物传神、以景寄情，让景观文化更具内涵。注重推进监狱场所的模块化设计和整体式改造，形成民警办公区域“七室一廊一柜”（会议室、办公室、分控室、教育谈话室、值班休息室、更衣室、盥洗室、监区文化廊、警用装备柜）的标准化建设，打造一流的执法环

境，确保民警以更好的状态投入监管改造的主业之中。

监狱坚持以文明单位创建为牵引，不断夯实创建基础，拓展文明单位创建外延和品牌，提升监狱文化建设标准和内涵，获得2019年上海市市级机关文明单位和2020年上海市文明单位。注重加强宣传阵地建设，在充分发挥传统报纸、广播和电视三大媒体宣传的基础上，在微信互动、网络直播等新媒体上进行了探索和尝试。同时，监狱围绕功能性出监监狱品牌的打造，受到中央电视台、上海电视台、《法治日报》、《中国青年报》等社会主流媒体宣传报道，也得到新华网、东方网、凤凰网等网络平台和监狱之声、法治上海、上海监狱等微信新媒体的关注传播，“通往自由的最后50米”已成为上海监狱出监品牌，在国际国内不断唱响。

（五）构建防控体系，加强廉政文化建设

“廉荣贪耻”的廉政文化始终代表着社会的主流价值观和核心精神，是监狱促进民警廉洁自律、坚定政治方向的主要文化支撑载体。监狱狠抓民警岗位履职和纪律作风建设，梳理制定民警岗位职责，强化民警绩效考核，推行“工作日志”，建立“奖优罚劣”长效机制，以“严守铁规禁令，强化正风肃纪”专项警示教育等专项活动为抓手，不断立规矩、强纪律、明底线，对“多发病”“常见病”加大根治力度，不断破除“亚文化”“潜规则”。坚持问题导向，加大执法监督，充分发挥警务督察“啄木鸟”作用。强化问责监督，制定关于民警问责、责任倒查、执法过错责任追究等制度，形成责任分解、检查监督、倒查追究的完整链条，持续加大对问题和隐患追责问责的力度。系统梳理排摸各岗位风险类型和廉政风险重点岗位，形成清单式廉政风险点，探索建立中层干部“约谈制”、领导干部“八必谈”与一般民警“十必谈”制度，形成党委班子、党支部班子及普通党员谈心谈话三级架构，确保廉政风险防控全

覆盖。

二、启智明理、道德浸润，着力构建罪犯文化教育立体格局

“改造戾气，文以化之；改造精神，文以铸之。”五角场监狱积极拓展文化教育的教化功能，着力构建监狱罪犯文化教育的立体格局。通过提炼出“禁”“善”“归”三字改造文化（“禁”字兜底线，“善”字重提升，“归”字明方向），形成上有目标、中有促进、下有兜底的立体文化教育框架，并从理念、制度、环境、行为四个层面不断丰富文化教育的内涵和外延，监狱文化教育的内容不断丰富，文化教育的成果逐步显现。

（一）树立“禁”字文化规矩，鞭策罪犯守规立矩

监狱作为国家刑事链条的末端，必须在严格执法、严格管理，体现刑罚价值，彰显公平正义方面有所作为。以严管监区建设为牵引，狠抓行为规范训导，逐步建立“禁”字文化，在罪犯中形成知敬畏、不逾矩的改造价值观，养成罪犯自觉遵守行为规范，自觉维护改造秩序的良好氛围。完成严管监区监禁文化氛围建设，警句、标语制度上墙，新收、严管、禁闭三大功能区域划分清晰、标识明显。加强严管监区制度规范建设，形成新收类、严管类、禁闭类等三大制度规范。

积极开展罪犯惩戒训导，拍摄《严管监区改造实录警示片》并组织罪犯收看，召开公开忏悔大会，对广大罪犯起到较好的教育和震慑作用。持续开展各类专项整治活动，加强动员部署、承诺告知、坦白检举和清监查禁，加大对罪犯违纪的惩训，形成监狱严格管理氛围。持续加强“五条高压线”（动手打架造成流血伤害或动用工具的；自伤自残的；搞“地下航线”的；不服从民警管理，顶撞民警的；有牢头狱霸、欺压他犯行为的）、“五个一律”（违纪事

件涉及罪犯一律上铐；违纪特定岗位罪犯一律撤销特定岗位；违纪罪犯司法奖励材料上报途中的一律暂缓或撤销；违纪罪犯周菜奖励一律取消；违纪罪犯自律个人、文明监组评选资格一律取消）的纪律要求，不断强化罪犯刑罚体验、加强对罪犯的宣传教育、严厉打击罪犯违纪行为。

（二）营造“善”字文化导向，培植罪犯抑恶扬善

文化能够将其所承载的意识形态体系传递给接受者，即以文化人、以文育人，监狱注重发挥文化在改造过程中的思想渗透、精神愉悦、情感感化等潜移默化作用，建立以“善”字为核心的日常文化导向，唤起良知，触及灵魂，将善良的种子根植于每一名罪犯的内心。积极探索监校合作模式，与上海理工大学签订罪犯国学文化矫治项目，开辟了传统文化和认罪悔罪教育、价值观教育相结合的新天地，实现了监狱教育力量与社会优质教育资源、传统文化教育与社会形势教育、守法底线教育与审美艺术教育的完美结合，以弘扬经典传统文化，促进罪犯在思想上弃恶从善。积极营造罪犯认罪悔罪氛围，定期开展监狱开放日活动，常态化举办“认罪·悔罪·感恩”亲情规劝与控诉大会，以亲情感化为助力击中罪犯内心深处的软肋，促进罪犯认罪悔罪、踏实改造，促进罪犯在情感上弃恶从善。积极引入社会文化资源，通过与文化部门、艺术机构及社会团体合作，引入国家级和市级非物质文化遗产代表性项目，丰富监区“一监一品”文化教育格局，坚持每年举办运动会、纳凉晚会、歌会等文化活动传统，建立读书、书法、纸艺、木雕、棋牌等各类兴趣小组，对罪犯进行文化塑造，削弱或消除原有“犯罪文化”的侵蚀，促进罪犯弃恶从善。

（三）建立“归”字文化愿景，激励罪犯悔罪新生

作为一所功能性出监监狱，监狱着力打造了以“归”字为统领的回归文化，契合罪犯早日回归社会的强烈愿望，不断激励罪犯悔罪新生，更好回归社会，更快融入社会。监狱注重建设标志性、功能性、文化性、寓意性的“物态文化”，在公共场所布置具有丰富内涵的雕塑、书画等文化作品，建成含“脚踏实地”四个大字的“草坪文化”，寓意罪犯脚踏实地、专注改造；设立含森林篇、新生篇、关爱篇、回归篇和城市篇五个篇章的50米新生之路“走廊文化”，意图模拟罪犯回归社会足迹，告诫罪犯走好改造之路；打造含警句名言、经典语录、家庭期盼等文字或图片的“墙面文化”，让罪犯于字里行间感触回归情景。通过草坪文化、走廊文化、墙面文化，达到“让花草树木成为活教材”“让走廊成为反思人生之路”“让每面墙壁说话”的效果。

结合临释罪犯的特点，监狱着力打造罪犯回归前的“行为文化”。一方面增强回归社会的仪式感，组织开展出监“新生宣誓”仪式、录制新生寄语、分享新生感悟等活动，用仪式表达诀别过去、重启新生的决心，勉励罪犯在回归社会后要调适自我心态，找准人生支点，常怀感恩之心，进而感化他们，使他们珍惜自由、远离犯罪，走好新生之路；另一方面提高回归社会的适应力，积极探索创新狱内外沟通渠道，重点搭建“区县帮教开放日”（各区县司法局对本区县临释罪犯提供政策解读、特定个体就业帮扶衔接、实际需求与生活困难提前介入帮助）、“爱启新航活动日”（上海市新航社区服务总站开展一对一无缝衔接、“心灵导航”心理帮教服务、重点人员服务评估等七个服务子项目，形式涵盖了公益讲座、一对一帮教咨询、心理团训等）、“社会专业机构教育”（社保中心、就业促进中心等专业机构人员入监开展各类出监教育培训，提供就业

咨询、社保政策等内容指导）、“模拟社会实训”（各区县司法局牵头联络所属街镇司法所、民政、人保等部门和安帮机构的工作人员入驻监狱建立的“模拟社会实训基地”，为临释人员提供常用服务性企事业单位的服务流程和办理办法的咨询）四个常态化运转平台，引进优势社会资源，探索开展项目化的教育形式，以增强刑释人员的社会适应能力，消除他们回归社会后的陌生感、无助感及恐惧感，对预防重新犯罪、促进社会的和谐稳定均起到了至关重要的作用。

文化是根植于内心的修养。如今的五角场监狱党委正在孜孜不倦地践行着工匠精神，将属于出监监狱的独特警营文化和改造文化精心布置在监狱的每一个角落，深深根植于监狱每一个人的心中，让文化的种子在监狱迈向全国一流出监监狱的大道征程上生根发芽、开花结果。

山东省临沂监狱

传承沂蒙红色文化基因
担当罪犯教育改造重任

山东省临沂监狱　赵宗杰

山东省临沂监狱，坐落于“红色沂蒙”腹地，自1945年10月建狱之初，便传承了“处世以仁、待人以义、对国以忠、刚强勇毅、侍亲以孝、相交以直”的文化品格。2011年起，临沂监狱把沂蒙精神这一宝贵精神财富引入高墙，以助力对罪犯的思想教育和道德教育。对沂蒙精神的传承和弘扬，能够使罪犯树立正确的世界观、人生观、价值观和荣辱观。沧海桑田，初心不变，临沂监狱学习贯彻习近平新时代中国特色社会主义思想，依托地域区位优势，坚持以安全为底线，以改造罪犯为中心，运用沂蒙精神指导监狱教育改造等各项工作，建成了独具“沂蒙红色文化”特色的文化监狱。

一、更新教育理念　创新育人模式

形成于抗日战争时期的沂蒙精神，体现了以人民为主体的精神，体现了在沂蒙战斗过的共产党员和人民军队指战员的精神，特别是在沂蒙山区牺牲的那些烈士和英雄群体所体现出来的为国为民、不怕牺牲的革命精神。

2013年11月，习近平总书记在山东考察时指出："沂蒙精神与延安精神、井冈山精神、西柏坡精神一样，是党和国家的宝贵精神财富，要不断结合新的时代条件发扬光大。"习近平总书记的重要指示，对于我们从新的视角、新的高度理解和阐释沂蒙精神提供了遵循。

（一）因势而谋，"沂蒙红色文化"教育理念初步形成

沂蒙精神是中国革命精神和民族精神的瑰宝，是沂蒙人民在长期革命、建设、改革过程中总结提炼出的文化精髓，其"党群同心、军民情深、水乳交融、生死与共"的精神内涵，对于引导罪犯树立正确的世界观、人生观、价值观，教会罪犯做人处世的道理，增强罪犯法治意识，重建罪犯健康心理具有十分重要的意义。

自2011年以来，临沂监狱党委以提升罪犯思想素质及道德修养，着力打造符合地域特色的教育改造创新工程为起点，按照"用红色文化铸精神，用红色文化育新人，用红色文化创和谐，用红色文化促发展"的总体思路，将沂蒙精神贯穿于罪犯教育改造中。按照"红色兴教化，唤醒育新人"的教育思路和罪犯"愿意听、喜欢看、记得住、能管用、改造好"的工作要求，创新活动载体和形式，以文化教育、感知教育、体验教育和实践教育为手段，深入开展理论研究和实践探索，唤醒罪犯的爱国守法、自尊自信、孝慈仁爱、励志图强等道德意识，促使罪犯全面觉醒，培养罪犯良好的道德行为习惯，增强罪犯道德意识、劳动意识、遵规守纪意识及对党和祖国、人民群众的朴素感情，从而重新架构罪犯的道德体系和行为准则，推动教育改造质量上水平、上台阶，最终形成了以沂蒙精神为核心的"沂蒙红色文化"教育理念。

（二）应势而动，“沂蒙红色文化”教育品牌初具模型

铭记沂蒙革命历史，牢记老区人民初心，弘扬沂蒙精神，更好地指导罪犯教育改造。一方面，监狱邀请社会知名专家教授，和监狱民警一起进行研讨，制定《沂蒙红色文化教育发展规划》，确立“以红色文化烘托罪犯改造阵地，以红色思想唤醒罪犯道德良知，以红色精神激发罪犯改造动力，以红色情感滋养罪犯扭曲心灵”，移植红色经典、再现红色人物、展示红色故事、体现红色精神、打造红色环境，构建沂蒙红色文化与罪犯思想改造相结合的新型教育改造体系。另一方面，监狱党委把民警素质培养作为前提，组织全体民警到沂蒙红嫂纪念馆、山东省政府旧址、大青山胜利突围纪念馆及延安、井冈山等红色教育基地接受革命传统教育；建立沂蒙党校大课堂，开办“天河大讲堂”“颜羲学堂”，邀请四十多名知名教授专家来狱讲授沂蒙红色文化精髓、党的二十大精神等内容；与同样具有鲜明红色文化特色的江西省吉安监狱、陕西省延安监狱缔结文化联盟，互派青年民警挂职锻炼，相互学习用红色文化教育罪犯的经验；成立以青年民警为主体的罪犯思想政治教育讲师团，为罪犯讲授沂蒙精神、中国传统文化等课程。通过开展系列活动，民警作为罪犯管理教育者、沂蒙红色文化传播者的作用得到充分发挥。

（三）乘势而上，“沂蒙红色文化”教育新模式形成

依据全国监狱文化建设标准要求，临沂监狱组织党委成员、各单位主要负责人和广大民警认真学习有关精神，结合实际，明确提升“沂蒙红色文化”教育品牌优势，形成“沂蒙红色文化”新模式，荣膺2019年度“全国监狱文化建设先进经验重点推荐单位”，并于2021年和2022年连续被山东省监狱管理局评为全省“最规范

监狱”和“全省监狱工作先进单位”。

首先是用好用活丰厚的地域文化资源。结合押犯分类特点、文化层次、年龄特征等，组织罪犯深入开展“沂蒙红色文化”体验教育、情境教育、实践教育，增强罪犯对伟大祖国、中华民族、中华文化、中国共产党和中国特色社会主义的认同，引导他们感激、感恩党和政府，唤醒他们对党、对中国特色社会主义的朴素感情，形成“以沂蒙精神育新人、用红色文化促改造”的新思路。

其次是编印《沂蒙精神学习读本》作为罪犯教育改造丛书；实施红色狱园建设工程，在狱内生活区建成红色文化广场和沂蒙红色雕塑，在教学楼建设沂蒙红色文化展室，在各监区建立沂蒙红色文化教育长廊，提升红色文化影响力；开展学习“沂蒙精神”专题教育活动，以读红色经典、拍红色视频、唱红色歌曲、看红色电影为载体，使沂蒙红色文化走入罪犯改造生活实践。

最后是深化沂蒙红色文化教育新模式。一是紧盯“关键少数”风险罪犯，带动绝大多数普通罪犯。创新实施“两精两全一落实”工作法，对落后罪犯，拿出精干力量实施精准教育，对家庭特别困难罪犯请求社会力量实施精准帮扶，以点带面，扩大效果。二是走出去请进来，敞开大门办教育。加强与驻地文化机构的沟通联系，签订合作协议，通过开设论坛讲座、赠送图书、教授书画、合作演出等方式，丰富罪犯精神文化生活。三是吸收科学教育改造理论，搭建心理健康桥梁。与本地高校及其他社会公益组织组建心理矫治专家团队，定期举办心理健康教育大课堂，为团体罪犯或个体罪犯提供心理矫治服务。

二、搭建文化平台　完善育人路径

近年来，临沂监狱围绕“用沂蒙精神育新人，用红色文化促和谐”的新思路，制定具体目标，以沂蒙红色文化的启蒙教育、感知教育、情境教育为手段，将沂蒙精神贯穿于罪犯教育改造全过程，重塑他们的道德意识、劳动意识、创业意识、无私意识、吃苦耐劳意识、遵规守纪意识，规范他们的道德体系和行为准则，推动教育改造工作上质量、上水平。

（一）深入开展启蒙教育

沂蒙红色文化是一个博大精深的精神宝藏，只有吃透它的基本内涵，才能发挥对罪犯的唤醒、矫治作用。为此，临沂监狱积极与临沂大学沂蒙红色文化研究所合作，深入研讨新形势下沂蒙精神的丰富内涵、精神实质和时代意义，以及用沂蒙红色文化教育改造罪犯的内容、方法和形式；整理富有影响力和感召力的历史典故、事件、人物、英烈故事、创业故事等红色资源；制作《红色文化大讲堂》系列电视片，利用"一警一课"等教学方式，对罪犯进行沂蒙红色文化启蒙教育，让罪犯感悟沂蒙红色文化内涵。

（二）深入开展感知教育

围绕引导罪犯逐步深化对沂蒙红色文化的心理感知，积极开展以"读、拍、唱、观、写"等为载体的系列活动，使沂蒙红色文化从理论层面走入罪犯改造的实际生活，以其形象化、生动化、生活化的特质发挥润物无声的教育功能。

"读"——组建红色读书会，开展"读书月""诵经典"活动，广泛开展读红色经典图书活动；"拍"——拍摄制作《沂蒙精神催开新生之花》《红色传承、砥砺前行》《高墙内的沂蒙红》《红色文化大讲堂》等教育片，以及《二号监舍》《太阳下》《永不休止的音符》《穿越迷雾的阳光》等剧目 20 余部，以艺术形式再现沂蒙精神教育力量；"唱"——创作《誓做沂蒙好儿郎》等歌曲 10 余首，举办"沂蒙颂歌""狱园红歌会"等大型合唱音乐会，唱出罪犯的沂蒙大爱；“观”——组织罪犯观看电视剧《沂蒙》、大型水上实景演出《蒙山沂水》、50余部高水平的红色影片和纪念反法西斯胜利周年展览，起到良好教育意义；“写”——开办各类兴趣学习班，鼓励有特长的罪犯创作一大批文学作品和书画作品，每年编辑出版25期1000余份《临沂育新报》，组织罪犯撰写接受红色文化教育的心得体会，使罪犯在耳濡目染中净化灵魂。

（三）深入开展情境教育

按照“移植红色经典、再现红色人物、展示红色故事、体现红色精神、打造红色环境”的思路，大力实施红色狱园建设工程，不断优化罪犯教育改造环境。在罪犯生活区，建成“沂蒙红色文化广场”，落成“沂蒙精神主题雕塑”，监舍楼正面以红色励志标识装饰。同时，以凸显红色文化为基调，建设监区红色文化长廊，打造个性化文化监舍，时时处处彰显红色文化氛围。在罪犯劳动区，建立中轴线文化大道、湿地公园，集中展现监狱文化、教育改造理念、人文景观等内容。在罪犯教学区，规划建设沂蒙红色文化教育基地，通过资料图片、人物画像、雕塑文字等形式展现沂蒙红色文化相关内容，确保沂蒙红色文化教育常态化、制度化。

三、挖掘文化内涵 提升育人功能

沂蒙地区古有“儒家文化”，今有“沂蒙精神”。临沂监狱不断拓展红色文化教育的内涵，将具有古代元素、时代特色、现代元素和国际元素的文化故事融入红色教育内容，使红色文化教育保持持久的生命力和强大的感染力。尤其是改革开放以后，沂蒙文化和经济迅速崛起，沂蒙精神也烙上了新时代印记。

临沂监狱总结提炼了“红心向党、艰苦创业、担当实干、事争一流”的新时代监狱文化，针对罪犯重点开展“法、礼、艺”教育，不断提升文化育人功能。

法——以法为教、循法守正，提升法治意识。常态化开展法律常识教育，发挥罪犯思想教育讲师团作用，将22万余字的《法制常识》录制成32集课堂教学视频，提高了罪犯学习法律的兴趣；每年集中开展宪法教育主题活动，组织青年民警上台授课，规范制作宪法考试题库，研发应用宪法学习教育在线考试系统，定期组织罪犯在线模拟答题，开展宪法原文抄写活动，组织宪法诵读、撰写体会、学习征文等活动，引导罪犯认识宪法权威、成为宪法自觉遵守者；持续开展减刑假释政策宣讲，及时解读刑罚执行政策，答复解决罪犯普遍关注问题，助力监管安全稳定；把罪犯日常行为规范养成作为重点，坚持一年一主题、一年一强化，深入开展“强化监规纪律、净化改造环境”“争创安全文明班组、安全文明个人”“两不发生、一降低”“百日整治”“监管秩序整顿”等系列活动，营造良好改造秩序。

礼——导德齐礼、克己复礼，遵循传统礼法。近年来，临沂监狱围绕“沂蒙红色文化”教育主题，结合地域文化，构建“一区一品”监区文化品牌，分四个层面形成十八种监区文化。其中，从传统文化层面上，形成了“道义、修身、正气、和合、方圆”等监区文化；从道德品格层面上，形成了“铸德、感恩、亲情、德、孝”等监区文化；从思想精神层面上，形成了“思源、励志、和谐、醒”等监区文化；从行为养成层面上，形成了“砺炼、唤醒、俭、行”等监区文化。为确保“一区一品”监区文化品牌建设深入开展，各监区深入挖掘监区文化内涵，持续开展罪犯交流、讨论、学习，使监区文化贯穿罪犯改造全过程。如三监区、十一监区，开设《百善孝为先》，打造“孝”文化品牌；二监区针对罪犯浪费饭菜现象严重的情况，通过形象墙、灯箱、壁画等形式，打造“俭”文化品牌，让罪犯认识到“俭以立身”“俭以养德”的道理。

同时，各监区在“一区一品”的基础上，将文化建设延伸至“一区一精品，一室一特色”，组建“安塞腰鼓”、“励新”合唱团、“陶笛音乐社团”等，深入挖掘监区文化品牌内涵，增强监区文化践行的实效力和感召力。

艺——以技自强、先难后获，体现劳动价值。近年来，临沂监狱用沂蒙红色文化中蕴含的精神内涵，引导罪犯摒弃“贪图享乐、好逸恶劳、不劳而获”等弊病陋习，形成热爱劳动、劳动光荣的自知自觉。

一是着力加强罪犯职业技能教育，积极畅通职业技能实训、监社联合办学、罪犯自我激励、社会考核鉴定等渠道，提高罪犯职业技能水平和刑释就业能力。根据实际设置培训项目，初步形成了以缝纫、塑编、厨师、电工等为基础的培训体系。

二是主动争取社会培训机构支持，聘请技工院校专家教师，规划罪犯技能教育计划，设置教学课程，定期巡视督学，并发挥罪犯技术骨干教员作用，形成完善的职业技能教育网络体系。

三是加强与临沂市人力资源和社会保障部门的合作，将罪犯职业技能培训和鉴定工作纳入全市总体规划，共同组织罪犯职业技能鉴定工作，组织社会统一考试，颁发国家认可的职业资格证书。

目前，已连续多年参加临沂市“劳动之星”职业技能竞赛活动，累计7200余名罪犯获得国家职业资格证书，36名罪犯获得临沂市“劳动之星”称号。

四、延伸教育触角　汇聚育人合力

监狱大力实施“走出去、请进来”的教育改造方针，运用社会资源和社会力量，不断汇聚起文化育人的强大合力，做好“结合”文章，让社会的仁义大爱穿越高墙的界限走向罪犯内心世界。

（一）向亲情帮教延伸

2018 年，菏泽籍罪犯张某某在休息的时候，常常一个人躲在远离人群的地方不言不语。经过多次谈话，了解到这名罪犯的两个儿子寄养在别人家里，他特别担忧孩子的生活状况。监狱领导和监区干警在进行家访的时候，发现这名罪犯的家庭经济情况特别差，孩子冬天竟然还穿着露脚丫的鞋子，干警们先后走访了罪犯所在地的村委、司法所以及学校等单位，了解到了第一手资料，帮助其孩子办理低保、学费免除以及经济救助等。张某某很是感动，痛哭流涕，决心卸下包袱好好改造。

多年来，临沂监狱利用春节、中秋节、父亲节、母亲节等寓意团圆、亲情的节日，邀请国学学者开展“映照心里的明月、吹进灵魂的清风”家风教育专题讲座；组织“情暖五月、感恩慈母”节日快递、“我为亲人做衣裳”等特色活动；邀请罪犯家属来狱开展“中秋团圆话真情”帮教活动，用亲情的力量唤醒罪犯良知、激发罪犯改造动力。联合社会公益团体，多次开展“父亲送你上大学”“大爱无边、点燃新生希望”等大型帮教活动，圆了数百个家庭与亲人面对面拥抱的愿望。尤其是特意为罪犯张某某举办的“等着你等着我”现场帮教活动，感动了全狱罪犯。张某某成功转化的案例曾在中央电视台“社会与法”频道《高墙有爱》节目中播出。

（二）向社会帮教延伸

临沂监狱提升“精准帮扶、精准帮教，暖心工程”工作法为“两精两全一落实”，扩大了精准改造对象，延伸了精准帮扶范围，使精准教育和精准帮扶覆盖落后罪犯改造的全过程，将其作为“沂蒙红色文化”教育的延伸工程，充分发挥优秀教育干警优势，充分运用地方各方作用，实施社会联合帮教，提升教育改造质量。

“两精两全一落实”工作法意指“精准危险评估、精准教育转化”“全覆盖、全过程”“落实教育转化措施”。一是组建监狱精干教育力量，建立评估团队，明确评估原则，量化评估要素，实现精准评估，同时结合优势用警、团队配合，使用谈话交流技巧和个别教育技能，“一对一”或“多对一”精准转化落后罪犯；二是通过联合司法、民政部门和社会志愿者组织，精心搭建社会化帮教平台，对家庭特别贫困、缺少关爱的罪犯，在经济援助、法制教育、心理辅导、人生观教育等方面实施帮扶，并利用监狱犯群集体的爱心奉献和监狱执法优势，让罪犯看到生活中美好的一面，弃恶从善，洗心革面，安心改造。

如罪犯王某福，父母年龄大，且父亲因车祸在家卧床，母亲又因病常年服药，大女儿 14 岁，小女儿 7 岁，抚养压力大。身为杀妻罪犯，王某福无法面对家庭及亲人，羞耻心重，在 2021 年年底得知父亲病情反复和大女儿成绩下降后，再次觉得是自己的一时冲动毁了整个家庭，改造极为消极。监狱启动“两精两全一落实”工作机制，定向谈话教育、改造监区接力家访，通过村委、市关工委帮扶，解决父母低保、孩子入学等实际困难。并为该犯播放其父母、女儿等家人的帮教视频，减轻了该犯的心理负担和思想压力，提升精准转化效能。纠正了其“害苦了两个孩子，不如一死了之”等错误观念和歪曲认知。目前该罪犯改造平稳。

（三）向文化帮教延伸

近年来，临沂监狱与临沂大学、临沂市图书馆、新华书店及司法局等多家单位达成了涉及警示教育、文化帮教、心理咨询等项目的合作，建成了“临沂监狱尼山书院”“新华书店”图书流通点，累计举办大型文艺帮教演出 10 余场，接受社会捐赠图书 1500 余册，通过书店图书流通点销售图书 1 万余册、借阅图书 1 万余册，每年为罪犯订阅期刊报纸约1500份，文化帮教作用得到充分发挥。

组织罪犯观看道德模范事迹巡回展，聘请临沂大学、临沂市委党校教授，沂蒙红色文化研究专家，新沂蒙六姐妹，新时代红嫂朱呈镕，励志歌手陈州，临沂道德学会研究专家李跃海，全国“党代表”王永涛，知名律师刘海亮，心理矫治师刘杰宜、田娜等众多在临沂具有一定影响力的社会精英，来狱开展讲座，用先进典型人物事迹引导罪犯见贤思齐。

在历届“育新文化节”开展期间，邀请临沂市文广新局（2019年变更为临沂市文化和旅游局）、北京新生艺术团、临沂大学艺术团、临沂艺术学校、临沂市柳琴戏传承保护中心及临沂当地社会文艺团体、书画协会来狱开展文体帮教或与罪犯互动演出，邀请大学体育教授和中学篮球裁判、健美协会韵律操教师来狱指导体育运动工作，效果凸显。

（四）向心理帮教延伸

把心理健康教育作为“沂蒙红色文化”教育的一项重要延伸项目，与临沂市春风心理志愿服务中心共同打造“春雨润心”心理健康教育品牌，由临沂大学心理学教师、春风心理志愿服务中心的23名心理志愿者组建心理矫治专家团队，为罪犯提供心理矫治服务，为民警提供心理咨询师心理矫治督导培训，全面提升心理矫治水平。自2018年1月起，临沂市春风心理志愿服务中心已经累计举行17场次心理矫治活动，社会心理矫治专家160人次参与活动，矫治跟踪个案80次，成功转化8人，取得较好效果。疫情期间，每一个监室选择一名年龄较大、文化程度相对较高、日常表现比较积极的罪犯，担任“四季小讲桌”心理健康活动主讲人，不定期开展心理健康互助活动，缓解了很多疫情期间产生的心理压力。

五、牢牢把握优势　构建新型体系

“沂蒙红色文化”有政治、家国、伦理、人格多重精神内涵，负载真、善、美价值取向，体现家国情怀，是适宜罪犯改造的软环境因素。临沂监狱将牢牢把握文化优势，不断提升“沂蒙红色文化”在各个罪犯教育领域的功效。

（一）着力培育“沂蒙红色文化”教育的生命力

保持并提升“沂蒙红色文化”的生命力，找准传统元素与时代特征的结合点，创新发展。

一是善用整体、系统、辩证思维，做好“沂蒙红色文化”教育顶层设计，从立意构思到内容形式，从目标措施到软件硬件，从短期到长期，进行统筹规划，整体布局，形成完整体系。

二是紧跟时代步伐和社会经济发展，结合罪犯群体情感、性格、气质、意识、思想等因素，从“沂蒙红色文化”普遍内涵中创造性地提炼出凸显监狱文化本质的现代价值和基本内核，使之鲜活生动、丰富饱满，更接地气和富有感染力。

三是拓展教育资源，联合高校和学术研究机构，搭建“沂蒙红色文化”教育、研究、培训平台。鼓励警察和罪犯参与文化创造，形成独具特色的文化风景。灵活运用多种载体、媒介、形式，宣传普及“沂蒙红色文化”理念，使该理念内化于心、外化于行，增强教育实效。

（二）持续提升“沂蒙红色文化”教育的驱动力

“沂蒙红色文化”教育是一项系统工程，持续自上而下牵引、由内向外延伸、层级互动支撑，形成强大推动力。

一是树立“沂蒙红色文化”建设观，将“沂蒙红色文化”价值与罪犯教育接轨，用“沂蒙红色文化”思维审视教育改造形势，以“沂蒙红色文化”视角解析个别矫治要义，沿“沂蒙红色文化”路径应对教育改造中的问题，形成“沂蒙红色文化”教育的行动自觉。

二是构建“沂蒙红色文化”与罪犯改造相结合的教育组织体系，做到领导有专管、科室有专职、监区有专责、警察有专岗，定人定责，分工协作，层层落实。设立“沂蒙红色文化”教育日常办公、学术研究、宣传指导等机构，健全业务指导、活动开展、检查监督、竞赛评比机制，确保教育工作正常运转。

三是把“石门精神”纳入学习“沂蒙精神”体系，丰富“沂蒙红色文化”内涵。临沂监狱八监区位于临沭县石门镇西侧，历史上因区位偏僻、土地贫瘠、自然环境恶劣，鲜有居住者。一代代八监区干警奋斗不息，发扬“艰苦奋斗、吃苦耐劳、爱岗敬业、无私奉献”的精神拓荒于此，使不毛之地变为一片生机盎然的沃土。石门精神是山东监狱精神谱系中农场精神的典型代表，是临沂监狱文化体系的重要组成部分，是临沂监狱的优秀精神成果，具有突出的时代价值。

四是加大“沂蒙红色文化”教育的人、财、物、技等资源投入，优化软件硬件环境条件。采取定向招录、送学培训、岗位锻炼等方法，培养专家型、专业型、综合型等各类别教育人才，倡导警察把“沂蒙红色文化”教育作为重要职责，强化事业心、责任感，努力学好、用好、管好、发展好“沂蒙红色文化”，切实发挥主导作用。

（三）注重增强“沂蒙红色文化”教育的渗透力

“沂蒙红色文化”作为一种文化基因，只有渗透根植于监狱整体工作中，才能有效发挥引导、激励、塑造作用，提升监狱软实力。

一是用“沂蒙红色文化”的品质深化“依法治监”理念，引导罪犯自发执行刚性制度规定，达到依法行刑、宽严有度、公正执法、刚柔并济，不断提高监狱管理规范化、标准化、科学化水平，确保监狱持续安全稳定。

二是结合监狱布局调整，按照建设“高标准、现代化、有特色”监狱的要求，把“沂蒙红色文化”理念和元素融入监狱规划建设和基础设施改造升级中，提升罪犯教学环境，改造沂蒙红色文化广场、展室，增建社会体验场馆，提升监狱生态文明水平，达到人与自然的和谐统一。

三是用“沂蒙红色文化”的精神内涵，诠释监狱工作科学发展理念，把延安精神、井冈山精神和西柏坡精神等红色文化元素纳入沂蒙精神学习体系，发挥监狱文化联盟的作用，全面深化监狱体制改革，实现监管改造、队伍建设、综合保障等业务协调推进，在更高起点上谋求监狱事业统筹和谐发展。

红色基因永相传，教育改造著新篇。临沂监狱围绕监狱文化建设思路，坚持以改造罪犯为中心，进一步加大开源性建设、拓渠性建设、辅助性建设、涵养性建设力度，全面提升文化教育建设科学化、专业化发展水平，提高罪犯教育转化质量，把罪犯改造成为守法公民，使罪犯不再走上违法犯罪的道路，为服务社会安全稳定作出自己应有的贡献。

河北省唐山监狱

政治统领　文化助擎　争创一流

——河北省唐山监狱文化建设活动纪实

河北省唐山监狱

河北省唐山监狱始建于1950年1月，历经七十余载，数次隶属体制变更，两次整体搬迁，先后为唐山市第三劳改大队、唐山专区第一劳改大队、河北省第九劳改支队、河北省唐山少年犯管教所、河北省第五劳改总队、河北省唐山监狱，累计收押罪犯成千上万人，经过教育改造绝大多数人已回归社会成为守法公民。2004年，经司法部、省政府批准，唐山监狱迁建工程被列入监狱布局调整总体规划，三年后竣工建成，于2007年8月28日完成整体搬迁任务。河北省唐山监狱现坐落于唐山市路北区韩城镇。

一、基本情况介绍

河北省唐山监狱是一所中度戒备重刑犯监狱，占地面积247.47亩，机构设置为13个科室、13个监区及1个指挥中心，现有干警294名、职工48名，常年在押犯有1700人左右。多年来，在省司法厅、省监狱管理局的正确领导下，唐山监狱党委坚持“惩罚与改造相结合，以改造人为宗旨”的监狱工作方针，秉承“带过硬队伍、创一流业绩”的治狱工作理念，以党建工作为引领、以监狱文化建设为抓手，着力建设一支政治过硬、业务精通、作风优良的干警队伍，着力营造一个“人争成长、事创一流”的良好工作氛围，着力创新一系列对罪犯实施文化教育的主题教育品牌，精心打造具有唐山监狱自身特色的“引领文化、成长文化、第一文化、暖心文化、自省文化、塑人文化”。2018 年，唐山监狱被确定为河北省监狱系统首批创一流工作试点单位。

二、监狱文化建设发展框架

唐山监狱积极开展监狱文化建设，经过实践、总结、提炼，初步形成了符合自身发展特色的监狱文化建设理念，即“引领文化、成长文化、第一文化、暖心文化、自省文化、塑人文化”。政治引领文化，创办党建微信平台，搭建干警学习成长的重要桥梁；文化助擎改造，探索文化教育新形式，打造一系列主题教育活动品牌；争创一流精神，推动各项工作走向可持续、健康发展之路。

（一）打造政治建警的引领文化，铸就对党的忠诚警魂

火车跑得快，全靠车头带。唐山监狱党委班子不断加强自身建设，加强中心组理论学习，认真学习领会习近平新时代中国特色社会主义思想和党的二十大精神，增强“四个意识”、坚定“四个自信”、做到“两个维护”，提高党委班子把方向、谋大局的能力和定力。坚持政治引领、党建先行，把政治建设贯彻到监狱工作的全过程和各方面，全力打造政治建警的引领文化理念。

一是注重发挥党委领导班子“头雁效应”。监狱领导班子成员认真履行“一岗双责”规定，把分包监区工作与党风廉政建设同时部署推进、同时督导落实，坚持以上率下、身先士卒的扎实作风，充分发挥监狱党委班子的集体领导核心作用。对分包监区工作强化督导检查和团队精神引领，推动业务工作与加强政治建警、党风廉

政建设紧密结合、落地生根，大力营造风清气正的良好政治生态。

二是强化党建引领作用，增强党组织的战斗堡垒作用和党员的先锋模范作用。认真落实《中国共产党支部工作条例（试行）》，持续深化党支部标准化建设，深化“主题党日”、基层党建擂台赛、基层党支部书记考核三位一体党建工作模式，出台支委、区（科）务会议事规则，统一规范中层干部职责分工，坚持党建和“三安全一稳定”等业务工作联动评价，防止“两张皮”现象，实施“一把手”政治能力提升计划，在急难险重任务和重点工作中设立临时党支部，扎实推进政治建设好、组织功能好、制度执行好、任务完成好、作用发挥好的“五好党支部”建设和评比，注重挖掘先进事迹，树立典型，引导党员干警勇挑重担、弘扬正气、推动工作，切实解决基层党支部软弱涣散的问题。

三是推进全面从严治党主体责任的落实。监狱党委研究制定《全面从严治党主体责任清单化管理实施办法》，强化党支部政治功能，提升党支部组织力，按照“谁主管、谁负责”的原则，把主体责任清单化管理延伸至基层。建立健全各级领导班子成员党风责任制分工、职能科室及监区主体责任风险清单、监区一日工作目标责任、党支部“三会一课”目标责任等实施方案；全狱基层党支部及党员，逐级逐层形成主体责任一流目标清单化管理工作机制，使从严治党主体责任和从严治警管理要求进一步分解细化到每一个党支部，责任落实到每一名党员干警，推行“明责—履责—督责—考责—励警”跟踪问效工作法，实现无盲区、全覆盖。

四是创办监狱党建新媒体（微信群）宣传阵地。由监狱党委主办，采取基层党支部轮流值周形式，开展党史学习教育，党的基本理论、基本路线、基本方略学习，“两学一做”学习教育，学习贯彻习近平新时代中国特色社会主义思想主题教育和党的二十大报告辅导等系列宣传教育，把党建微信平台作为推动党建工作和政治建警的重要载体，同时将党建微信平台打造成广大党员干警学习党建文化、进行思想交流和实现博学多闻的“充电桩”；编辑印发《党建微信平台文摘》书册两集，通过组织学习交流，广大党员干警的理想信念、党性修养、政治理论水平得到明显提升。

五是加强党建工作，推进政治建警。开展设立党员示范岗、戴党员徽章、亮身份以及重温入党誓词、与武警中队搞党建学习、爱国主义教育、“党支部＋1精准扶贫”等系列党建文化活动。健全全员政治轮训制度，把党的二十大精神作为教育培训的核心课程、必训内容，依托“学习强国”、河北干部网络学院精心设计轮训课程，组织集中宣讲、专题党课、线上集中学习培训、主题党日活动、专题大讨论、专题调研、承诺践诺、爱岗敬业办实事“八个一”及“党课开讲啦”活动，确保干警100%参训率。仅2022年开展党委书记、支部书记讲党课21场次，利用网络平台举办政治轮训22场次，不断锤炼监狱警察队伍的过硬作风，牢牢刻印不忘初心、对党忠诚的崇高警魂，展示监狱民警队伍的良好精神风貌。

（二）推动素质强警的成长文化，提升警察的工作本领

中国特色社会主义进入新时代，新时代赋予监狱工作新的使命。监狱党委把提高干警素质、提升工作本领作为一件大事来抓，为每一名干警提供发展舞台，积极打造素质强警的成长文化理念。

一是研究制定了《专家型、骨干型人才培养计划实施方案》，按照“政治过硬、业务过硬、责任过硬、纪律过硬、作风过硬”的要求，以加强干警队伍正规化、专业化、职业化建设为主线，以提高干警队伍综合素质能力为目标，努力培养一支业绩突出、成果显著的专家型、骨干型干警人才队伍。每年定期组织开展狱政管理、狱内侦查、刑罚执行、教育改造、安全生产等业务培训，加强素质教育，提高业务水平。

二是主动“走出去”，搞开放式教育培训。近年来组织中层干部和基层干警先后到河北省保定监狱、沧州监狱、深州监狱和江西省吉安监狱、饶州监狱，江苏省苏州监狱，广西壮族自治区南宁监狱、钦州监狱，海南省三亚监狱、海口监狱，湖北省汉江监狱，山西省太原第一监狱，陕西省红石岩监狱（现为陕西省杨凌监狱），四川省邑州监狱，安徽省女子监狱等省内外20余所先进监狱单位，学习取经、增长知识、开阔视野、更新观念。2017年与新疆维吾尔自治区第三监狱共商干警援疆挂职培训计划，选派84名青年干警分批赴疆学习锻炼，每期训练时间半个月，下沉监管改造一线，增援三监值班警力，参训干警经过亲身体验，进一步增强了忧患意识，提高了防范意识，提升了敬业精神；组织开展岗位大练兵、业务大比武等一系列活动，以增长干警的才干本领，锤炼干警的政治素养和业务本领。

三是健全素质培养机制。坚持大培训大练兵，彻底解决干警不敢管、不会管、不愿管的问题。坚持“干什么学什么、缺什么补什么”，围绕监管安全、安全生产、教育改造等重点工作，通过“业务提升大讲堂”、“以师带徒”、业务竞赛、现场实战等形式，组织狱领导、科室长及监管改造、教育改造、安全生产、生产经营等业务能手授课，提高干警狱犯情研判、情报搜集、谈心谈话、清监查号、案件办理、顽危犯转化、病犯急救等业务能力；强化警体技能训练，借助驻狱武警力量，组织开展体能素质、队列指挥、警容警姿、单警装备、警械使用、实战技能训练，重点抓好青年干警特别是快反小组、特警队员的训练；强化查缉战术训练，组织防暴特警队员等特定岗位干警开展特警装备使用、枪械武器使用和“无人机”入侵防控的训练，加强以单警、小组、群组攻防对抗为主要内容的战术训练和狱内最低伤害武力控制战术训练。

四是推进标准化建设，推动干警成长。进一步统一制度标准、管理标准和考核标准，把标准化建设作为基本规矩，倒逼干警提升工作本领。在干警执勤标准化方面，完善干警《一日执勤行为规范》《执勤干警现场巡查事项清单》《安全生产交接班制度》《指挥中心勤务规定》等制度，明确不同岗位、环节工作标准，制定干警执勤一日流程图，搭建职、岗、权、责相一致的管理网络，确保每名干警准确把握“什么可为、什么应为、什么必为、什么不为”。在考核指标标准化方面，深化监狱、监区两级工作例会暨日常问题排查整改考评考核工作机制，全面贯通发现问题、传导压力、推动整改、提升工作的闭环管理，形成一级抓一级、层层抓落实的工作格局。加强对标准化工作考核，以考核促提升，以考核促落实，以考核指标标准化促安全管理标准化。对考核成绩突出、工作成效明显的单位，及时组织召开现场会，向全狱推广先进经验。

五是健全干警成长机制。坚持正确用人导向，注重在基层一线和关键岗位培养年轻干部，根据考核结果和日常表现，按干部管理权限及时做好选拔任用工作，通过提拔、交流、轮岗等多种形式进一步挖掘干部潜力，激发队伍活力。

（三）争创一流工作的第一文化，树立创优的争先意识

文化是一个国家、一个民族的灵魂。监狱党委深刻认识到，中华优秀传统文化是中国特色社会主义文化的文化之根，积淀着我们中华民族最深沉的精神追求，加强监狱文化建设势在必行。监狱注重从文化育警着手，不断增强文化自信，积极培树争创一流工作的第一文化理念。

一是建设精神家园。在组织阅读《习近平谈治国理政》《习近平新时代中国特色社会主义思想三十讲》《习近平的七年知青岁月》《知之深　爱之切》《胜者思维》《华为工作法》等正能量图书的同时，监狱投资建设干警图书室，成批购买添置了历史、政治、法

律、经济、管理、文化、文学艺术等各类新图书；组织开展读好书推荐活动，通过党建微平台推介出一批优秀图书，如上海市委党校的《马克思的20个瞬间》、朱光潜的《谈美》、周国平的散文集《我喜欢生命本来的样子》、南怀瑾的《论语别裁》等，总结提炼并编印了《干警从业文化词典》《唐山监狱图书室——荐书语录》等精神家园书册，大力倡导、积极培树争创一流工作的第一文化意识。

二是立足本职、争先创优。每月组织开展业务单项工作先进排名榜、工作标兵光荣榜活动，每半年召开一次工作先进表彰大会，调动和激发广大干警的工作热情和积极性，大力营造一个德才兼备、注重实绩的用人导向和人争成长、事创一流的文化氛围，监狱各项工作呈现良好发展态势，监管改造工作实现27年无罪犯脱逃，生产劳务创收人均劳效自2017年以来连续保持全省监狱系统前列。

三是健全正向激励机制。大力宣传先进典型事迹，常态化选树在狱政管理、刑罚执行、教育改造和企业经营等方面有突出表现的“十佳标兵”，设置爱岗敬业示范岗，推出一批在全省司法行政系统、监狱系统“叫得响、立得住、传得开”的先进个人，发挥以点带面、示范引领作用，提升队伍内生动力。

四是健全考核考评机制。充分发挥考核“指挥棒”作用，坚持把区分优劣、奖优罚劣、激励担当、促进发展作为考核工作的基本任务，完善监狱综合考核办法和科室监区二级考核办法，准确考核干警的工作能力和业绩，着力培养干警的执行力和核心竞争力；强化考核结果运用，将考核结果作为评先评优、职级晋升、干部选拔任用的重要依据，建立正向和反向“两个清单”，监狱每月对各单位考核开展情况排名通报，年底进行全面评估晾晒：对实绩突出单位表彰奖励，适当上调年度考核优秀比例，对较差单位提醒函询、通报批评、组织约谈。

（四）营造以人为本的暖心文化，凝聚团队的精神力量

坚持以人为本，切实推动从优待警，积极创造一个快乐工作、幸福生活的工作环境和生活氛围，广泛开展干警谈心谈话活动，充分发挥监狱工会的组织作用，经常性开展多种形式的文体比赛活动，丰富活跃干警的业余文化生活，深入推行以人为本的暖心文化理念。

一是狱领导班子成员与分管分包单位干警建立了暖心文化信息卡，制度化开展谈心谈话送温暖活动，搭建起领导与干警思想心灵沟通的桥梁，深入了解干警的思想诉求和生活状况，针对个别职工生活困难情况及时组织捐款活动，帮助他们解难脱困，不仅调动了干警同心同德、同舟共济的积极性，同时也增强了干警的集体主义思想。

二是重视和丰富监狱文化生活，每逢“七一”建党节、“十一”国庆节组织开展歌咏比赛、文艺联欢会，“五四”青年节组织青年干警代表参观北京警察博物馆，为235名青年干警赠送励志图书，每年为在职干警赠送生日蛋糕，为退休人员举行仪式、颁发荣誉证书、赠送纪念品等。监狱工会成立书法、摄影、文体等兴趣爱好活动协会小组10个，适时组织干警开展健步行、乒乓球、篮球、趣味运动、钓鱼比赛等活动，开展太极拳课程；将每年9月定为干警“读书月”，开展读书荐书活动，收集整理《读书荐书活动选编》书册。这些实实在在的暖心文化，既增强了广大干警的荣誉感、归属感，又凝聚了监狱工作团队的精神力量。

三是健全从优待警机制。从细微处关心关爱关注干警的工作生活，常态化开展走访慰问活动，推进意外人身伤害保险落地，切实解决干警后顾之忧，做好老干部走访慰问、特困帮扶等工作。在疫

情期间，建立科室监区“结对子”机制，45 名科室男干警下沉监区缓解一线警力；组织开展精准慰问，服务干警及家属 68 人次，为干警及家属发放防疫药品 55 份，队伍凝聚力、战斗力进一步提升。

（五）加强认罪服法的自省文化，强化罪犯的改造意识

认罪悔罪是促使罪犯实现自我改造、争取早日新生的前提。监狱不断加强对罪犯实施认罪悔罪教育，强化罪犯的行为规范养成，注重抓好罪犯学习、生活、劳动“三大现场”管理规范化，严明监规纪律，突出思想改造，增强改造意识，不断打造认罪服法的自省文化理念。

一是从罪犯入监教育着手，重点抓好罪犯服刑身份意识和认罪悔罪教育。通过“算账”讲危害，促使罪犯从思想上认清所犯罪行给国家、社会、他人、家人造成的损失和伤害；注重罪犯改造行为规范的养成教育，强化罪犯服刑改造的身份意识；推行“内视观想”新型矫治方法，选派干警教师参加学习研讨，在监狱打造实践基地，引导罪犯感悟过往，反思自己行为过错。

二是强化罪犯行为养成。细化实化《罪犯改造一日行为规范》，对罪犯每日起床、洗漱、劳动、如厕、就餐、学习、活动、休息等环节统一规范，制定罪犯分级处遇实施细则，制作打击罪犯违规抗改、罪犯考核奖惩警示教育片，强化罪犯行为养成，确保罪犯从入监到释放全过程动态安全、可防可控。统一规范罪犯出入监教育时间、标准、程序、内容，推动建立专门出入监监区改造模式，强化罪犯行为养成。

三是开展中华优秀传统文化教育活动，邀请社会知名人士进狱讲国学经典，用社会主义核心价值观来洗涤罪犯心灵；开展“监狱开放日”“亲情帮教”等系列活动，以亲情和关爱唤醒罪犯的家庭

责任、法律责任和社会责任意识，增强罪犯的改造自信和责任担当；编辑《破茧成蝶——服刑人员文化书集》、《新舟起航》期刊、《新舟起航——主题教育专刊》，开辟罪犯改造宣传橱窗、文化教育宣传走廊、电化教育视频转播等教育改造工作阵地，打造罪犯认罪悔罪、赎罪服法的自省文化，激发罪犯走上健康改造之路。

四是强化攻坚教育。对现实表现差、恶习重或内心扭曲、好逸恶劳、抗拒改造的顽危犯，采取监区、监狱层面的双重包教的办法，成立攻坚小组，通过调阅资料、谈心谈话、走访调研，全面了解罪犯成长史、犯罪史、服刑史及人格特征，动态制定有针对性的转化措施，用法律条文和案例进行攻心教育，适时推进干警深入罪犯家庭进行家访，动员亲属进行感化、帮教，共同帮助罪犯疏导不良情绪，树立改造信心，明确改造方向，提高改造积极性。

五是深入开展扫黑除恶专项斗争，敦促罪犯认罪服法，检举揭发社会上黑恶势力分子和违法犯罪行为，已收集其他犯罪线索 7 条，成功破获 1 起杀人漏罪案件。

（六）培养时代公民的塑人文化，开辟改造工作新篇章

把“践行改造宗旨、培养时代公民”作为根本任务是唐山监狱贯彻落实“服心心服是最高的改造标准”新格局的目标追求。在实践中，唐山监狱积极开展监区文化建设，不断丰富、夯实监狱文化品牌建设，更好地发挥监区文化建设在罪犯改造中的积极引导作用，努力提高教育改造质量。

一是加强核心价值观教育。把习近平新时代中国特色社会主义思想、社会主义核心价值观纳入思想政治教育内容体系；深入开展罪犯思想政治工作，开办“思想政治大讲堂”，设立思政教育精品课程库，推行“监舍微课堂”，让罪犯从思想上、感情上认同党的领导、认同伟大祖国、认同中华民族、认同中华文化、认同中国特

色社会主义道路；重大节日开展“升国旗、唱国歌”集体活动，激发罪犯的爱国情怀和集体主义思想；开展以《宪法》为重点的法治教育，使国家宪法精神根植于罪犯内心深处，树立社会主义法治信仰；加强仪式感教育，在全狱范围内悬挂国旗，组织每名罪犯学唱至少10首爱国歌曲；进行入监出监宣誓，重视背诵感恩誓词，督促各监区加大背诵频率。通过一系列举措营造出刚性、规范、浓厚的政治教育氛围，不断增强政治教育仪式感以震撼罪犯心灵，达到教育目的。

二是提升文化环境，营造浓厚氛围。着力改善文化基础设施，美化狱园环境，营造浓厚的文化氛围。给狱内每一条道路命名（修行路、觉悟路、育新路、志强路），使路名具有特殊激励意义，贴近改造实际；在狱内三栋主建筑物上设置三组改造标语；在路灯杆上悬挂改造劝言；在狱内设置宣传橱窗、路引、雕塑；在绿植之中蕴藏文化典故；在教学楼播放改造宣传片；在车间监舍悬挂文化展板……使服刑人员在举手投足之间、坐站行走之际、耳濡目染之中即可随时感受到文化气息。

三是构建“一监一品一特色”的文化格局。各监区集思广益，根据监区收押特点，充分发挥服刑人员的长处，积极打造本监区的文化品牌。逐渐形成了以一、五、十一监区为代表的文体文化，以三、六、九监区为代表的传统文化，以入监监区、严管监区为代表的法治文化，以四监区、康复监区为代表的红色文化，以十监区为代表的非物质文化遗产等品牌项目。各监区积极打造精品展演项目，在狱园开放日及各类迎检活动中取得了良好成效。

四是开展丰富多彩的文体活动，助力服刑人员积极改造。在春节、端午节等各类节假日及休息日、教育日期间，组织开展棋类比赛、拔河比赛、读书会、书画展等各类文体活动，同时成立各类兴趣小组，进一步激发罪犯参与热情，提高罪犯改造的主动性和积极性，增强罪犯的团队意识和集体荣誉感。

五是充分利用资源，夯实改造基础。打造“多媒体+”教育平台，狱内广播电视线上教育和《启航报》等报刊线下教育双轮驱动，发挥狱内闭路电视教学作用，播放《朗读者》《忏悔录》《演说家》等感恩、励志类优秀节目，拓展教育渠道，丰富服刑人员的精神改造生活，促进服刑人员提高认知水平，进而自觉接受改造。《启航报》坚持每月出版1期，做到月月有主题，篇篇用精品，坚持办报初衷，90%的稿件用服刑人员的投稿，全面展现监狱发展的整体风貌，宣传积极改造精神，引领服刑人员的改造步伐，坚定服刑人员改造信念，营造健康的精神世界。

六是丰富教育载体，扩宽教育广度。积极加强监狱图书室和监区图书角建设，购入政治、哲学、文学、法律等图书，积极引进社会资源，上线“智慧图书”系统，将“书城”搬进了监狱，供服刑人员自主选购。积极动员干警授课，培养优秀教师，录制精品课，丰富教育资源。坚持创新，充分利用新媒体手段，拍摄精品短片，素材取自服刑人员、用于服刑人员，先后录制《金秋助学》《争做改造积极分子》等多部专题片。

七是拓展帮教渠道，多重助力新生。广泛争取社会各界支持，整合利用各种资源，构建“监狱主导、家庭协助、社会参与”的立体帮教格局。在开展日常的帮扶未成年子女、重点服刑人员家访、亲情帮教的同时，坚持连续多年举办“开放日”活动，邀请人大代表、司法人员、武警、执法监督员、企业代表、罪犯家属等走进狱园，零距离感受监狱公开、公平、公正的执法环境，受到河北电视台、《河北法制报》、唐山电视台、《唐山晚报》等多家媒体报道，改造工作社会化水平进一步提升。

八是注重教育改造实效化。严格落实“教育日”制度，试行在“三课”教学中引入学分制，统一教育教学计划、内容、进度、考核，思想政治统考及格率在95%以上，文化教育统考及格率达到95%以上，职业技术培训合格率达到90%以上。认真开展个别谈话教育和心理矫治工作，落实“五个精准”和“四三三”教转模式，顽危犯的转化率连续多年保持在90%以上。加强心理健康指导中心建设，健全完善三级网络联动机制，在全狱范围内推行罪犯心理晴雨表。每年开展心理健康月活动，编写《心理健康月专刊》，举办专题心理辅导讲座，组织观看优秀心理电影，开展团体心理辅导活动。

九是拓展文化教育新形式。坚持文化育人、以文化人，通过推进文化介入，组织开展内容丰富、形式多样的主题教育活动，由干警主导、罪犯参与制作成一部部微视频，用罪犯改造生活中的人和事解读《生命之光》《沟通互助》《责任》《内省》《精细》《创新》《先进》《感恩》《亲情》《安全》《诚信》《节俭》《爱国》《爱党》《爱人民》《爱社会主义》系列主题教育内容；建立主题教育责任制，分包狱领导担任组长、监区长为副组长，负责定期召集并开展主题教育研讨讲评活动；监区成立主题教育QC活动小组，初步统计有干警158名、罪犯524人参与主题教育视频片制作活动，完成主题教育微视频150部，累计播放136场次，罪犯接受课堂化教育率达到100%，收到了良好的教育效果。

新时代迎来新形势，新征程赋予新使命。唐山监狱坚持以习近平新时代中国特色社会主义思想为指导，认真贯彻落实总体国家安全观，提高政治站位，践行改造宗旨，在实践中不断健全和完善监狱工作目标的新思维、新理念、新体系，精准发力，开拓创新，进一步推动监狱文化建设跨越新高度、取得新成绩、作出新贡献！

河南省洛阳监狱

文以启明　文以塑魂

——河南省洛阳监狱文化建设实践与探索

河南省洛阳监狱　李晓卫

河南省洛阳监狱坐落在十三朝古都洛阳，始建于1951年，占地面积40万平方米，警察职工800余人，押犯3500余人。洛阳监狱认真贯彻总体国家安全观，积极践行改造宗旨，牢固树立文化自信，依托厚重的河洛文化，充分发挥监狱文化感召人、熏陶人、改造人、塑造人的独特作用，坚持“以文化人、以文塑人、以文育人”的矫正理念，围绕监狱职能定位，深化监狱体制机制改革，坚持文化引领、环境熏陶、规范管理、公正执法的治监理念，积极探索监狱文化建设的丰富内涵，走出了一条地域特色鲜明的文化兴监之路。

一、打造视觉文化，凸显“启明”功能

（一）建筑布局

监狱建筑布局注重监狱概貌与周边文化遗迹的相互协调，设计为汉唐建筑风格，既吸收了古代建筑古朴典雅、严整开朗的风格，又展现了监狱建筑应有的庄重威严、恢宏大气，构成了汉唐风韵古香典雅的建筑文化。

“启，开也。”“明，自省也。”“启、明”二字彰显出法律赋予监狱的刑罚执行理念和教育改造的美好愿望。监狱以“启”和“明”为主线，以“启知启善、明法明德”为主题，立意启知善，明法德。将教学楼命名为“启明楼”，将八栋监舍楼分别命名为明法楼、明德楼、启知楼、启善楼、春晓楼、夏清楼、秋悟楼、冬行楼，寓意服刑人员要明法晓理、清心向善、知悟悔改、德行一致。将会见室命名为明礼楼，寓意服刑人员要知礼仪、明事理。将禁闭室命名为明省楼，寓意服刑人员要自察自省。将监狱医院命名为明仁楼，寓意医者仁心。将服刑人员食堂命名为明俭楼，寓意服刑人员要勤俭节约。将通向“启明楼”的道路命名为“启明大道”，将监管区四周环形道路，分别命名为瑞东路、瑞西路、瑞南路、瑞北路，寓意监狱长久平安、和谐。将与监舍楼配套的七个花园景区的功能小院分别命名为：德苑、法苑、晓苑、礼苑、清苑、悟苑、行苑。狱内楼宇、道路、花园命名紧密贴合建筑使用功能，与整个建筑氛围若合一契。

（二）环境设施

监狱正中央宽敞的启明文化广场是监狱文化活动的重要场所。广场荷塘游鱼戏水，荷露飘香，碧绿的草坪上，点缀着形态各异的文化景观石，石上镌刻的书法均出自监狱警察书法家之手。美轮美奂的文化景观灯箱上，古诗、名言、警句，内容深刻、发人深省。广场中间宽阔的启明大道，一直延伸至监狱大门，寓意服刑人员刑满释放后从这里走出去，将开启一个崭新的明天。

功能齐全、设施先进的启明楼大门两旁悬挂着两副庄重的烫金楹联——“温良恭俭让汉唐韵长，礼义仁智信河洛风劲”“春晓秋悟启人生启知启善，夏清冬行明世理明法明德”，可谓监狱文化的高度浓缩。楼内多功能厅、图书阅览室、心理咨询室、书画培训室等先进的教学场所和设施彰显现代矫正理念。

以狱务公开平台、服刑指导中心、心理矫治中心、刑释就业指导中心、启明教育中心、法律援助中心、启明书画院、启明教育网、启明电视台、《启明报》、亲情帮教、社会帮教、文体活动为载体，大力弘扬厚重的国学文化和传统的道德观、法治观。运用多媒体教学、分级处遇、循证矫正、个别教育、危机干预、心理矫治等方法，形成全方位、立体化的教育矫治工作体系。监狱处处体现执法温情，警察深度融入服刑人员改造的全过程，设身处地关心、教育、感化服刑人员。使服刑人员在耳濡目染中得到熏陶，在所见所闻中受启迪，在潜移默化中行改造，真正从内心感恩亲情、感恩社会，从而在刑释后更好地回报亲人、回报社会。

二、融入现代文化，提升监管水平

监狱紧跟时代步伐，不断拓展信息技术应用，着力打造智能、高效、规范、便捷的信息化体系，实现信息传输网络化、信息处理数字化、安全防范智能化、执法管理规范化、狱务办公自动化。

监狱以实战实用为导向，不断拓展信息技术应用，建成了两个网站、三个信息库、二十二个业务系统的信息化体系，实现监控智能化、办公自动化、信息集成化、应用全员化。监狱周界和重点区域安装多目标追踪报警系统，依靠枪球联动，对移动目标快速精准捕捉和跟踪报警，与光纤振动、微波对射、智能分析、移动侦测等系统构成多层次、全方位、可视化的安全防范体系。重点部位设置移动侦测报警和智能分析系统，对罪犯在危险时段越界、移动、滞留、异常聚集、徘徊等行为进行自动侦测、分析报警。监狱指挥中心和监区分控中心自动接收语音、视频、定位信息，对目标区域进行对讲、广播、监控，实时掌握处置狱情。指挥中心集成应急指挥、视频监控、预案管理、广播对讲、紧急报警、罪犯外诊安防、电子巡更、智能分析、周界安防、多目标追踪、安防设备检测、智能导调等子系统，形成监狱中心枢纽，实施“平战”结合策略。“平时”主要进行报警管理、巡查督察、设备管理，“战时”根据预案流程进行人员调配和信息资源调用，高效处置警情。使用卫星移动定位技术，配置电子脚扣和车载移动监控，对罪犯押解和离监就医进行远程监控、地图定位、脱管报警，为远程指挥、迅速处置提供支持。

运用物联网、大数据，将监狱信息化系统与罪犯基本信息、改造需求和教育功能深度融合，构建由 RFID 技术支持的“一卡通”智能化管理、执法、教育、矫治集成平台，实现罪犯购物消费、医疗就诊、狱务公开、自助查询网络化。充分利用“一卡通”智能终端、多媒体电视、罪犯教育网和在线培训云平台，以各楼层、监舍为教学单元，开展思想教育、文化教育、心理咨询和职业技能培训。职业技能培训涵盖缝纫、养殖、家政、园艺、保健按摩、电梯维保、家电维修、电（气）焊等 15 个专业，近 50 门课程，罪犯教育实现由集中课堂教育模式向分散教育和自助点播学习模式的转变。

为执法执勤警察全部配备执法记录仪，有效破解了罪犯离监就医、死亡处理、涉诉维权、顽危犯病犯教育管理等执法难点，实现了监狱执法活动全过程、全方位、多视角证据留存，为促进监狱规范执法、公正执法、文明执法发挥了积极作用。开发“移动智办公”系统，依托移动通信网络，利用手机客户端进行邮件（保密）收发、会议通知、行政和财务审批、信息发布、文件存储、个人信息管理，突破日常办公的时间和场所限制，实现随时随地远程办公。遇有突发事件，可第一时间给全体警察发送狱情、犯情信息，提高应急处突效率。建立无纸化会议系统，具备议程展示、席位安排、文件推送、资料共享、文件批注、实时调用专网信息等功能，从而实现会议电子化、无纸化、智能化。通过“线上”推动“线下”，规范了工作流程，明确了工作标准，革新了执法执勤和教育改造模式，用技术“信息化”，实现了工作“标准化”“高效化”。

三、构建行为文化，强化规范管理

行为文化是指在警察执法及服刑人员改造活动中依据相关规章制度形成的特定活动方式，是监狱在各种行为活动中产生的文化现象的组合。通过树立现代管理理念，建立科学有效的管理制度、机制，全面推进规范化、精细化、标准化建设，构建了文明规范、和谐有序、积极进取的行为文化。

（一）完善执法管理标准体系

规范警察行为礼仪和执勤值班、业务例会、应急处突等工作流程，规范重点人员、重点物品、重点部位、重点环节管理。特种岗位服刑人员和外来人员，外着马甲颜色各异、明显区分；服刑人员个人物品实行“清单式”管理；警察值班执勤区和服刑人员监舍区的标识标牌，设置为不同颜色、不同格调；所有生产生活物资由监狱物流中心统一配送，统一回收，集中装卸。制定服刑人员一日生活规范，统一服刑人员起床、就餐、出收工、习艺、工间操、学习娱乐、就寝等活动标准。规范化、精细化、标准化建设使监狱的各项管理工作规范有序，有效地促使服刑人员革除恶习、祛除陋习、重塑新生。

（二）以“礼乐”文化规范服刑人员改造行为

礼乐制度形成、完善于西周时期。史载周公旦“制礼作乐”，为礼乐制度始创者。礼乐制度与宗法制、分封制共同构成了西周封建等级社会的基础。春秋时期孔子以周公创制的西周社会文明为正统，对礼乐制度重新进行系统阐释和理论化构建。孔子所主张的礼乐文化包含维护社会秩序的政治制度构建，实现家庭、宗族和谐的伦理思想以及提升个人认知水平的修身理念。礼乐制度要求“无理不动，无节不作”，成为国家层面的社会规范和个人层次的行为准则，也成为华夏正统文明区别于周边其他“蛮夷”的重要标志。“礼乐”文化源于洛阳，目的就是让社会在“有礼”“有序”中发展，让人在“有乐”“有和”中尊存。洛阳监狱立足本地文化优势，邀请本地名家学者解读礼乐制度，讲授华夏文明，引导服刑人员感悟“礼乐”在“格物、致知、诚意、正心、修身”中的重要性，使服刑人员自觉规范自己的改造行为。

（三）创新文化载体丰富服刑人员改造生活

文化不是抽象的、虚无缥缈的东西，监狱文化同样必须有实实在在、切合监狱工作实际的形式和载体，才能体现出吸引力、感召力和影响力。监狱在不同季节、不同节日，组织开展丰富多彩的文体活动。

监狱定期举办服刑人员春、秋季运动会。设置篮球、羽毛球、乒乓球、拔河、立定跳远、棋牌类等多个赛项，服刑人员广泛参与，体现出了更高、更快、更强的体育精神，取得了运动成绩和精神文明双丰收，展现了服刑人员积极向上的精神风貌。

举办服刑人员消夏系列活动。开展“红色电影文化节”活动，在暑期精选主题鲜明、内容丰富的优秀电影在各监区大院巡回放映；开展“冬、暑季趣味运动会”活动，在各监区组织开展立定跳远、定点投篮、托球往返跑接力赛、两人三足往返跑、掰手腕等趣味比赛；开展“文艺下监区　颂歌新时代”消夏文艺巡演活动。监狱组织各监区文艺骨干策划、编排优秀文艺节目，并邀请社会知名演出团体到各监区巡回演出。通过开展消夏系列等活动，深入推进监区文化建设，缓解服刑人员冬、夏季焦躁情绪，营造健康文明的改造氛围。

每年举办新春联欢晚会和民间社火表演。举办服刑人员春节文艺晚会，通过精心组织、用心编排，为全狱服刑人员送上精美的文化盛宴。举办“欢天喜地过大年”社火艺术表演大赛和各监区巡演活动，为节日增添欢乐气氛。通过以上活动使服刑人员在轻松愉悦的氛围中反思新人生，在共筑新生梦中得到灵魂深处的启迪。

四、植根黄河文化，打造精品工程

习近平总书记在黄河流域生态保护和高质量发展座谈会上发表重要讲话指出：“要推进黄河文化遗产的系统保护，深入挖掘黄河文化蕴含的时代价值，讲好‘黄河故事’，延续历史文脉，坚定文化自信，为实现中华民族伟大复兴的中国梦凝聚精神力量。”为贯彻落实习近平总书记重要讲话精神和《河南省监狱系统罪犯黄河文化教育规划（2022—2024 年）》，结合监狱实际，开展了“黄河文化引领教育改造”系列教育活动。充分发挥洛阳监狱黄河文化教育的优势，全力打造“黄河文化教育品牌”，努力把监狱建设成河南省黄河文化教育示范监狱，并为河南监狱系统教育改造工作作出积极贡献。

（一）多层次全方位开展黄河文化教育

监狱围绕黄河历史、黄河流域文化、黄河治理、黄河保护、黄河时代精神等内容组织开展了黄河文化知识系统学习，传承和弘扬黄河文化，延续历史文脉，坚定文化自信。一是讲师团授课。监狱抽选 8 名优秀讲师团成员，通过录制教学视频和课堂教育的方式，集中开展“黄河文化引领教育改造”的主题讲座。内容包括《学习黄河文化，汲取精神动力，助推教育改造》《黄河文化的传承与弘扬》《传承黄河优秀文化，净化心灵重塑新生》《学习黄河文化，弘扬“五种精神”》《以黄河文化为引领，牢固树立爱党爱国爱社会主义的坚定信念》等，全面梳理黄河文化孕育、演进和发展历程，系统发掘黄河文化所蕴含的哲学观点、人文精神、价值理念、道德规范。二是外聘专家授课。邀请河洛文化研究专家孙钦良教授等狱外专家开办“河洛文化大讲堂”。充分发挥洛阳作为河洛文化发祥地的独特优势，系统讲授东周到唐宋千年间黄河文化形成发展的历程。三是多媒体授课。在启明电视台、《启明报》设立专栏，定期播放、刊登黄河文化相关教学内容，普及黄河文化相关知识，引导罪犯充分认识黄河文化蕴含的时代价值，为全面讲好黄河故事，弘扬黄河文化奠定思想基础。

（二）多角度全场景开展黄河文化宣传

学而不思则罔。在开展教学的同时，为进一步激发服刑人员学习黄河文化的自觉性，监狱开展了一系列服刑人员全员参与的黄河文化宣传教育活动。一是组织开展“我心中的黄河”大讨论活动。以监舍为单位，每名服刑人员结合个人实际，写出自己与黄河的故事，或对黄河故事、黄河文化的感悟。通过大讨论，引导服刑人员增强对黄河历史的了解、对黄河文化的理解。二是组织开展“放歌黄河颂党恩”征文活动。鼓励广大服刑人员通过文字、绘画等形式，讲述家乡变化、时代风貌，让文字引导服刑人员自我发掘黄河精神的内涵，从内心深处感受不同时期、不同地点、不同风俗的黄河文化，并从文字中汲取改造力量，在感悟中锤炼个人品格。征文活动收到来自各个监区的投稿 437 篇，字画作品 57 幅。三是开展“颂歌黄河奔新岸”讲故事活动。以讴歌黄河文化为主题，结合改造实际，重点讲述服刑人员学习黄河文化精神、汲取黄河文化内涵、积极投身改造的励志故事。四是组织开展“颂黄河　感党恩”

合唱比赛。各监区精心挑选文艺骨干，表演以讴歌黄河、赞颂党恩为主旋律的歌曲，带领服刑人员在澎湃的旋律中抒发对伟大祖国和中国共产党的热爱、对黄河母亲的眷恋。五是开展黄河文化主题电影播放月活动。活动期间共播放黄河文化主题相关电影 40 余部，让服刑人员以更加直观的方式学习和感悟黄河文化精髓，在观看电影后服刑人员积极撰写影评文章，全面营造浓厚的黄河文化教育氛围。六是开展“文艺下监区 颂歌赞黄河”文艺巡演。监狱精心编排涵盖歌曲、相声、小品、魔术、舞蹈多种形式的节目，利用学习日、休息日晚间到各监区巡演，巡演所到监区的罪犯在晚会中踊跃参与，热情互动。通过服刑人员自编自导自演节目，寓教于乐，在浓厚的黄河文化氛围中净化了心灵、释放了压力。七是开展“喜迎二十大 颂歌新黄河”黄河文化知识竞赛活动。整理黄河文化知识 600 余条并编纂成题，各监区筛选出 54 名表现突出的服刑人员参加预赛。预赛后按成绩甄选出 18 名选手进入决赛现场竞答。通过知识竞赛引导服刑人员更好地了解黄河流域的历史文化、伟大的民族精神，进一步教育服刑人员增强对伟大祖国的认同、对中华民族的认同、对中华文化的认同、对中国共产党的认同、对中国特色社会主义的认同。

（三）多形式全过程开展黄河文化应用

黄河文化内涵丰富、博大精深，只有经历从认识到实践再到认识这样循环反复的过程，才能在服刑人员教育改造工作中起到激励服刑人员坚定改造信心、增强改造动力、全面提升改造效果的作用。监狱在系统学习、宣传黄河文化的基础上，开展了一系列践行活动。一是举办民俗手工作品培训班。培训班精选学习培训教材，配备了泥塑等手工作品用具和材料，来自各监区的 20 余名有手工作品制作基础的罪犯参加了培训；指定受过相关高等教育而且有过教学经验的服刑人员为培训班的骨干教员，认真讲授理论，悉心传授方法，学员们学以致用，边学习理论知识，边动手实践制作，培训结束后选出优秀作品30余件。二是举办黑板粉笔画培训班。黑板画是洛阳监狱学习、宣传黄河文化的重要载体。为提升黑板画创作水平，监狱多次举办黑板粉笔画培训班，共100余名服刑人员参加了培训。培训班着重培训黑板画选材、立意、构图、色调的把握和主题表达等方面的知识。培养学员的艺术感知力和艺术表达能力，为学员培训结束之后进行书画创作和黑板画创作打好基础。三是编辑出版《放歌黄河颂党恩——黄河文化教育优秀征文集》。黄河文化征文活动激发了服刑人员学习黄河文化、传承黄河精神的积极性，广大服刑人员踊跃参与创作，掀起了学习黄河文化的热潮。投稿的服刑人员以细腻的笔触、豪迈的画风、精湛的书法和真挚的情感，抒发了对中华民族母亲河的热爱之心、真诚悔罪的恒心和重塑自我的决心。经监狱筛选审定后，把作品分为“黄河文明”“大河民风”“时代新篇”“黄河故事”“水墨黄河”五个板块，编撰完成了《放歌黄河颂党恩——黄河文化教育优秀征文集》。四是创作洛阳监狱黄河文化教育主题歌曲——《黄河文化育新生》。“黄河文化是迷航中引路的那盏灯，校正人生路上偏离的行程……”这是由监狱干警和服刑人员共同创作完成的《黄河文化育新生》中的歌词，歌曲情深意切，旋律优美，已成为洛阳监狱学习黄河文化、升华黄河文化的代表成果。五是开展黄河文化logo创作活动。按照省局安排，洛阳监狱动员全体服刑人员积极参加logo创作活动。全狱共收集到优秀作品100余幅。六是做好黄河文化教育标识作品和吉祥物的征集、评比和展示工作。动员全体服刑人员积极参加创作，共收集优秀作品40余幅上报省局参与评选，其中有3幅标识、1幅吉祥物作品获奖。

“弘扬黄河文化，倾力打造精品，确保出新出彩，走在全省前列”是洛阳监狱明确提出的工作目标，将黄河文化基因真正融入服刑人员日常教育改造中，不断提升黄河文化的创造力、感召力和影响力。

五、传播传统文化，引导重塑新生

（一）精神文化

人之所以犯罪，主要原因在于法律意识淡薄、道德缺失，愚昧无知、善恶不分、人性扭曲。监狱将河洛文化中的经典元素作为开启服刑人员人生智慧、拨开心灵迷雾的“金钥匙”。每个监区凸显“惩”和“戒”作为共同的监区文化符号，同时又打造各自的文化品牌，形成“一区一品”，成为富有特色的一道文化景观。

书香一脉扬国粹，联韵两行育新人。每栋监舍楼门口都悬挂一副楹联，内容以监舍命名为主题，格调向上，寓意监狱警察对服刑人员悔过自新的美好期待。各个监区的文化墙内容分别围绕“法”“德”“知”“善”“晓”“清”“悟”“行”等关键词，题材丰富、主题鲜明，成语典故，《弟子规》《二十四孝》等儒家学说和社会主义核心价值观充盈其间，浓郁的文化氛围让服刑人员在生活起居中每时每刻都能得到文化的滋养和启迪。

监狱自办启明电视台，不断创新、完善和发展，现已拥有《监狱新闻》《工作动态》《教育园地》《心灵家园》《曝光台》《阳光生日吧》《每周一语》《心中的歌》等八个栏目，节目每周一期，固定时段播出。此外，电视台经常将服刑人员中发生的真实故事拍摄成微电影，由服刑人员自编、自导、自演，主题鲜明、内容向上、情节感人。目前，由启明电视台、《启明报》、启明网组成的立体宣传媒介已经逐步建立，为弘扬主流文化发挥了喉舌作用。浓郁的文化氛围和宣传媒介，不断强化对服刑人员的思想教育，使他们逐步从思想深处和内心情感上认同党的领导、认同伟大祖国、认同中华民族、认同中华文化、认同中国特色社会主义道路，帮助他们树立正确的历史观、民族观、国家观、文化观、宗教观，促进服刑人员认识、理解、拥护党的路线方针政策。

（二）书画文化

监狱成立启明书画院，通过警察教师的言传身教和艺术家的指导点拨，广大服刑人员在书画艺术的熏陶中端正改造态度，改造思想认知，重塑健康人格，逐步走上新生之路。启明书画院经常开展主题鲜明、丰富多彩的文化艺术活动，在激励全体服刑人员奋发上进、励志新生的改造中，成为无可替代的主力阵地，是监狱“启明”文化品牌建设的领头雁。启明书画院开设了书画、篆刻及装裱兴趣培训班，目的是为监狱文化建设培养一批能书画、擅篆刻、会装裱，传承翰墨文化的主力军，更是监狱从传统文化中探索教育改造新方向、新潜力的创新举措。

“洛阳地脉花最宜，牡丹尤为天下奇”；“唯有牡丹真国色，花开时节动京城”。源远流长的牡丹文化是最有代表性的河洛文化元素，很多服刑人员都能背诵出吟咏牡丹的名诗名句。监狱印发历代文人骚客描写牡丹的诗文名篇，定期开办牡丹画培训班，让服刑人员在诗词丹青中，感受牡丹文化的魅力，感悟真、善、美的真谛。

（三）激励文化

一是落实分级处遇激励措施。监狱全面开展分级处遇，激发服刑人员积极向上、踏实改造的热情。根据服刑人员的刑期、服刑时间、计分考核、改造表现等条件综合量化考核，将服刑人员分为严管级、考察级、普管级、宽管级等四个级别。不同的级别在活动范围、会见通信、狱内消费、文体娱乐、生活待遇等方面分别给予不同的待遇，级别越高，待遇越好。即使起始级别较低，但只要踏实改造，不断努力，就一定会达到较高的级别，逐步提高自己的处境待遇。为把分级处遇政策落到实处，监狱投入大量资金修建了休闲健身园、亲情同餐室、生日蛋糕房，设置了电影放映厅、书画培训室等场所和配套设施。

二是创新开展精神激励。为适应党的二十大后监狱教育改造工作的新要求，在教育改造工作的方式方法上不断创新、取得突破。洛阳监狱教育改造科启动了刑释人员改造评估工作，力求用新方式、新方法帮助教育服刑人员重拾信心，找到出路，重获新生。监狱干警深入一线，对近三年来刑满释放的100余名刑释人员进行了走访调研。在对刑释人员走访中发现了许多认真改造、重获新生，彻底改变自己人生走向的先进典型，赵某某就是其中非常有代表性的一位。洛阳监狱邀请刑释人员赵某某回狱做“诚信改造、成功创业”先进事迹报告会。报告会上，赵某某深情回顾了在洛阳监狱服刑改造的心路历程。入狱后，在监狱警察的关心帮助下，他由起初的惶恐迷茫到渐渐适应，由万念俱灰到信心满满，由愚昧无知到充满对知识的渴望，继而发奋学习，汲取营养，这无一不凝聚着监狱警察的亲切关怀和倾情帮教，成为他积极改造、励志新生的强大动力。报告会在全狱服刑人员中引起强烈反响，会后各监区分别组织服刑人员开展“比先进、找差距、促改造”经验交流活动。用新的形式、新的方法，身边的人、身边的事，鼓舞服刑人员树立改造信心，知耻发奋、顽强拼搏，真心悔过，走向新生。

（四）亲情文化

一是制定洛阳监狱特色亲情帮教制度。为适应监狱管理工作的新要求，贯彻落实“教育、感化、挽救”方针，提升罪犯教育改造工作的质量和水平，探索以改造人为核心，以亲情感召为动力，以特色亲情帮教活动为重要抓手的教育改造工作方向，建立因时、因事、因人帮教相结合的特色亲情帮教制度体系。

突出传统节日，因时开展帮教。罪犯监禁生活单调、封闭，思想焦虑，心理压抑，时常渴望能得到亲情滋润。每逢佳节倍思亲，在春节、中秋节等传统节日到来之际，思家念亲之情更加浓烈，监狱适时组织开展传统节日期间“团圆”系列帮教活动，主要活动包括“爱满春节”“粽香端午”“团圆中秋”等。各监区应挑选在改造中表现优秀或积极参加监狱组织的警示教育、黄河文化教育等活动的罪犯参加帮教活动。

突出解决问题，因事开展帮教。罪犯在服刑期间，有的子女无人照顾，有的家人生活困难，给罪犯造成极大的心理压力。组织开展“解忧”系列亲情帮教活动，主要活动包括“儿童节亲子帮教”“失依未成年子女走访帮教”“家庭矛盾化解帮教”“社会力量扶持帮教”等。各监区挑选家庭生活困难、子女无人照顾、需要社会帮助的罪犯参加帮教活动。

突出思想转化，因人开展帮教。服刑人员中部分长刑犯、顽危犯长期不与家人沟通，思想转化难度大。组织开展“沟通”系列亲情帮教活动，有助于打开罪犯心结，促进积极改造。主要活动包括“亲情修复帮教”“思想稳定帮教”等。各监区挑选思想上有包袱、教育改造难度大的服刑人员参加帮教活动。通过开展特色亲情帮教活动提升教育改造工作内在质量，起到润心铸魂、塑性赋能、励志新生的教育改造效果。

二是开展特殊群体关爱活动。监狱处处体现执法温情，监狱警察奔波万里，帮助与家人失散 20 年的罪犯成功寻亲；自发捐款数万元，及时救助患重病的服刑人员亲属；开展“黄河大爱　滋润青苗”罪犯失依未成年子女关爱活动，赢得了服刑人员及其亲属和社会公众的一致点“赞”。

（五）社会文化

随着社会文化的丰富和发展，监狱积极利用社会资源补充监狱文化内涵，邀请社会人士走进监狱、了解监狱、宣传监狱；邀请知名教育专家、法律专家、技术专家和学者走进监狱举办道德大讲堂、礼乐文化大讲堂、书画艺术培训、知识讲座，与专业艺术团体联合举办文艺表演，加强监狱文化与社会文化的交融，提升教育改造效果。

六、彰显警营文化，加强队伍建设

以规范化、精细化、标准化管理为抓手，建立执法管理标准体系，规范警察着装、行为礼仪、执勤值班、工作例会、应急处突等工作流程。完善监区警察执勤值班—监狱总值班检查—指挥中心实时监控—警务督察队督察—政治处抽查—考核办考核的链式管理考核模式，强化督查检查，对各单位目标任务完成情况进行周评议、月考核，定期通报，督促整改，促进工作落实。运用“3+1”狱情分析排查法，实时监控狱情动态，形成监区警察掌握犯情，管理部门知晓狱情，监狱实时掌握狱情的工作格局。

监狱综合办公区以“清风湖、清风亭、清风苑”等庭院景观为支点，以“梅、兰、竹、菊”图画为背景，以中华诗词古训为内容，着力打造“风清气正”的警营环境文化。开设道德大讲堂、青年警察大讲堂、廉政大讲堂、业务大讲堂，教育引导警察充分发扬特别能吃苦、特别能战斗、特别能奉献的精神，牢固树立正确的世界观、人生观、价值观。警察队伍充满生机和活力，干事创业氛围浓厚，崇尚道德蔚然成风，先进模范层出不穷。警察王春来，先后入选“当代中华最感人十大慈孝人物”“当代中华新二十四孝”“感动中原十大人物”“中原十大孝子”“第二届省直机关十大道德模范”。警察任忠信，先后入选“感动中原十大人物”、“河南好人”、“中国好人”、“第四届省直机关十大道德模范”、“全国最美志愿者”、河南省“十大道德模范”提名。警察张岳香，先后入选“洛阳市十佳志愿者”、“洛阳市十大爱心人物”、国际文联“一带一路”大型公益活动形象代言人（河南仅此一人）、河南省司法厅厅直单位首届“十大道德模范”。警察冯新卫，身患重症、忘我工作，入选河南省司法厅厅直单位首届“十大道德模范”。不断涌现的先进模范人物，树立了监狱人民警察的良好形象，也成为服刑人员积极改造、清心向善的道德楷模。

“文化是一个国家、一个民族的灵魂。文化兴国运兴，文化强民族强。没有高度的文化自信，没有文化的繁荣兴盛，就没有中华民族伟大复兴。”同样，一座没有文化引领的监狱，也一定不可能有所创新和发展。文化特色鲜明的洛阳监狱就像闪亮的启明星，引导服刑人员懂义利、明是非、敬法度、尚道德、讲诚信，照耀着服刑人员走向新生的道路。

风正潮平，自当破浪扬帆；任重道远，更需策马扬鞭。面对新时代、新目标、新征程，河南省洛阳监狱将以习近平新时代中国特色社会主义思想为指导，积极拓展文化教育的教化功能，充分发挥监狱文化“规范、自律、熏陶、导向”作用，为谱写中原更加出彩新篇章，实现中华民族伟大复兴的中国梦，作出新的更大贡献。